FRANÇOIS BOULO

REPRENDRE LE POUVOIR

Manuel d'émancipation politique

ÉDITIONS LES LIENS QUI LIBÈRENT

ISBN : 979-10-209-0758-5

Avant-propos

Il peut paraître rebutant d'investir du temps dans la compréhension de la politique, tant cette matière apparaît complexe et aride. Les politiciens sont habitués à nous noyer sous les chiffres ou les phrases ampoulées et les journalistes peinent à rendre tout cela accessible. Après une dure journée de travail où il reste encore à s'occuper des enfants, à gérer le budget de la famille, et à traiter les derniers courriers reçus, dont l'amende infligée pour interdiction de stationnement, il est compréhensible que la plupart d'entre nous préférions consacrer les derniers moments de la journée à se reposer plutôt qu'à réfléchir à la marche du pays et au fonctionnement de la société. Entre la difficulté de gérer le quotidien et le spectacle impénétrable de la politique, il y a bien des raisons de vite se décourager ! Et pourtant, il se pourrait que nous n'ayons pas vraiment le choix. Car si nous ne nous occupons pas de la politique, la politique, elle, finira par s'occuper de nous, que nous le voulions ou non.

Il est vrai que la période actuelle marquée par la crise du coronavirus n'arrange rien. Elle est morose, inquiétante, déprimante. Le désintérêt et l'écœurement dominent. Le naufrage se produit sous nos yeux, mais nous nous sentons incapables de renverser le cours des choses. Comment pourrais-je dire le contraire ? Comme plusieurs dizaines de milliers de Français, j'ai lutté pendant des mois au sein du mouvement des Gilets jaunes. J'y ai investi tout mon temps, toute mon énergie, tout mon cœur. Pour tous ceux qui se sont investis à corps perdu avec l'espoir de provoquer un changement, le résultat est cruel. Rien n'a changé. Le même sort a été réservé à tous les autres mouvements de protestation (grève contre la réforme des retraites, grève des enseignants, des pompiers, des personnels de santé, etc.). Le sentiment de résignation s'est répandu dans la société, douchant les espoirs des derniers optimistes. C'est que le mal est profond. Notre société moderne prive nos vies de sens en réduisant toutes les activités humaines à la logique du profit. Elle nous mène dans une impasse politique en appauvrissant les peuples au profit des 0,1 % les plus riches qui accumulent sans limites. Elle détruit la nature en reposant sur un modèle de croissance infinie dans un monde où les ressources sont limitées. D'un côté, les dirigeants politiques, les médias et plus généralement les classes dominantes du pays s'appliquent à conserver leurs privilèges en travaillant à préserver l'ordre établi. De l'autre, les citoyens sont maintenus captifs par les plaisirs illusoires de la consommation et neutralisés politiquement par l'atomisation d'une société où l'individualisme ne cesse de progresser. Le pire est à venir. Cette dynamique dangereuse engendre un affaiblissement de nos libertés pour le moins inquiétant. Alors, que faire ? Comment reprendre la main sur le cours de nos vies ? Par où commencer ?

En préalable, il m'apparaît nécessaire de vous décrire les raisons qui m'ont conduit à écrire ce livre. En vous racontant mon parcours, j'espère que certaines personnes pourront se reconnaître dans mon évolution, mes doutes et mes prises de conscience. J'espère que ces quelques réflexions permettront de nourrir les vôtres.

Je suis issu d'une famille de droite plutôt populaire. Le général de Gaulle était souvent cité en référence lorsqu'un débat politique surgissait au cours des repas de famille. Combien de fois ai-je entendu cette fameuse phrase : « Ah, si De Gaulle était là, on n'en serait pas là ! » ? Depuis mon adolescence, je m'intéressais à la politique « comme tout le monde ». Je suivais avec plus ou moins d'enthousiasme les débats entre représentants politiques de l'époque. Je voulais trouver l'homme providentiel, celui qui sauverait notre nation du marasme économique, social et institutionnel. À la manière des éditorialistes et autres experts investissant les plateaux de télévision et de radio, j'interprétais les moindres signaux émis par tel ou tel homme ou femme politique afin de dresser son portrait psychologique. À la suite d'une émission de débats politiques, je disposais d'un sérieux avis sur l'ensemble des protagonistes de la scène à laquelle je venais d'assister : untel était de toute évidence combatif et compétent, tel autre était hypocrite et arrogant, tel autre encore était emprunté et insignifiant. Avec mon entourage, nous échangions souvent nos points de vue sur les compétences des uns et des autres. Certes nous n'avions pas toujours la même opinion, mais notre approche de la politique était identique. À défaut d'accord sur le fond, nous trouvions réciproquement et implicitement la confirmation que notre méthode d'analyse était certainement la bonne. Le 6 mai 2007, j'avais vingt ans et je votais avec conviction pour Nicolas Sarkozy. Il était le chef du parti traditionnellement soutenu par ma famille, et celui – heureux hasard – qui m'avait donné le sentiment, de par sa personnalité, d'être le plus à même d'enfiler le costume du sauveur. Sa mandature présidentielle a lentement, mais sûrement, eu raison de mes convictions. Ce fut une période de confusion intérieure : je n'étais pas en désaccord complet avec les mesures et lois adoptées, j'en approuvais même une bonne partie d'entre elles, mais je constatais qu'aucun des indicateurs économiques et sociaux ne s'améliorait. La croissance ne décollait pas, le chômage et la pauvreté augmentaient, la dette publique continuait de filer, et la pression des impôts se faisait plus intense. Certes, la crise financière de 2008 était systématiquement invoquée pour expliquer ce bilan insatisfaisant et j'y faisais moi-même référence lorsqu'un contradicteur malintentionné s'avisait de critiquer l'action de celui qui était

– parce que je faisais partie de ceux qui l'avaient choisi – « mon » président.

Sans que je sois en mesure d'identifier précisément les raisons de mon incrédulité, mon intuition commençait à me souffler à l'oreille que le malaise était peut-être ailleurs. L'origine des maux de notre société ne semblait plus pouvoir être seulement réduite à une mauvaise conjoncture. J'étais las. J'avais toujours entendu les mêmes discours, les mêmes propositions, les mêmes débats… litanie incessante de ce qui devenait à mes yeux un théâtre de marionnettes. Il m'apparaissait qu'entre l'Union pour un mouvement populaire (UMP) et le Parti socialiste (PS), les divergences en matière économique étaient relativement ténues. Trop minces en tout cas pour modifier profondément la situation économique et sociale du pays. Or, ils étaient à cette époque les deux seuls partis de gouvernement. Si mon intuition était fondée, le jeu électoral était donc pipé : « pile, je gagne ; face, tu perds ». Je devais m'appliquer à élaborer une pensée rationnelle pour vérifier ou infirmer ce sentiment intérieur. Essayer de décoder la psychologie des personnalités politiques ne m'avait jusque-là mené à rien, peut-être l'analyse de fond m'éclairerait-elle ? J'entrepris de remettre en question chacun des principes que j'avais considérés comme acquis dès lors que je n'étais pas en mesure d'élaborer un raisonnement cartésien de nature à le justifier.

Je plongeai dans le monde des idées politiques de manière autodidacte, loin des analyses et des concepts développés par les intellectuels ou les personnalités politiques. Je suis parti du bas, car je n'y connaissais pas grand-chose, en concentrant mes réflexions sur les idées et arguments que j'entendais dans le débat public ou lors d'échanges avec mon entourage. Sur cette base, j'ai essayé de trouver des incohérences ou des contradictions pour trouver matière à réfléchir, à raisonner. J'ai formulé moi-même les questions qui me venaient à l'esprit et j'ai essayé, dans un premier temps en tout cas, d'y répondre par mes propres moyens. À la manière d'un musicien débutant, j'ai choisi moi-même les chansons que je voulais apprendre. J'ai progressé par tâtonnements successifs. J'ai pris des notes pour essayer de relier les idées les unes aux autres, des tonnes de notes. J'ai essayé tant bien que mal d'écarter les fausses pistes et les raccourcis faciles. Sur la route, j'ai emprunté de nombreux sentiers qui m'ont finalement conduit dans des impasses me forçant à rebrousser chemin. De nombreuses fois, j'ai été envahi par le doute. Pourquoi je n'arrive pas à comprendre tel phénomène ou tel mécanisme ? Est-ce si insurmontable que cela ? D'autres y arrivent pourtant, pourquoi pas moi ? Suis-je trop bête ? À chaque fois, j'avais peur. Peur de ne pas y arriver, de ne pas réussir à franchir l'obstacle qui me faisait face. Tout cela était trop compliqué. Il y avait trop d'informations, trop de connaissances à emmagasiner. Plusieurs fois j'ai envisagé de jeter l'éponge. À quoi bon continuer à me donner tant de mal ? Je ne suis peut-être tout simplement pas assez intelligent. Après tout, comprendre les rouages complexes du système économique et politique était peut-être réservé à un cercle restreint de personnes aux facultés intellectuelles supérieures. À chaque fois, je laissais alors mes travaux en plan. Je préférais me détourner de la réflexion, car si elle me passionnait, elle me renvoyait dans ces moments-là une mauvaise image de moi. Je perdais confiance. J'étais bloqué. Je ne savais plus où diriger ma réflexion car toutes les pistes que je suivais se heurtaient à un mur. Et puis sans raison, sans explications particulières, sans contexte pour le justifier, un déclic survenait. Une nouvelle idée qui pouvait tout aussi bien jaillir en moi qu'être récoltée au détour d'une conversation anodine, d'une conférence ou d'un débat politique. Il pouvait s'agir d'un nouvel argument, d'une nouvelle clé de compréhension. Soudain, l'horizon s'ouvrait à nouveau devant moi. Je pouvais enfin passer des obstacles sur lesquels je butais depuis des jours, des semaines, parfois des mois. L'exaltation revenait. La confiance aussi. Je n'étais peut-être pas aussi nul que je le pensais après tout. Au fil du temps, je me suis senti de plus en plus à l'aise. Les liens entre les idées se sont faits petit à petit, jusqu'à ce qu'une pensée relativement cohérente se fasse jour. Cette clé d'analyse m'a semblé pertinente, car je parvenais à trier et classer les événements qui se produisaient. J'ai même réussi à en anticiper quelques-uns ! C'était autant une satisfaction qu'un soulagement. Je n'avais pas fait tout cela pour rien. Mes efforts étaient récompensés. Loin de moi l'idée de prétendre que cette grille d'analyse était parfaitement aboutie. J'avais connu trop de revers et commis trop d'erreurs dans mon cheminement intellectuel pour savoir qu'on n'arrive jamais vraiment à destination. Une chose est sûre. Cette démarche laborieuse de plusieures années m'a politiquement métamorphosé. En comparant avec la représentation que je me faisais du monde il y a une dizaine d'années, je me suis émancipé d'un grand nombre d'illusions qui me tenaient lieu de vérité. L'impression est étrange, comme si j'étais sorti du coma dans lequel j'étais plongé depuis ma naissance pour découvrir l'existence et les contours de ce qu'on appelle prosaïquement « le système ». J'entends par là deux notions auxquelles il est communément fait référence. D'une part, l'idéologie qui domine nos esprits et nos sociétés modernes occidentales que l'on désigne – improprement à mon sens, mais nous y reviendrons – comme le « néolibéralisme » et, d'autre part, l'ensemble des institutions et des médias qui ont pour finalité de promouvoir et de garantir la prééminence de l'idéologie dominante. Être capable de discerner et d'identifier le système fut mon premier pas vers la sortie du coma politique et ce qui m'a finalement donné l'idée de prendre la plume.

Lorsque j'ai entrepris l'écriture de ce livre, mon premier objectif était d'organiser et de clarifier ma pensée. Le plan du livre était construit et les premières pages écrites lorsque le mouvement des Gilets jaunes est venu percuter ma vie. Je ne m'y attendais pas. Avec le recul, je peux dire que j'ai eu beaucoup de chances. Les discussions avec les amis et compagnons des ronds-points, les intellectuels, les journalistes et les activistes de tous bords m'ont beaucoup apporté. La confiance que les Gilets jaunes de Rouen m'ont accordée pour porter leur parole m'a permis de vivre des moments incroyablement enrichissants. Ces expériences ont été déterminantes. Elles ont complété, consolidé ma pensée. Elles m'ont permis de passer de la théorie à la pratique. J'ai beaucoup appris. Sans cela, je crois que le niveau de ma réflexion aurait été insuffisant, inabouti. Les Gilets jaunes ont été une étape fondamentale de mon cheminement. Ce fut l'aboutissement du long processus d'émancipation que j'avais initié quelques années auparavant. C'est pourquoi je vais essayer tout au long de cet ouvrage de vous faire partager les fruits de mon travail issu tout à la fois de mon apprentissage politique et de mon engagement citoyen.

Ce livre a pour objet de déconstruire les idées reçues en politique, les poncifs quotidiennement relayés dans la vie de tous les jours. La tâche est difficile. Je vais essayer de rendre accessible un domaine habituellement réservé aux intellectuels qui ont pour habitude d'employer un langage relativement abscons. En principe, ce devrait être le rôle des représentants politiques. La plupart d'entre eux s'appliquent au contraire à rendre confus ce qui est simple et à caricaturer ce qui est compliqué. Ce livre ne prétend nullement à l'exhaustivité. Chaque thématique abordée mériterait d'être très largement approfondie. Cet ouvrage vise avant tout à produire une vision d'ensemble pour donner des clés de compréhension et identifier les dynamiques à l'œuvre. Il est pensé comme moyen d'amorcer ou de consolider la réflexion politique. Il a aussi pour but de proposer une grille de lecture de la situation politique actuelle. Compte tenu de l'état de déliquescence général dans lequel nous nous trouvons sur le plan politique, il m'apparaît urgent et nécessaire de vous présenter un socle commun sur lequel nous pourrions, je crois, être tous d'accord. Il ne s'agit pas d'un programme politique, mais d'une base commune de réflexion et de compréhension. Au regard des divisions qui traversent la société, réussir à s'entendre sur un référentiel commun n'est pas une mince affaire. Il s'agit pourtant d'une condition essentielle pour initier le changement. Il faut certainement en passer par là pour faire renaître la flamme de l'optimisme !

En définitive, je ne prétends rien inventer, ni détenir la vérité. En revanche, je vais tout au long de cet ouvrage développer des explications que vous pourrez vous-même éprouver. L'exigence de la méthode consiste à justifier chacun des principes énoncés au moyen d'arguments rationnels. J'ai moi-même encore de nombreuses marches à franchir pour améliorer ma compréhension du monde et de la politique. Le principal objectif de ce livre est d'encourager chacun à emprunter ou poursuivre le chemin de la réflexion. Dans un monde gouverné par l'émotion et la superficialité, redonner toute sa place à la raison et au savoir est la première étape pour reprendre le pouvoir sur soi.

La France : état des lieux

L'économie n'a pas la cote. Il est possible que la simple évocation de cette discipline fasse naître chez vous un rictus de rejet, tout comme les mathématiques ont pu tourmenter des générations entières d'écoliers. La raison en est simple : la succession de chiffres désincarnés, noyés dans des concepts semblant si éloignés de nos vies, le tout exclusivement formulé dans les bouches d'experts austères et insondables, tout cela laisse à penser que ce n'est pas fait pour madame et monsieur Tout-le-monde. D'ailleurs, peut-être vous êtes-vous déjà fait la réflexion que cela a peu d'importance, car ce qui compte avant tout en politique, ce sont les personnes ou les groupes de personnes contre lesquelles vous pouvez lutter : les dirigeants politiques qui gouvernent contre le peuple, les multinationales qui détruisent l'environnement, les patrons ou grands patrons qui exploitent les salariés, les racistes qui discriminent en fonction de la couleur de peau, ou encore les terroristes qui tuent des innocents. Ce qui compte avant tout, ce sont les choses qui vous entourent : votre emploi, votre salaire, le prix des aliments et des biens, les impôts. Ce qui compte finalement, c'est de donner au pays un cap fondé sur des valeurs de justice et d'équité, et pour le reste, les experts suivront.

L'économie suivra.

C'est une erreur. L'économie n'a en fait pas grand-chose à voir avec l'image qu'en donnent les médias, l'école, les hommes politiques. Elle est un sujet social fondamental dans lequel prend racine une myriade d'autres problématiques qui nous touchent au quotidien. L'économie gouverne nos vies. Dans un État utopique où les rapports économiques seraient équilibrés et permettraient une distribution des richesses qui convienne à tous, nul doute que les guerres, l'insécurité, les inégalités et certaines formes de discrimination seraient des évènements bien marginaux. Cela ne réglerait pas tous les conflits de l'humanité, bien entendu, mais si nous ne comprenons pas, et que nous ne nous emparons pas de la question économique, il est illusoire de croire que nous parviendrons à rétablir la justice. C'est un préalable absolu que les citoyens se réapproprient certaines notions, car se révolter sans ce prérequis équivaut à partir en guerre la fleur au fusil, sans armes ni connaissance du terrain. Or, et à la manière de ceux qui se sont approprié des concepts juridiques complexes dans le cadre d'ateliers constituants, il ne fait aucun doute que l'économie, si difficile soit-elle parfois, doit devenir pour les citoyens un outil fondamental des combats de demain.

Il est à parier qu'une fois franchie la barrière de l'inquiétude et du rejet, l'économie lève pour vous le voile sur une toute nouvelle manière d'appréhender le monde, une manière qui terrassera l'impuissance et la lassitude. S'intéresser aux théories économiques qui s'affrontent dans le petit monde universitaire, c'est découvrir une toute nouvelle échelle au sein de laquelle s'exercent les rapports de force. C'est comprendre à quel point sont concernés ici des choix de société cruciaux à propos desquels nous avons été exclus de toute délibération. C'est comprendre que ces experts de plateau télé, derrière des mots pompeux et des raisonnements qui semblent réservés aux initiés, ne disent rien, ou pas grand-chose. Ils ne sont que les valets de chambre d'un système qui se donne, sans même en avoir conscience, tous les moyens d'éloigner les citoyens des idées importantes, en les faisant passer pour bien plus compliquées qu'elles ne le sont.

Nul besoin d'apprendre les chiffres, de faire des intégrales, des dérivées, ou la moindre soustraction pour comprendre l'économie. Nul besoin d'avoir fait une thèse, de parler huit langues, et de connaître chaque pourcentage. Pour être tout à fait honnête avec vous, les économistes eux-mêmes, passé quelques postulats évidents, ne s'accordent sur rien, et semblent se perdre tout seuls dans leurs propres schémas. Prenez la question de la dette publique par exemple, caricaturalement parlant, vous ne trouverez pas deux économistes d'accord. Est-ce à supposer qu'ils sont idiots ? Loin de là, simplement, l'économie n'est pas une science dure. C'est une science sociale. Cela signifie qu'il n'y a jamais une seule solution qui s'impose mais un panel de choix qui s'offrent à nous, et qui produisent chacun des conséquences différentes. Pour prendre des exemples récents, les privatisations de biens publics (Aéroport de Paris ou la Française des Jeux), les Gilets jaunes ou encore la réforme des retraites sont autant de sujets qui touchent directement à l'économie, à son fonctionnement et aux choix politiques qui l'orientent dans un sens ou dans un autre. Tout le monde devrait donc pouvoir se faire une opinion sur ce qu'il faut penser de la croissance, du chômage, de la spéculation financière, de la dette, etc. À défaut, le risque est grand de se faire duper par le premier candidat politique venu qui promettra, comme tous les autres, monts et merveilles. Or, l'expérience des dernières décennies a montré que les réveils de lendemains d'élections sont souvent source de grande désillusion. N'est-il pas temps d'acquérir les connaissances requises pour cesser de se faire berner ?

Dans les lignes qui font suivre, vous retrouvez un état des lieux de notre situation politique. Cet état des lieux sera principalement économique. Les indicateurs chiffrés permettent d'aller bien au-delà de l'observation, de ne pas se limiter à nos expériences personnelles et à la perception que nos sens peuvent avoir de telle ou telle personnalité politique. Sans eux, notre vision du monde est nécessairement réductrice, limitée. Nos yeux et nos oreilles ne nous font voir qu'une petite partie de la réalité. Or, il faut voir loin et large pour comprendre les grands mouvements qui sont à l'œuvre. Il ne s'agit pas pour autant d'apprendre ou de décortiquer les chiffres en eux-mêmes, mais de saisir les dynamiques qu'ils mettent en lumière, d'identifier des grandes tendances. L'intérêt est que chaque lecteur puisse débuter la lecture de ce livre avec une vision globale de la situation économique pour comprendre ce qui cloche, pour mettre précisément le doigt sur les causes du malheur qui se propage dans notre société…

a) Une situation économique en constante dégradation

Analysons quelques principaux indicateurs économiques incontournables : la croissance, le chômage et la pauvreté.

La croissance est l'augmentation annuelle, exprimée en pourcentage, du produit intérieur brut[1] (PIB). Autrement dit, c'est la richesse supplémentaire que produit un pays par rapport à l'année précédente.

CROISSANCE FRANÇAISE PAR ANNÉE DE 2000 À 2019[2]

Année	Croissance en %	Année	Croissance en %
1950	8,6	*1985*	1,6
1951	5,8	*1986*	2,3
1952	3,1	*1987*	2,6
1953	3,5	*1988*	4,7
1954	5,6	*1989*	4,3
1955	5,3	*1990*	2,9
1956	5,0	*1991*	1,0
1957	5,5	*1992*	1,6
1958	2,7	*1993*	- 0,6
1959	2,7	*1994*	2,4
1960	8,0	*1995*	2,1
1961	5,0	*1996*	1,4
1962	6,8	*1997*	2,3

1. Le PIB est l'indicateur économique qui permet de quantifier la valeur totale de la « production de richesse » annuelle effectuée par les agents économiques (ménages, entreprises, administrations publiques) résidant à l'intérieur d'un territoire.

2. Source Insee.

1963	6,2	*1998*	3,6
1964	6,7	*1999*	3,4
1965	4,9	*2000*	3,9
1966	5,3	*2001*	2,0
1967	4,9	*2002*	1,1
1968	4,5	*2003*	0,8
1969	7,1	*2004*	2,8
1970	6,1	*2005*	1,7
1971	5,3	*2006*	2,4
1972	4,5	*2007*	2,4
1973	6,3	*2008*	0,3
1974	4,3	*2009*	- 2,9
1975	- 1,0	*2010*	1,9
1976	4,4	*2011*	2,2
1977	3,5	*2012*	0,3
1978	4,0	*2013*	0,6
1979	3,6	*2014*	1,0
1980	1,6	*2015*	1,1
1981	1,1	*2016*	1,1
1982	2,5	*2017*	2,3
1983	1,2	*2018*	1,8
1984	1,5	*2019*	1,5

CROISSANCE DU PIB FRANÇAIS DE 1950 À 2019

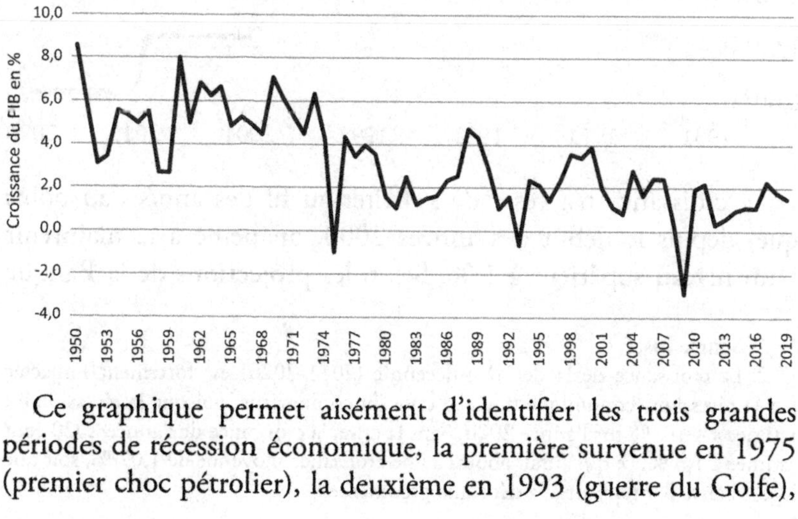

Ce graphique permet aisément d'identifier les trois grandes périodes de récession économique, la première survenue en 1975 (premier choc pétrolier), la deuxième en 1993 (guerre du Golfe), et en 2008/2009 (crise des *subprimes*). Au-delà de ces périodes exceptionnelles, on constate une baisse tendancielle du taux de croissance sur la période. L'analyse de la croissance moyenne par décennie est à ce titre encore plus édifiante.

CROISSANCE FRANÇAISE MOYENNE PAR DÉCENNIE DE 1961 À 2020[1]

Années	Croissance
1961-1970	5,7 %
1971-1980	3,6 %
1981-1990	2,5 %
1991-2000	2,1 %
2001-2010	1,2 %
2011-2020[2]	0,15 %

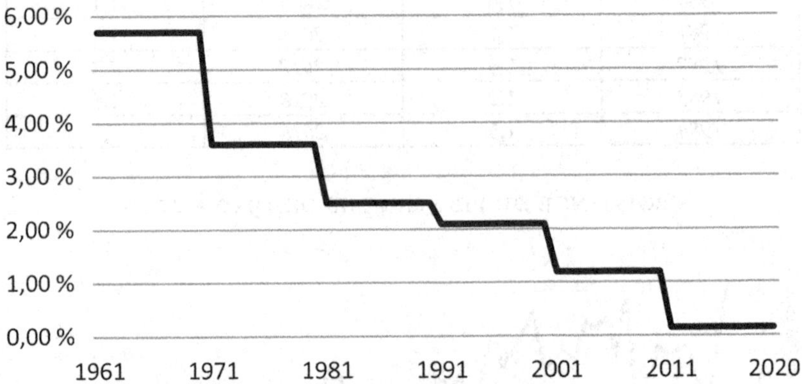

La croissance n'a cessé de s'effriter au fil des années au point que, depuis le début des années 2000, on peine à la maintenir à un niveau supérieur à 1 %. Selon les projections de la Banque

1. Source Insee.

2. La croissance de la dernière décennie (2011-2020) est fortement impactée par la récession économique due à la crise du coronavirus, puisque la récession est estimée à – 10 % sur l'année 2020. Sans la crise, la croissance de l'année 2020 était estimée à 1,3 %, ce qui aurait abouti à une croissance moyenne de 1,07 %, soit une légère baisse par rapport à la décennie précédente.

mondiale et du Fonds monétaire international (FMI), la France, qui se situait au 7e rang de des puissances mondiales en 1992, devrait être rétrogradée en 10e position en 2024[1].

TAUX DE CHÔMAGE AU SENS DU BUREAU INTERNATIONAL DU TRAVAIL DE 1968 À 2019[2]

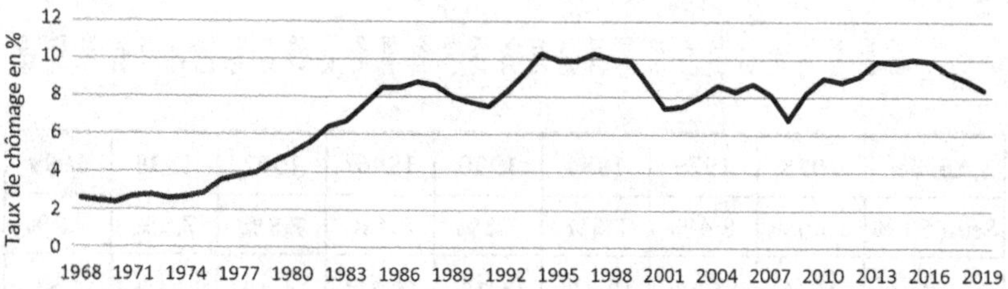

On observe que le taux de chômage était inférieur à 5 % jusqu'en 1980. Depuis le milieu des années 1980, il se situe entre 8 % et 10 % (sauf rares et courtes périodes exceptionnelles en 2001-2002 et 2007-2008). Il faut préciser qu'une économie est considérée en situation de « plein emploi » lorsque le taux de chômage est au plus égal à 5 %, car on admet qu'il existe un chômage frictionnel incompressible. Un taux de chômage supérieur à 5 % est donc le signe d'une économie en mauvaise santé. Lorque le taux de chômage est anormalement élevé comme c'est le cas en France depuis les années 1980, on qualifie cette situation de « chômage de masse ».

1. Cf. https://www.statista.com/chart/22256/biggest-economies-in-the-world-time line.

2. Source Insee.

Évolution du taux de pauvreté[1] de 1975 à 2018[2]

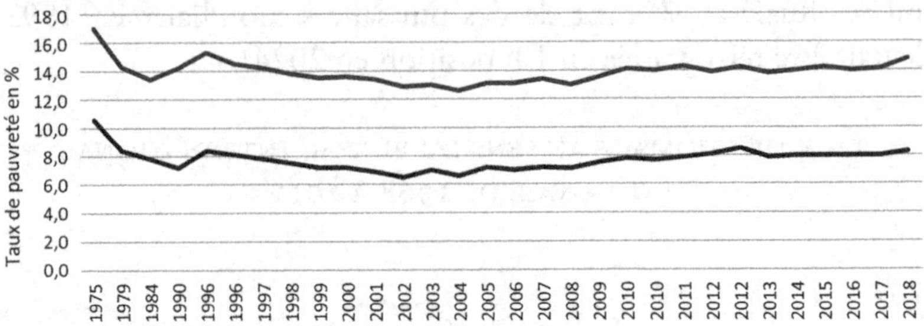

Année	1975	1979	1984	1990	1996[3]	1997	1998	1999
Seuil 50 %	10,6 %	8,4 %	7,8 %	7,2 %	8,4 %	7,8 %	7,5 %	7,2 %
Seuil 60 %	17 %	14,3 %	13,4 %	14,2 %	15,3 %	14,2 %	13,8 %	13,5 %

2000	2001	2002	2003	2004	2005	2006	2007	2008	2009
7,2 %	6,9 %	6,5 %	7,0 %	6,6 %	7,2 %	7,0 %	7,2 %	7,1 %	7,5 %
13,6 %	13,4 %	12,9 %	13,0 %	12,6 %	13,1 %	13,1 %	13,4 %	13,0 %	13,5 %

2010	2011	2012	2013	2014	2015	2016	2017	2018
7,8 %	7,9 %	8,5 %	7,9 %	8,0 %	8,0 %	8,0 %	8,0 %	8,3 %
14,1 %	14,3 %	14,2 %	13,8 %	14,0 %	14,2 %	14,0 %	14,1 %	14,8 %

Après avoir significativement diminué dans les années 1970, le taux de pauvreté a connu une première remontée brutale sur la période de la fin des années 1980 et début des années 1990. Après une légère décrue jusqu'en 2000, le taux de pauvreté est reparti à la hausse, en particulier à la suite de la crise des *subprimes* de 2008.

1. Il existe plusieurs appréciations du taux de pauvreté : sont considérées comme « pauvres » les personnes disposant de ressources inférieures à 50 % ou 60 % du revenu médian. En 2019, 50 % du revenu médian correspond à 855 € par mois, et 60 % à 1 026 € par mois.
2. Source Insee.
3. À noter un changement de méthode de calcul en 1996 qui évalue alors le taux de pauvreté à 8,1 % au seuil de 50 % et 14,5 % au seuil de 60 %

Le taux de pauvreté a progressé de 7 % à 8 % entre 2006 et 2016 au seuil situé à 50 % du niveau de vie médian, et de 13,1 % à 14 % au seuil à 60 %. Selon le premier seuil, le nombre de pauvres est passé de 4,4 à 5 millions (+ 600 000), selon le second, de 8 à 8,8 millions (+ 800 000). Un million de personnes exercent un emploi mais disposent d'un niveau de vie inférieur au seuil de pauvreté fixé à la moitié du revenu médian et deux millions au seuil de 60 %, selon les données 2015 de l'Insee. Suivant le seuil de 60 %, le nombre de pauvres s'établit à 9,3 millions de personnes au 31 décembre 2018 (soit un taux de pauvreté de 14,8 %).

Le rapport sur la pauvreté de l'Observatoire des inégalités fondé sur une étude réalisé par le bureau d'étude Compas pour Emmaüs France publié en 2018 confirme la montée du taux de pauvreté depuis le début des années 2000 :

> « Pour comprendre l'évolution de la pauvreté, il faut élargir l'angle de vue. Le taux et le nombre de pauvres ont baissé dans les années 1970 et au début des années 1980, notamment du fait de l'amélioration de la situation des personnes âgées. Au seuil de pauvreté fixé à la moitié du revenu médian, le taux de pauvreté a diminué de 12 % à 7 % entre 1970 et 1990. Le nombre de pauvres s'est réduit de 5,8 à 3,8 millions. Ce mouvement est d'autant plus notable que depuis les années 1970 le seuil de pauvreté a été multiplié par deux, même une fois l'inflation déduite. Concrètement, en 1970, on était considéré comme pauvre si l'on vivait avec l'équivalent de 400 euros d'aujourd'hui (au seuil à 50 %). Aujourd'hui, ce seuil se situe à plus de 800 euros. Il faut toujours garder en tête que la pauvreté est mesurée de manière relative au niveau de vie médian. Quand la pauvreté se réduit, cela signifie que les plus démunis se rapprochent, du point de vue des niveaux de vie, des couches moyennes.
>
> Autrement dit, les inégalités se sont réduites « par le bas ». Ce n'est plus le cas depuis le milieu des années 1990, ce qui constitue un changement important dans l'histoire sociale de la France. Les taux de pauvreté ont commencé à remonter avec la

forte crise économique de 1993. La reprise entre 1997 et 2001 a amélioré la situation, mais, dès le début des années 2000, la pauvreté a recommencé à progresser.
Cette évolution sur une longue période résulte de facteurs démographiques et en particulier de la progression du nombre de familles monoparentales aux faibles revenus.
Mais, depuis les années 2000, elle est surtout le fait d'une croissance qui demeure faible et d'un niveau de chômage élevé. La détérioration du marché du travail (chômage, précarité, bas salaires) pèse en particulier sur les niveaux de vie des plus jeunes qui, en outre, subissent des charges de logement en forte progression (le coût du logement n'est pas pris en compte dans les données sur les niveaux de vie) ».

Il est intéressant de relever que l'Observatoire des inégalités impute la montée de la pauvreté à la faible croissance ainsi qu'au niveau de chômage élevé. Il convient en outre d'observer que le nombre d'allocataires du revenu de solidarité active (RSA) était de l'ordre de 750 000 en 1992, puis a bondi à 1,3 million en 2009 pour finalement atteindre près de 1,9 million au 31 décembre 2019[1], soit une progression de 600 000 personnes en 10 ans, et de plus d'un million en 20 ans ! Dans le même sens, le nombre de ménages allocataires de minima sociaux[2] est passé de 2,9 millions en 1992 à près de 3,8 millions en 2016. Si la croissance est en berne et la précarité en constante expansion, il existe une petite catégorie de privilégiés qui, elle, ne connaît pas la crise.

b) La concentration des richesses au profit des 0,1 % les plus riches

Dès son arrivée au pouvoir en 2017, Emmanuel Macron a fait adopter des mesures largement en faveur des ménages les plus aisés. D'un côté, ont été décidées l'augmentation de la CSG

1. Source CNAF : 1,889 million au 31 décembre 2019.
2. RSA, allocation de solidarité spécifique (chômeurs en fin de droits), AAH (allocation adulte handicapé) et minimum vieillesse.

(contribution sociale généralisée) de 1,7 %, l'augmentation du prix du carburant, la désindexation[1] des allocations familiales et des retraites, et autres mesures pénalisantes pour le budget de la plupart des ménages. D'un autre côté, de nombreux dispositifs en faveur des plus fortunés ont été adoptés : réforme de l'impôt sur la fortune (ISF), qui a pour finalité d'exonérer les biens mobiliers et en particulier les placements financiers, instauration d'un plafond d'imposition dit « flat tax » sur les revenus du capital, transformation du crédit impôt compétitivité emploi (CICE) en allègement pérenne de cotisations sociales, etc. Selon un rapport de l'Observatoire français des conjonctures économiques[2] (OFCE), les 2 % des ménages les plus riches ont été les grands gagnants de la politique d'Emmanuel Macron en 2018 :

> « En moyenne sur 2018, les mesures fiscales et budgétaires auraient un effet quasi nul sur le pouvoir d'achat global. En revanche, en ce qui concerne l'impact redistributif des mesures nouvelles pour les ménages, celles-ci devraient être en 2018 largement au bénéfice des 2 % de ménages du haut de la distribution des revenus qui sont ceux qui détiennent l'essentiel du capital mobilier ».

Selon l'Institut des politiques publiques (IPP), ce sont mêmes les 1 % les plus riches qui ont surtout bénéficié d'une augmentation de leur pouvoir d'achat (+6 %)[3]. Il est assez savoureux de constater que les 19 % les plus aisés qui suivent – et qui ont largement voté pour Emmanuel Macron – ont perdu quant à eux jusqu'à 1 % de leur pouvoir d'achat. Il semble bien qu'ils soient les « cocus » dans l'histoire. Emmanuel Macron est à juste titre

1. Les prestations familiales et les retraites ne sont plus revalorisées sur la base de l'inflation annuelle qui correspond à l'augmentation chaque année des prix à la consommation.

2. Rapport OFCE « Budget 2018 : pas d'austérité mais des inégalités ».

3. Tonnelier A., « Les ultrariches, grands gagnants de la fiscalité Macron », *Le Monde*, 12 octobre 2018.

surnommé le « président des riches », même si par souci d'exactitude on devrait dire le « président des ultrariches ». Or, il se trouve que la dynamique de concentration des richesses au profit des plus aisés ne date pas d'hier. Le journal *Challenges* – que l'on ne peut soupçonner d'être stalino-bolchévique – a révélé qu'en 1996 les 500 familles les plus fortunées du pays comptaient pour 6,7 % dans le produit intérieur brut (PIB) français et que ce taux a bondi à 25 % en 2017, puis à 30 % en 2018. Une question vient spontanément : ces 500 familles étaient-elles malheureuses en 1996 ? Et pourtant, ce sont elles qui n'ont cessé d'accroître leur capacité prédative sur la production de richesses. Autrement dit, ce sont elles qui ont très largement capté la richesse produite dans le pays au détriment de tous les autres.

Ce phénomène s'accélère, puisque le rapport du comité d'évaluation des réformes de la fiscalité du 8 octobre 2020 et réalisé sous l'égide de France Stratégie expose que la moyenne des revenus déclarés par les 0,1 % les plus aisés de 2018 (soit 38 000 foyers fiscaux) est supérieure de 27,5 % à la moyenne des revenus déclarés par les 0,1 % les plus aisés de 2017[1]. Comparativement, 99 % de la population française a connu une augmentation de ses revenus située entre 3 et 5 % ... Cet écart abyssal s'explique en large partie par les très fortes distributions de dividendes[2] qui concernent les 1 % les plus aisés, et les plus-values mobilières (issues de la spéculation financière) dont bénéficient surtout les 0,1 % les plus aisés. La distribution de dividendes a atteint 51 milliards de dollars en 2018, ce qui fait de la France la championne d'Europe en la matière[3].

1. La progression constatée est bien supérieure à celle des années précédentes : + 6 % en 2016 et +10 % en 2017.

2. Les dividendes correspondent à la part des bénéfices réalisés par une société et attribués à chaque actionnaire (individu propriétaire d'un ou plusieurs titres d'une société). Au même titre que le salaire est la rémunération de l'employé, le dividende est la rémunération de l'actionnaire.

3. « Dividendes : nouveau record en France », *La Tribune*, 19 août 2019. https://www.latribune.fr/bourse/dividendes-nouveau-record-en-france-malgre-le-ralentissement-825997.html

Il serait néanmoins malhonnête de prétendre que la France fait figure d'exception. La tendance est mondiale. Partout dans les pays développés, les inégalités ne cessent de se creuser, cela au bénéfice des 1 %, voire des 0,1 % les plus privilégiés de la population. Selon le rapport sur les inégalités dans le monde présenté le 14 décembre 2017 et réalisé sous la supervision de Thomas Piketty, les 1 % les plus riches de la population mondiale ont capté 27 % de la croissance des revenus dans le monde depuis 1980. En revanche, les 50 % les plus pauvres n'en ont perçu que 12 %. Selon le Centre d'études prospectives et d'informations internationales (CEPII)[1], la part des profits dans la valeur ajoutée[2] a augmenté de 7 points aux États-Unis et de 19 points en Europe entre 1980 et 2015, contribuant fortement à l'augmentation de la part revenant au capital. La part du travail dans la valeur ajoutée a corrélativement baissé de 7,3 % aux États-Unis et de 8 % en Europe sur la même période. Cette évolution – qui s'explique en partie par une concentration accrue des entreprises qui leur permet de réduire la concurrence et d'augmenter significativement leurs marges – a entraîné une explosion des profits et des rémunérations versées aux actionnaires. Selon une étude de la banque suisse UBS et du cabinet PwC (PricewaterhouseCoopers) publiée début octobre 2020, on compte 2 058 milliardaires dans le monde en 2020, contre 969 en 2009. La richesse de ces milliardaires a triplé sur la même période, passant de 2,8 trillions de dollars à 8 trillions de dollars (1 trillion étant égal à 1 milliard de milliards de dollars).

Loin d'échapper à cette dynamique de concentration des richesses, il est stupéfiant de constater que la France fait partie des pays les mieux classés en matière ! La fortune des Français les

1. « Comment expliquer la déformation du partage de la valeur ajoutée depuis 30 ans ? », analyse des économistes Sophie Piton et Antoine Vatan.

2. La valeur ajoutée (VA) est une notion de comptabilité qui représente la richesse nouvelle produite par l'entreprise lors du processus de production qui pourra être répartie sous forme de revenus. Elle permet de calculer la richesse brute créée par une entreprise, avant rémunération de ses salariés, de ses apporteurs de capitaux et des administrations.

plus riches a crû de 439 %[1] (!) en 10 ans, ce qui classe notre pays au deuxième rang mondial après la Chine, loin devant le Canada (+238 %), Hong Kong (+208 %), l'Allemagne (+175 %), les États-Unis (+170 %) et le Royaume-Uni (+168 %). La France est peut-être l'un des pays les plus redistributeurs de richesses, mais elle est aussi un petit coin de paradis pour ses milliardaires...

Cette concentration des richesses au bénéfice des 1 % et plus encore des 0,1 % les plus riches est en train de bouleverser l'équilibre fragile de nos sociétés, et en particulier de la société française.

c) La baisse du niveau de vie des Français

L'étude des principaux indicateurs économiques laisse à penser que le niveau de vie des Français, au moins pour une partie d'entre eux, connaît une baisse tendancielle depuis plusieurs années. Dans un contexte de très faible croissance et de chômage de masse, la dynamique de concentration des richesses dans les mains des 1 % les plus riches ne peut en effet s'opérer qu'au détriment du reste de la population. Ce raisonnement est corroboré par les études sur le partage de la valeur ajoutée qui ont établi que la part revenant au capital avait explosé au détriment de celle revenant au travail. La dynamique économique à l'œuvre ne peut avoir d'autre effet que de provoquer le déclassement, c'est-à-dire la baisse du niveau de vie d'une part grandissante de la population.

Cette analyse est validée par une récente étude de l'Insee qui expose que le niveau de vie plafond des 10 % les plus modestes, ou premier décile de niveau de vie, a diminué de 2,9 % en dix ans (de 2008 à 2018)[2]. La baisse du niveau de vie tend désormais à toucher de plus en plus de citoyens français. En 2018, le niveau de vie des 30 % de Français les moins aisés a baissé[3], étant précisé

1. La fortune cumulée des milliardaires français est passée de 82 milliards de dollars en 2009 à 442 milliards de dollars en 2020.

2. Rapport « En 2018, les inégalités de niveau de vie augmentent », n° 1813 publié en septembre 2020.

3. Baisse de – 1,6 % pour le premier décile et – 0,4 % pour le troisième décile.

en outre que le niveau de vie médian des retraités a également diminué[1]. Compte tenu des trajectoires économiques structurelles que nous avons analysées, la tendance ne semble pas près de s'inverser. Il faut ajouter que les chiffres de l'Insee minimisent probablement le spectre des Français concernés par la baisse du niveau de vie. En effet, la méthode d'évaluation du niveau vie des Français comporte des marges d'interprétation de nature à fausser les chiffres affichés. L'économiste Philippe Herlin[2] a ainsi mis en évidence certaines aberrations dans la façon dont l'Insee calcule le pouvoir d'achat, en particulier s'agissant de l'indice des prix. Il a notamment mis en évidence la méthode de « l'effet qualité » qui consiste pour l'Insee à appliquer des coefficients de correction aux prix des produits en raison des améliorations qualitatives qui leur sont apportées et qui en définitive faussent totalement leur coût réel. Autrement dit, l'Insee diminue le prix de certains biens de consommation au motif qu'ils sont plus performants que dans le passé. Philippe Herlin avance l'exemple « d'un ordinateur qui valait environ 6 500 francs (1 000 euros pour simplifier) en 1996, [et qui] ne vaudrait plus aujourd'hui que 50 euros ! » selon l'Insee. Une autre aberration concerne les frais liés au logement, puisque l'Insee n'intègre pas les dépenses relatives au remboursement des crédits immobiliers au motif qu'il s'agit d'un investissement et non d'une dépense de consommation. Seules les dépenses de logement des locataires sont prises en compte dans l'indice des prix à la consommation. Selon l'Insee, le coût du logement vaut pour 14 % du budget total des ménages en 2018, alors même qu'il devrait se situer à 25,8 %[3] si les dépenses de remboursement de crédit immobilier étaient intégrées, ce qui semble bien plus proche de la réalité.

1. Baisse de – 1,9 %.
2. Philippe Herlin, *Pouvoir d'achat. Le grand mensonge*, Eyrolles, 2018.
3. Rapport de l'Insee « Le logement dans l'indice des prix à la consommation » par Marie Leclair, division Indices des prix à la consommation, Catherine Rougerie et Hélène Thélot, division Logement publié le 18 avril 2019.

En l'état, on peut considérer qu'au moins 30 % des Français vont continuer à connaître une baisse de leur niveau de vie dans les années à venir. À l'autre bout de la pyramide sociale, les 1 % les plus aisés voient leurs revenus s'envoler en particulier grâce aux revenus du capital constitués par la distribution de dividendes et la spéculation financière. Ce sont les mêmes – et surtout les 0,1 % – qui pratiquent massivement l'évasion fiscale et participent aux délocalisations des entreprises réduisant à peau de chagrin le tissu industriel du pays[1]. Restent les classes moyennes et moyennes supérieures qui doivent soutenir à bout de bras le budget de l'État (en déficit chronique depuis 1975) et notre système de protection sociale. Si rien ne change, celles-ci pourraient bien être touchées à leur tour par la baisse du niveau de vie dans l'avenir, à supposer que cela ne soit pas déjà le cas pour une partie d'entre elles. Dans son dernier livre, Emmanuel Todd[2] avance en effet que la baisse du niveau de vie des Français est amorcée au moins depuis la crise des *subprimes* de 2008 qu'il nomme la « Grande Récession » :

> « Si l'on veut comprendre ce qui se passe aujourd'hui en France, on doit admettre qu'après une période de croissance phénoménale depuis la guerre, qui, d'un univers où les Français n'avaient pas de toilettes, pas de baignoire, pas de voiture, pas de Frigidaire, nous a fait passer au monde actuel, qui est et reste un monde riche, après donc cette hausse de niveau de vie sans précédent dans l'histoire, on a assisté, depuis 1992, à une stagnation, qui s'est transformée en baisse depuis au moins la Grande Récession.
> [...] L'inflexion à la baisse est récente, elle concerne la période que nous nous sommes proposé d'étudier (1992-2018). Il se pourrait, d'ailleurs, que l'un des éléments cruciaux pour comprendre la colère engendrée par ce début de baisse du niveau de

1. Marie Visot, « L'industrie a perdu un demi-million d'emplois en 10 ans » : « Entre 2006 et 2015, l'industrie manufacturière a perdu 27 300 établissements (– 18 %) et 530 000 salariés (– 16 %) », *Le Figaro*, 14 février 2018.
2. Todd Emmanuel, *Les Luttes des classes en France au XXIe siècle*, Seuil, 2020.

vie soit l'arrivée en masse dans la vie active de générations qui, elles, n'ont pas connu le monde plus pauvre d'avant : leur existence s'inscrit, avant le déclin de ces dernières années, dans un monde prospère. Ces générations sont d'autant plus sensibles à la chute ».

Il faut observer que la baisse du niveau de vie n'est pas seulement financière et s'accompagne d'une diminution de la qualité de vie des Français. Cela se traduit notamment par une dégradation constante des services publics essentiels tels que l'éducation, la santé et la justice, et par une pression au travail de plus en plus intense matérialisée par l'explosion des maladies liés à l'épuisement professionnel dit « burn-out ». Parallèlement, la qualité des aliments que nous consommons ne cesse de se détériorer en raison de l'exploitation intensive des terres agricoles, et la course effrénée pour la production de biens matériels participe activement au réchauffement de la planète et aux catastrophes climatiques qui en résultent. Dans ce contexte, la société de consommation et du divertissement semble de moins en moins réussir à soigner le pessimisme et l'anxiété qui rongent les individus. Selon un sondage réalisé par l'IFOP et publié en novembre 2019 – soit avant la crise du coronavirus –, 84 % des Français se déclarent inquiets pour l'avenir et 52 % pensent que, dans le futur, le monde connaîtra plutôt une période de régression.

d) Un mécontentement croissant au sein d'une société bloquée

Dans ce contexte, les Français apparaissent de plus en plus nombreux à contester la politique telle qu'elle est conduite depuis plusieurs décennies. Compte tenu des multiples facteurs culturels et psychologiques en jeu, il est difficile, voire impossible de déterminer la proportion exacte de Français mécontents au sein de la société. Les chiffres du premier tour des trois dernières élections présidentielles (2017, 2012 et 2007) permettent néanmoins de dégager une tendance. En effet, le score cumulé des partis politiques classés traditionnellement aux extrêmes de l'échiquier politique a connu une progression spectaculaire. De 24,39 % en 2007[1], il est passé à 35,07 % en 2012[2] puis à 48,41 % en 2017[3]. De manière corollaire, les partis dits de gouvernement recueillaient 75,62 % des voix en 2007[4], 64,94 % en 2012[5] et 50,38 % en 2017[6]. Il en ressort que, en dix ans, environ 25 % de l'électorat français s'est détourné des partis traditionnels pour s'orienter vers des partis considérés comme contestataires. L'évolution est assez significative pour en déduire que le mécontentement politique progresse au sein de la société française. L'analyse des résultats électoraux montre d'ailleurs qu'il se retrouve très majoritairement au sein de la « France périphérique » théorisée par Christophe Guilluy[7] (qui correspond aux classes populaires vivant en milieu rural ou périurbain) et dans une moindre mesure les banlieues d'immigration (très abstentionnistes[8]), deux catégories de population qui se distinguent de celles vivant dans les grandes métropoles « mondialisées et gentrifiées ».

1. Résultats cumulés de Jean-Marie Le Pen (FN), Olivier Besancenot (NPA), Marie-George Buffet (PCF), Gérard Schivardi (POI), José Bové (divers gauche), Dominique Voynet (Les Verts), Philippe de Villiers (MPF), Frédéric Nihous (CPNT) et Arlette Laguiller (LO).

2. Résultats cumulés de Marine Le Pen (FN), Jean-Luc Mélenchon (FG), Eva Joly (EELV), Philippe Poutou (NPA), Nathalie Arthaud (LO), Jacques Cheminade (SP) et Nicolas Dupont-Aignan (DLF).

3. Résultats cumulés de Marine Le Pen (RN), Jean-Luc Mélenchon (FI), Nicolas Dupont-Aignan (DLF), Nathalie Arthaud (LO), Philippe Poutou (NPA), Jacques Cheminade (SP) et François Asselineau (UPR).

4. Résultats cumulés de Nicolas Sarkozy (UMP), Ségolène Royal (PS) et François Bayrou (MODEM).

5. Résultats cumulés de Nicolas Sarkozy (UMP), François Hollande (PS) et François Bayrou (MODEM).

6. Résultats cumulés de François Fillon (LR), Emmanuel Macron (LREM) et Benoît Hamon (PS).

7. Guilluy Christophe, *La France périphérique. Comment on a sacrifié les classes populaires*, Flammarion, 2015 ; Guilluy, C., « Macron, le candidat des métropoles mondialisées », *Le Monde*, 26 avril 2017.

8. Couvelaire L. et Besse Desmoulières R., « Dans les banlieues, la difficile bascule d'un vote Mélenchon vers Macron », *Le Monde*, 04 mai 2017.

Comme François Hollande et Nicolas Sarkozy avant lui, une année aura suffi pour constater un effondrement de la côte de popularité d'Emmanuel Macron, avec 70 % de mécontents[1]. Et la chute n'est peut-être pas terminée. François Hollande, qui a terminé son mandat avec seulement 4 % d'opinions favorables[2], en sait quelque chose… Et malgré cela, rien ne change. La société française est bloquée, car aucun mouvement ou parti politique suffisamment crédible pour représenter une alternative n'arrive à émerger dans le champ électoral. Emmanuel Macron a phagocyté les deux anciens partis de gouvernement que sont le Parti socialiste et Les Républicains. Quant à ceux qui tentent de faire de la résistance au sein de ces partis historiques, ils peinent à dissimuler qu'ils défendent sur l'essentiel les mêmes idées que celles du président de la République. Le renouveau ne viendra pas d'eux. Il ne viendra pas non plus d'Europe Écologie-Les Verts, dont les divergences idéologiques avec le Parti socialiste apparaissent aussi épaisses qu'une feuille de papier à cigarette. Ce n'est pas pour rien que les deux partis se sont alliés lors de la dernière élection présidentielle de 2017. Restent tous ceux qui se situent à l'extérieur de ce « centre très élargi » et qui sont classés par le discours classique aux extrêmes (Rassemblement national et Debout la France à droite ; France insoumise, Parti communiste et NPA à gauche). Ceux-là semblent incapables de fédérer une majorité de citoyens pour accéder au pouvoir. D'où le désenchantement d'une part grandissante de la population qui ne sait plus vers qui se tourner. La colère gronde, et pas seulement en France. La montée des partis nationalistes d'extrême droite dans les pays de l'Union européenne, et leur accession au pouvoir dans certains d'entre eux (Italie, Pologne, Hongrie) en attestent. Avec l'élection de Donald Trump en tant que président des États-Unis

1. Sondage Ifop pour le *Journal du Dimanche* sur septembre 2018 : https://www.ifop.com/wp-content/uploads/2018/09/Indices-de-popularit%C3%A9-Septembre-2018.pdf.

2. Berdah A., « Popularité : à 4 % de bonnes opinions, Hollande touche le fond », *Le Figaro*, 25 octobre 2016.

en 2016 et le vote du Brexit au Royaume-Uni en 2016 confirmé par l'élection de Boris Johnson en 2019, nous assistons à la montée en puissance d'un phénomène communément appelé le « populisme ». Inquiétant pour les uns, salvateur pour les autres, il est un fait que la France n'y a pas encore succombé. Mais à force de tirer sur la corde, la vague populiste pourrait bien finir par nous emporter à notre tour, pour le meilleur ou pour le pire…

L'inquiétude et la colère ambiantes sont compréhensibles dans une période traversée par des crises simultanées qui affectent notre société : crise économique, crise démocratique, crise environnementale, crise sanitaire… Il n'est pas étonnant dans ce contexte de voir surgir des mouvements de protestation de grande ampleur tels que celui des Gilets jaunes en novembre 2018 ou, plus récemment, celui de la grève contre la réforme des retraites en décembre 2019. Ces deux mouvements ont eu la particularité d'être extrêmement soutenus dans l'opinion publique (70 % de soutien pour les Gilets jaunes à la mi-décembre 2018[1] et 70 % de soutien pour les grévistes à fin janvier 2020[2]). Alors qu'ils constituent des signaux évidents d'une lame de fond de contestation qui monte au sein de la société française jusqu'à remettre en cause le contrat social, les « élites » du pays (les guillemets s'imposent tant ce titre apparaît aujourd'hui usurpé) et plus largement les classes moyennes supérieures apparaissent inflexibles. Plutôt que d'ouvrir les yeux pour trouver des solutions rationnelles, elles préfèrent se mentir à elles-mêmes. Il faudrait « penser printemps », laisser le temps au temps, et croire aux lendemains qui chantent. Pour elles, nous ne serions pas encore allés assez loin dans ce qui ne fonctionne pas depuis quarante ans. Leur croyance est si puissante que les arguments factuels qui leur sont présentés sont balayés d'un revers de la main à grands coups de

1. « Gilets jaunes. 70 % des Français soutiennent toujours le mouvement, selon un sondage », *Ouest-France*, 19 décembre 2018.

2. « Sondage : l'exécutif en baisse, le soutien à la grève se maintient », *Le Point*, 24 janvier 2020.

maximes docilement intégrées et répétées à l'envi. Elles sont promptes à dénoncer tout « aveuglement idéologique », ignorant elles-mêmes qu'elles en sont les principales victimes. Le ressort psychologique à l'œuvre ressemble fort au déni provoqué par la peur de perdre leurs privilèges et leur petit confort personnel. Alors que ce sont elles qui de par leurs positions sociales élevées et les avantages qu'elles leur confèrent devraient être les plus soucieuses de l'intérêt général et de la protection des plus vulnérables, elles sont les premières à s'être vautrées dans l'hyperindividualisme. Face à la pression grandissante d'une société qui aspire au changement, les armes dont elles disposent pour maintenir le statu quo sont le mépris, la propagande, la contrainte légale et, si nécessaire, la force.

Comment a-t-on pu en arriver là ? Comment un tel enfermement intellectuel, social et culturel est-il devenu possible ? Comment expliquer que, dans la période d'effondrement que nous vivons, la partie de la population la plus privilégiée soit convaincue qu'il est urgent de ne rien faire ? L'Histoire, en particulier celle du XXe siècle qui résonne encore en nous, nous a pourtant appris que les fins de cycle peuvent être tragiques. Réussirons-nous à donner tort à Winston Churchill lorsqu'il disait que « la principale leçon de l'Histoire est que l'espèce humaine est incapable d'apprendre » ?

Comprendre les causes du blocage politique de la société française est un chantier immense. C'est la raison pour laquelle le plan du livre a été construit pour rendre les notions abordées le plus accessibles possible mais aussi et surtout pour délivrer au lecteur une vision d'ensemble, afin de comprendre l'engrenage pernicieux du système, et mieux le discerner pour le combattre.

Le premier chapitre s'attachera à déconstruire l'idéologie dominante qui traverse la société : la « prison des esprits ».

Le deuxième chapitre traitera du carcan imposé par l'Union européenne, qui constitue la « prison institutionnelle ».

Le troisième chapitre s'appliquera à identifier les différentes forces qui œuvrent à maintenir le statu quo : les « gardiens de prison ».

Le quatrième chapitre dressera une analyse des dynamiques en cours si les trajectoires décrites dans les trois précédents chapitres demeurent inchangées, la plus inquiétante d'entre elles étant la dérive autoritaire du pouvoir.

Une fois le diagnostic posé, le cinquième chapitre esquissera des solutions pour réinventer notre démocratie et restaurer la souveraineté du peuple français.

La dernière partie du livre proposera de mettre en perspective la crise du coronavirus avec l'ensemble des analyses précédentes pour tenter d'anticiper les enjeux du « monde d'après ».

CHAPITRE I

La prison des esprits : l'idéologie dominante

Le système néolibéral

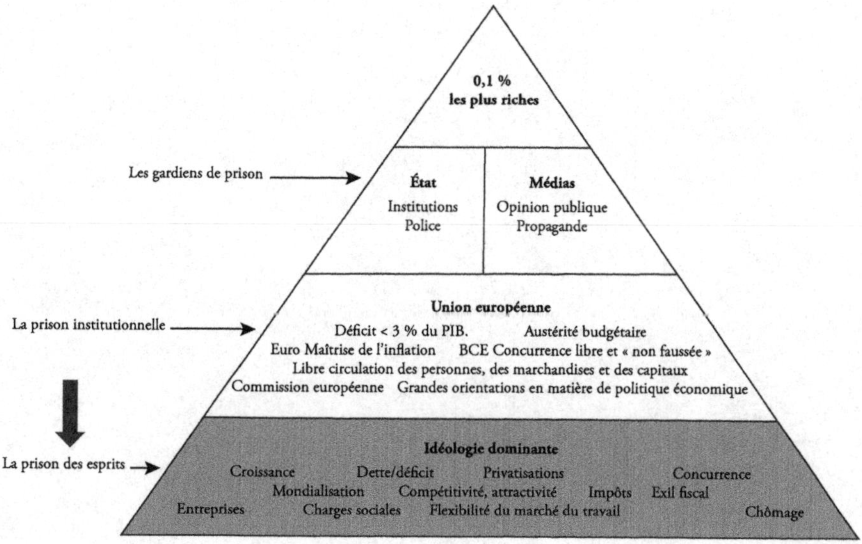

1.1.
Identifier l'idéologie dominante

« There is no alternative. »
Margaret Thatcher

La force d'une idéologie dominante est précisément de ne pas être identifiée comme une idéologie. Pour tous ceux qui y sont soumis – c'est-à-dire, par définition, l'écrasante majorité –, elle paraît relever du bon sens, du pragmatisme. Parce qu'elle est dominante, elle paraît aller de soi, naturelle. Ce n'est pas anodin si toute pensée non conforme à l'idéologie dominante est qualifiée « d'utopiste » ou « d'idéologique », et son messager disqualifié d'autorité au motif qu'il ferait « de l'idéologie ». L'ironie est que ceux qui pensent se situer dans le camp du pragmatisme font aussi – qu'ils en aient ou non conscience – de l'idéologie. Car toute idée politique s'inscrit, qu'on le veuille ou non, dans un corpus d'ensemble qui se rattache à une philosophie politique. Dans les milieux militants et intellectuels, l'idéologie qui s'impose à nous depuis quarante ans est désignée sous le vocable du « néolibéralisme ».

a) Libéralisme ou néolibéralisme ?

Ce terme est un dérivé de la doctrine du libéralisme prônée au XIXe siècle et des politiques qui ont été conduites à compter de la fin des années 1970 sous l'impulsion des théories de l'école de Chicago dirigée par Milton Friedman, et avec l'arrivée au pouvoir de Ronald Reagan aux États-Unis et Margaret Thatcher au Royaume-Uni. Il entretient néanmoins une certaine ambiguïté, puisque le préfixe « néo » ne suggère qu'une évolution du libéralisme quand il s'agit en réalité d'une rupture radicale avec ce dernier, en sorte que la confusion entre « libéralisme » et « néolibéralisme » est souvent opérée. Sans rentrer dans un débat historique et conceptuel, la doctrine du libéralisme telle que pouvait la définir par exemple Adam Smith visait avant tout l'émancipation de l'individu et conférait à l'État un rôle de gardien de l'intérêt général. Cette vision justifiait notamment l'interventionnisme de l'État dans l'économie, en particulier pour prendre en charge les activités non rentables pour une entreprise mais largement profitables à la société dans son ensemble. Retenons en substance que le libéralisme recherchait un juste équilibre entre sphère privée et sphère publique, entre préservation des droits individuels et nécessaire intervention de l'État pour organiser la société. Le néolibéralisme rompt radicalement avec cette logique en ce qu'il vise à donner tout pouvoir à un système de marchés en concurrence au motif qu'il s'agirait du moyen le plus efficace pour faire fonctionner la société. Selon cette doctrine, le périmètre d'intervention de l'État doit être limité au strict minimum : protéger le droit de propriété, garantir une monnaie stable, encourager la concurrence, et maintenir l'ordre social. Le bon sens permet de comprendre que cette doctrine qui refuse toute ingérence de l'État pour rééquilibrer les rapports de force économiques ne peut qu'engendrer des inégalités et l'asservissement d'une partie de la société à des dominants. Comme l'affirmait avec une grande justesse Henri Lacordaire, la liberté n'est pas toujours synonyme d'émancipation : « Entre le fort et le faible, entre le riche et le pauvre, entre le maître et le serviteur, c'est la liberté qui opprime et la loi[1] qui affranchit[2] ». Sur le plan culturel et psychologique, on doit au néolibéralisme la montée de l'individualisme dans notre société, qui produit chez les individus une vision autocentrée du monde, et consacre comme horizon indépassable la logique du profit et du calcul d'intérêts, au détriment de la recherche du bien commun et du bonheur pour tous.

b) La novlangue : outil de dissimulation des rapports de force

Alors que le « néolibéralisme » est l'idéologie qui inspire la politique et contamine nos esprits depuis près de quarante ans, ce terme est méconnu de la plupart des citoyens ou à tout le moins largement incompris. Pour le commun des mortels, le libéralisme ou néolibéralisme – puisque la distinction n'est jamais faite dans le débat public – ne peut que renvoyer à la notion de « liberté ». Pourquoi serait-on opposé à la liberté ? Ne nomme-t-on pas d'ailleurs « libertés fondamentales » les droits essentiels (liberté de conscience, liberté d'expression, liberté d'aller et venir, liberté d'entreprendre, etc.) qui nous préservent d'un État totalitaire ? En somme, chacun choisira spontanément de défendre la liberté contre l'arbitraire. Si je ne suis pas libre, c'est que je suis, d'une manière ou d'une autre, en prison. Difficile dans ces conditions de lutter contre le « (néo)libéralisme » ! Autrement dit, l'idéologie commence déjà avec le choix des mots, qui nous conduit à des erreurs de jugement. Il ne faut pas croire que cette appellation trompeuse à l'apparence avantageuse soit le fruit du hasard. L'idéologie dominante produit toute une série de déclinaisons de termes positifs pour dissimuler ou atténuer les effets négatifs qu'elle produit dans la réalité. C'est d'ailleurs l'une de principales forces d'une idéologie dominante que de renverser le sens des mots. C'est ainsi qu'on appelle des licenciements économiques

1. La loi est l'expression de la volonté générale qui émane de l'État.
2. Il faut comprendre le terme « affranchir » au sens de « protéger ».

« plan de sauvegarde de l'emploi » : avez-vous déjà constaté qu'en pareilles circonstances des emplois ne soient pas supprimés ? On appelle les réformes en droit du travail qui détruisent les protections des salariés « loi en faveur du renforcement de la protection des salariés ». On intitule « loi de modernisation » toute réforme qui a pour objet de réduire le budget alloué à tel ou tel service public. On privatise une activité publique pour qu'elle devienne « l'entreprise de tous les Français » ! (dixit le ministre Bruno Le Maire au sujet de la privatisation de la Française des Jeux). Ce renversement du langage[1] n'est pas sans rappeler le roman *1984* de George Orwell qui imagine un monde dystopique régi par le slogan suivant : « La guerre, c'est la paix. La liberté, c'est l'esclavage. L'ignorance, c'est la force ». Quiconque connaît la fin de cette histoire sait que cela ne présage rien d'enthousiasmant. Cette altération du langage est en effet loin d'être neutre. Elle vise prioritairement à empêcher les citoyens de penser en niant ou en déformant la réalité. Ceux qui émettent ces altérations du langage poursuivent toujours l'objectif de faire accepter à ceux qui le reçoivent une situation qu'ils contesteraient si les mots employés décrivaient effectivement la réalité. Plus difficile de s'insurger contre un « plan de sauvegarde de l'emploi » que contre un « plan de licenciement », non ? Il ne s'agit plus seulement de langue de bois mais bien, par référence à l'œuvre précitée, d'une « novlangue », c'est-à-dire une modification du langage pour anéantir toute possibilité de penser une alternative au système existant. À ce titre, le travail d'éducation populaire de Franck Lepage sur le sujet au travers de ses « conférences gesticulées » – aisément accessibles sur Internet – est remarquable. La politique se joue donc en premier lieu sur le terrain des mots. Au-delà du terme « néolibéralisme », il ne s'agit pas de fétichiser telle ou telle expression, mais de s'assurer

1. Les exemples cités constituent des contre-sens. Mais il existe aussi une grande variété d'altérations du langage pour déformer la réalité telles que l'euphémisme (les clochards appelés « sans domicile fixe », suggérant que cette personne dispose d'un domicile… changeant) ou l'oxymore (la « croissance négative » en matière économique, qui ne désigne rien d'autre qu'une récession).

que chaque mot utilisé soit compréhensible par tous et que chacun en ait la même définition. C'est à cette première condition que le débat démocratique peut réellement avoir lieu.

Il faut commencer par nommer le « néolibéralisme » pour ce qu'il est, à tout le moins pour le résultat qu'il produit dans le réel. Chacun comprendrait bien mieux le mal qui nous afflige si le néolibéralisme était désigné comme le « régime des ultra-riches qui asservit les peuples et détruit la nature ». Il n'est ici nullement question de complot, d'un cercle restreint de privilégiés qui prendrait en secret toutes les grandes décisions du monde. Des réseaux de pouvoir existent et réunissent les personnes parmi les plus influentes en France, en Europe et dans le monde (exemples : Le Siècle, la Commission trilatérale, le groupe Bilderberg, etc.), mais ces ultra-riches appartiennent surtout à une classe sociale dont les intérêts se rejoignent sur l'essentiel. Et force est de constater que les règles du jeu sont faites dans l'intérêt exclusif de ces ultra-privilégiés. Contrairement à une idée reçue, la lutte des classes n'est pas morte. Warren Buffett, multimilliardaire américain, le reconnaissait expressément en 2005 avec autant de franchise que de cynisme : « Il y a une guerre des classes, c'est un fait, mais c'est ma classe, la classe des riches qui mène cette guerre, et nous sommes en train de la gagner ». Cette lutte des classes ne doit pas être entendue comme opposant le travail au capital au sens classique du salariat contre le patronat. Le conflit qui se joue oppose le peuple (salariés, chômeurs, retraités, fonctionnaires, patrons de PME, artisans, commerçants, professions libérales) aux classes dominantes (économique, politique, médiatique). La rupture du contrat social s'opère à partir du moment où la captation des richesses par les plus aisés devient tellement excessive que le reste de la population commence à voir son niveau de vie baisser. Le bon sens et l'éthique commanderaient aux dirigeants politiques que nous élisons de rétablir l'équité afin que chacun puisse bénéficier d'une amélioration de ses conditions d'existence. Mais rien de tout cela ne se produit. Et cela fait des décennies que cela dure !

c) L'illusion de l'impuissance politique

Comment expliquer ce triste constat ? Pourquoi nos gouvernants ont-ils laissé faire ? Se sont-ils uniquement montrés complaisants ou apathiques ? Ont-ils au contraire participé activement à cette lente décrépitude ? De Giscard d'Estaing à Macron, pourquoi avons-nous l'impression que la politique ne peut plus rien ? D'où vient ce sentiment d'un rouleau compresseur qui écrase tout sur son passage, conduisant au déclassement d'une part toujours plus grande de la population et à la destruction inéluctable de l'environnement ? Pourquoi ressentons-nous une résignation si profonde que nous préférons bien souvent fuir la politique malgré les effets qu'elle produit sur nos vies quotidiennes ? À chaque élection présidentielle, tous les sujets politiques sont pourtant abordés : salaire, emploi, chômage, pouvoir d'achat, impôts, services publics, écologie, etc. Et pourtant, quel que soit notre vote, rien ne change. Les obstacles qui se posent à nous sont-ils si insurmontables ? Ce sentiment d'impuissance ressenti par les citoyens est l'un des effets essentiels du système néolibéral. Il vise à décourager immédiatement quiconque aurait la volonté de comprendre le monde qui l'entoure. Pour préserver l'ordre établi, il faut à tout prix maintenir les citoyens endormis. La propagande relayée par les classes dominantes – la plupart de ceux qui en font partie étant eux-mêmes aveuglés idéologiquement – est d'une efficacité redoutable. Il faut se rendre compte de la supercherie, ce qui n'est pas chose aisée, pour en prendre pleinement conscience, mais le jeu en vaut la chandelle. Car une fois libéré des conditionnements cognitifs soigneusement entretenus par le système, vous vous apercevez que le débat public tolère toutes les idées, sauf celles qui sont susceptibles d'amorcer le plus minime changement de politique. Autrement dit, vous avez le droit de parler pour ne rien dire, mais si vous avez quelque chose à dire, on préfère ne pas vous donner la parole.

Dans les développements qui vont suivre, il sera démontré que le traitement de la politique est totalement biaisé, ce qui empêche la plupart des citoyens d'émettre des opinions argumentées et d'opérer des choix éclairés. Si les différents thèmes qui impactent directement nos vies quotidiennes sont abordés dans le champ politique, il existe des postulats indépassables que vous ne pouvez contester, sauf à être immédiatement qualifié d'utopique, de démagogique ou, pire encore, de « populiste ». Ces postulats – qui semblent relever de l'évidence – ne sont pas si nombreux mais ils verrouillent toute pensée alternative. Ils empêchent même toute possibilité de penser. En philosophie, le dogme se définit comme une affirmation considérée comme fondamentale, incontestable et intangible formulée par une autorité politique, philosophique ou religieuse. Toute l'idéologie dominante repose sur des dogmes. Vous devez certainement les connaître. Peut-être même êtes-vous persuadé de leur pertinence ? Ce sont les principes suivants :

1) Il faut générer de la croissance pour améliorer le pouvoir d'achat des citoyens ;
2) Il faut privilégier la concurrence et le secteur privé qui produit les richesses car l'État est mauvais gestionnaire et gaspille l'argent public ;
3) Il faut réduire les dépenses publiques car la France est en faillite ;
4) Il faut réduire les impôts car ils font fuir les plus riches ;
5) Il faut flexibiliser le marché du travail car le coût du travail est trop élevé en France, le droit du travail trop punitif pour les employeurs, et les chômeurs trop paresseux pour chercher un emploi.

Croire en ces principes nous place dans l'incapacité de réfléchir. Notre esprit est comme enfermé dans une cellule minuscule où nous ne pouvons que tourner en rond. Cette prison n'est pourtant qu'imaginaire. Nul besoin d'en trouver les clés pour s'évader. Il suffit d'ouvrir les yeux pour constater que la fenêtre ne comporte aucun barreau, et que la sortie n'est bloquée par aucune porte !

1.2.
La croissance : vers l'infini et au-delà !

> « Sauver notre planète, éloigner les gens de la pauvreté, faire avancer la croissance économique – ce sont les mêmes combats. »
>
> Ban Ki-moon

S'il est un principe qui gouverne la politique depuis tant d'années, c'est bien celui de la croissance. La croissance conditionne tous les programmes de nos gouvernants. Pour créer des emplois ? La croissance ! Pour augmenter le pouvoir d'achat ? Encore la croissance !! Pour réduire la dette publique ? Encore et toujours la croissance !!! Ce paradigme constitue l'alpha et l'oméga de toute politique publique. Et si la croissance telle qu'elle est appréhendée par nos gouvernants nous menait droit dans le mur ?

a) L'impasse politique : la croissance des uns fait la misère et le déclassement des autres

Il y a un non-dit lorsque les gouvernants présentent la croissance comme seul et unique remède à nos maux. Cet implicite est que la richesse créée ne saurait être autrement répartie. Comprenez qu'il n'est pas question que l'État taxe plus les quelques-uns qui accumuleraient des richesses en excédent pour les redistribuer à tous les autres. Il y aurait pourtant matière puisque la France est championne d'Europe de la distribution des dividendes : 57 milliards d'euros versés aux actionnaires des entreprises du CAC 40 en 2018 ! Mais pas question d'augmenter l'impôt sur ces revenus. Au contraire, les dirigeants politiques ne cessent de clamer qu'il faut les diminuer. Ce n'est donc qu'à condition d'obtenir la croissance que « tous les autres » pourraient voir leur situation financière s'améliorer. Mais une évidente contradiction survient immédiatement. Car, pour générer la croissance, les mêmes expliquent qu'il faut alléger les contraintes « des entreprises » (moins d'impôts, moins de « charges sociales ») au motif qu'elles sont les moteurs de l'économie. C'est ce que l'on appelle la « politique de l'offre ». Lorsqu'il est fait observer que les aides ou allègements d'impôts et de cotisations sociales sont en grande partie captés par les plus grandes entreprises et les plus riches du pays, Emmanuel Macron – et d'autres avant lui – rétorque qu'ils sont les « premiers de cordée ». Ce qu'il n'a, semble-t-il, pas compris, c'est qu'ils ont depuis longtemps coupé la corde ! À suivre la théorie de ruissellement défendue par nos gouvernants depuis tant d'années – puisque c'est de cela dont il s'agit –, ce sont en définitive les ultra-riches qui captent très largement les fruits de la croissance, ne laissant aux autres que les miettes, lorsqu'il en reste... En somme, notre modèle économique engendre la croissance pour quelques-uns, et la misère ou le déclassement pour tous les autres. Le raisonnement serait néanmoins incomplet si nous nous en tenions là. Il faut aller plus loin pour démontrer l'hypocrisie de nos gouvernants. Ces derniers ne cessent en effet de fonder leurs promesses électorales sur les gains de croissance que leur merveilleuse politique serait censée produire. Or, nous avons analysé le fait que la croissance dépend très largement de la conjoncture économique mondiale et que, en conséquence, la baisse est tendancielle depuis les années 1970, au point que cela fait désormais vingt ans que nous peinons à la maintenir à un niveau moyen supérieur à 1 %[1]... La leçon à tirer est simple : il faut considérer que tout candidat politique qui subordonne l'augmentation du pouvoir d'achat des citoyens à la seule et unique condition d'une reprise forte de la croissance n'est rien d'autre qu'un charlatan.

Malgré l'augmentation du niveau des inégalités au profit des 0,1 % les plus riches et la baisse du niveau de vie pour une part croissante de la population, force est de constater que le nombre de Français qui remettent en cause l'ordre des choses demeure encore relatif. Les mythes entretenus autour de la méritocratie ainsi que la stratification de la société par le système éducatif se sont vraisemblablement chargés de faire accepter aux citoyens ce modèle économique, peu importe ses incohérences et ses contradictions. Prenons un exemple qui semble faire surgir un paradoxe : nombre de personnes apparaissent promptes à s'indigner des rémunérations très confortables dont bénéficient les footballeurs mais ne trouvent rien à redire à celles des dirigeants du CAC 40[2]. Les mêmes arguments reviennent systématiquement : « le sport est inutile », « ce n'est qu'un divertissement », « les joueurs de football sont stupides ». Les mêmes expliquent (parfois avec aplomb) que les dirigeants évoluent dans des secteurs très concurrentiels, justifient de diplômes prestigieux et sont des créateurs d'emplois pour notre pays. Pareille argumentation laisse dubitatif. Dans le système du libre-échange et de la concurrence mondialisée, l'activité des grands dirigeants d'entreprise consiste à délocaliser leurs activités dans les pays à bas salaire plutôt qu'à créer des emplois en France. Surtout, dans le système qui est le nôtre où le seul objectif poursuivi est la recherche du profit, il apparaît logique que le niveau de rémunération soit déterminé par le gain que l'employé procure à celui qui l'emploie. À cet égard, les footballeurs génèrent

1. Cf. La France : état des lieux ; voir aussi l'article d'Olivier Berruyer sur le site Les Crises.fr, « Historique du PIB de la France », publié le 21 janvier 2013.

2. Un rapport Proxinvest établit que la rémunération totale moyenne des présidents exécutifs du CAC 40 atteint 5,8 millions d'euros en 2018, soit l'équivalent de 4 830 Smic (salaire minimum de croissance) nets !

globalement plus de revenus aux clubs qui les emploient qu'ils ne sont rémunérés. On peut ajouter qu'ils participent pleinement à la vie économique du pays et qu'ils contribuent à la création de nombreux emplois. Si l'on s'en tient au critère du profit, ce qui apparaît acceptable pour les dirigeants devrait l'être aussi pour les footballeurs. Ce n'est pourtant pas le cas. Cet exemple permet de faire deux observations. La première est qu'une propagande intense est menée pour justifier les niveaux exorbitants de rémunération des dirigeants de grandes entreprises alors que ceux des footballeurs nous apparaissent spontanément comme disproportionnés. La seconde est que le bon sens commun entend que la rémunération de chacun soit proportionnelle à l'utilité du travail réalisé pour la communauté. Ce principe résulte au demeurant de l'article 1 de la Déclaration des droits de l'Homme et du Citoyen qui dispose non seulement que « Les hommes naissent et demeurent libres et égaux en droits », mais aussi – le deuxième alinéa est souvent oublié – que « Les distinctions sociales ne peuvent être fondées que sur l'utilité commune ». Or, et le confinement du printemps 2020 pour faire face à la crise du coronavirus l'a démontré, nombre d'emplois essentiels à la nation (transports, énergie, commerce alimentaire, santé, éducation, etc.) sont pour beaucoup d'entre eux parmi les plus mal payés au sein de la société[1].

Pour être acceptées durablement, les inégalités doivent être justifiables et justifiées. L'action politique ne peut plus se contenter d'atténuer ou de modérer les effets de la montée des inégalités. Il faut s'attaquer au cœur du problème : la clé de répartition des richesses. Celle-ci se joue, d'une part, au niveau des salaires versés au sein des entreprises et, d'autre part, dans les politiques fiscales de redistribution. Disons les choses sans détour : il doit y avoir une limite à l'accumulation des richesses. Si des revenus très confortables de l'ordre de 10 000 € à 30 000 € par mois

1. Tonnelier A. et Lemarié A., « Une partie de la majorité veut répondre aux "premiers de corvée" », *Le Monde*, 12 mai 2020 ; Franceinfo, « Coronavirus : portraits de "premiers de corvée" », 11 juin 2020.

apparaissent tolérables pour les plus hauts revenus de la société, les rémunérations atteignant 100 000 €, voire 1 million d'euros (ou plus) par mois ne peuvent se justifier au regard du critère de l'utilité commune. Sauf à se situer dans le cercle restreint des privilégiés, nul ne peut prétendre que la valeur ajoutée apportée par un dirigeant d'une entreprise du CAC 40 puisse être 4 830 fois supérieure à celle du plus bas salaire de l'entreprise. Les niveaux exorbitants atteints en termes de revenus et de niveaux de patrimoine des plus riches ne sont pas seulement injustifiables. Ils sont parasitaires pour le fonctionnement général de l'économie. Les excès des dernières décennies en la matière ont abouti à créer un gigantesque stock d'épargne qui profite largement à la spéculation financière et ne trouve plus à s'investir dans l'économie réelle. Dans un passé pas si lointain, les États-Unis – qui n'ont *a priori* jamais été connus pour être les défenseurs du modèle communiste – pratiquaient des taux d'imposition sur le revenu jusqu'à 94 % pour les plus hauts revenus (de 1930 à 1980)[1]. Dans le cadre de ses derniers travaux, Thomas Piketty élabore un certain nombre de propositions pour en finir avec la concentration du capital parmi lesquelles la création d'un impôt annuel progressif sur la propriété, dont les taux iraient de 0,1 % pour les petits patrimoines (jusqu'à 100 000 euros) à 90 % pour les patrimoines supérieurs à 2 milliards d'euros, et le relèvement des taux des tranches supérieures de l'impôt sur le revenu et les successions (jusqu'à 90 %)[2]. S'il n'est pas certain qu'il soit possible d'appliquer du jour au lendemain de tels niveaux d'imposition dans le contexte de l'économie mondiale globalisée, les dirigeants politiques feraient bien de commencer à y réfléchir très sérieusement.

Les partisans du statu quo sont prompts à dédramatiser la situation pour mieux culpabiliser les Français protestataires au motif que la France serait l'un des pays les plus riches, en sorte

1. Peillon, L., « Est-il vrai que les États-Unis ont taxé les riches à plus de 70 % pendant trente ans ? », *Libération*, CheckNews, 21 mars 2019.

2. « Les 10 pistes de Thomas Piketty pour en finir avec les inégalités », *L'Obs*, 4 septembre 2019.

que le mode de vie d'un Français modeste serait bien plus enviable que dans de nombreux pays étrangers. C'est ne rien comprendre à la psychologie humaine. Ce qui est le plus difficile à supporter, ce n'est pas la pauvreté, mais l'appauvrissement. Autrement dit, ce que les gens ne peuvent accepter, c'est de vivre dans des conditions financièrement plus difficiles qu'il y a cinq ou dix ans, alors même que les richesses produites dans le pays ne cessent d'augmenter. Les mêmes causes produisant les mêmes effets, la dynamique n'est pas près de s'inverser, ce qui ne peut que conduire à une impasse politique. L'appauvrissement renvoie directement aux conditions matérielles d'existence, qui elles-mêmes conditionnent la sécurité psychologique des personnes. Derrière la crainte d'une baisse de revenus ou de la perte d'un emploi, ce sont les intérêts vitaux qui sont directement menacés : vais-je pouvoir payer mes factures, mon loyer, rembourser le crédit de ma maison ? Vais-je pouvoir nourrir ma famille ? Vais-je pouvoir me soigner ? Vais-je pouvoir permettre à mes enfants de faire des études ? Dans un monde qui détruit les protections pour encourager la guerre de tous contre tous, l'insécurité devient la norme : les incertitudes se multiplient, l'anxiété devient contagieuse, et la peur le principal moteur de l'action humaine. Tirons le fil jusqu'au bout. Une fois acquise la conscience que l'État a failli dans sa mission première de protection, parce qu'il a laissé une petite minorité accaparer tous les pouvoirs et privilèges, le contrat social est *de facto* caduc. L'effacement du caractère légitime de la loi laisse alors place à la violence… physique et non plus sociale. La violence révolutionnaire répond à la violence institutionnelle. Manifestations qui dégénèrent, affrontements entre la population et force de l'ordre, voire, dans le pire des cas, guerre civile. C'est le propre de la violence que de progresser par paliers, chaque agression d'un camp appelant une réponse supérieure du camp opposé. C'est l'escalade de la violence. Engrenage sans fin dont l'histoire nous enseigne qu'il est impératif de s'en préserver.

b) L'impasse écologique : la croissance détruit l'environnement

Une autre réalité incontournable commande de dépasser le paradigme de la croissance : l'urgence climatique. Selon André Gorz, « une croissance illimitée dans un monde fini est une illusion ». Pareille illusion relève autant d'une stupidité crasse que d'une irresponsabilité accablante. Et pourtant, nos gouvernants s'obstinent. Emmanuel Macron, le « champion de la Terre »[1], ambitionne même de s'appuyer sur la finance pour sauver la planète. À la bonne heure ! Il serait permis d'en rire si les conséquences de l'activité humaine sur notre écosystème n'étaient pas aussi dramatiques. Les chiffres sont aussi terrifiants qu'implacables. La population mondiale atteindra 9 milliards d'êtres humains d'ici 2050, alors qu'elle n'était que de un milliard en 1804 et de 2 milliards en 1927. En 2018, nous avions au 1er août consommé au niveau mondial toutes les ressources en carbone, en nourriture, en eau, en fibre, en terres cultivées et en bois de construction que notre planète est capable de régénérer en une année entière. Cela signifie que l'humanité exige presque deux fois plus de la planète que ce que ses écosystèmes renouvellent. La date du « jour du dépassement » avance chaque année[2]. Les niveaux de dioxyde de carbone dans l'atmosphère sont à leur maximum depuis 650 000 ans et les émissions mondiales de CO_2 continuent de progresser à un rythme bien trop élevé (2,7 % en 2018). La température moyenne de la Terre a augmenté de 1 °C depuis 1880. Si vous pensez que 1 °C est une variation négligeable, pensez aux effets que vous ressentez lorsque votre température corporelle passe de 37,5 °C à 38,5 °C… La décennie qui vient de s'écouler est la plus chaude jamais enregistrée dans l'histoire, avec des records atteints en 2016 et 2019[3].

1. Ce titre lui a été décerné par l'ONU en 2018 en large partie grâce à sa formule coup de poing adressée à Donald Trump : « Make our planet great again ». On aurait aimé qu'Emmanuel Macron joigne les actes à la parole.

2. Elle se situait au 29 juillet en 2019. Elle pourrait se situer fin juin dès 2030.

3. Garric A., « 2019, deuxième année la plus chaude de l'histoire », *Le Monde*, 5 janvier 2020.

La fonte des couches de glace fait monter le niveau de la mer, ce qui provoque trois types de conséquences : l'accentuation de l'érosion des littoraux, l'augmentation de la vulnérabilité des populations et infrastructures aux tempêtes qui génèrent des submersions marines, et la salinisation des littoraux qui deviennent alors impropres aux cultures. À cet égard, le niveau des mers et océans a augmenté de 20 centimètres au cours du siècle dernier, étant précisé que le rythme ne cesse de s'accélérer d'année en année. Les dernières estimations pour la fin du siècle sont de plus en plus pessimistes et envisagent jusqu'à 2 mètres d'augmentation. Selon un rapport de l'organisation scientifique Climate Central, 300 millions de personnes seraient confrontées à des submersions marines (inondations côtières) au moins une fois par an d'ici 2050, dont 1 million rien qu'en France métropolitaine[1]. Il faut préciser que ces résultats sont obtenus en partant de l'hypothèse (très optimiste) que les réductions des émissions de gaz à effet de serre seront à peu près conformes aux objectifs de l'Accord de Paris, ce qui n'est absolument pas le cas pour l'instant. L'acidité de la surface des océans a augmenté d'environ 30 % depuis le début de la révolution industrielle, ce qui menace la survie des écosystèmes marins. Les populations d'animaux vertébrés ont diminué en moyenne de 58 % entre 1970 et 2012. Plus de 26 000 espèces connues sont menacées d'extinction, ce qui concerne un quart des espèces de mammifères, 14 % des espèces d'oiseaux et un tiers des espèces d'amphibiens. Un large consensus scientifique (97 % des scientifiques du climat) affirme aujourd'hui qu'il est extrêmement probable que les tendances au réchauffement climatique du siècle dernier soient dues aux activités humaines. La probabilité a été estimée à plus de 95 % par le GIEC (Groupe d'experts intergouvernemental sur l'évolution du climat), qui réunit 1 300 experts scientifiques indépendants de pays du monde entier sous l'égide des Nations unies. Il faut donc agir, et vite. Si les effets que nous

1. Magdelaine C., « Augmentation du niveau de la mer : des centaines de millions de personnes concernées, y compris en France », notre-planète.info, 30 octobre 2019.

ressentons pour l'instant en France se limitent pour beaucoup à vivre des étés plus chauds, ce serait une grave erreur de sous-estimer la menace qui pèse sur nous. D'une part, parce que les catastrophes n'évoluent pas de manière linéaire mais par paliers, que ce soit en intensité ou dans leur fréquence. Les canicules et inondations pourraient brutalement se multiplier avec des niveaux d'intensité inégalés. D'autre part, il faut avoir à l'esprit que le changement climatique va entraîner une crise humanitaire sans précédent et de gigantesques vagues de migration[1], en particulier en Afrique subsaharienne, en Asie du Sud et en Amérique latine, ce qui pourrait largement déstabiliser les fragiles équilibres de nos sociétés.

Au-delà des belles et grandiloquentes déclarations d'intention, l'action des dirigeants politiques s'avère très largement inefficace. Nous sommes en effet loin du compte en termes de réduction des émissions de carbone. Selon le premier rapport annuel du Haut Conseil pour le climat publié en 2019, le « budget carbone 2015-2018 » est loin d'avoir été respecté puisque la baisse annuelle des émissions de 1,1 % sur cette période est près de deux fois inférieure à l'objectif fixé[2]. Il faut être lucide. Les objectifs fixés ne seront jamais atteints par l'addition de mesures éparses, non coordonnées, et plus incitatives que contraignantes. La transition écologique suppose une profonde transformation des modes de production et de consommation. Les États doivent pouvoir taxer ou interdire les activités polluantes et encourager celles qui sont respectueuses pour l'environnement. La liberté individuelle d'entreprendre doit se heurter à la nécessité de préserver la nature. Le marché ne doit plus faire la loi. Le politique,

1. « Réchauffement climatique : 143 millions de personnes obligées de migrer d'ici 2050 », *Le Parisien*, le 20 mars 2018.

2. Premier rapport du Haut Conseil pour le climat : « Le rythme de cette transformation est actuellement insuffisant, car les politiques de transition, d'efficacité et de sobriété énergétiques ne sont pas au cœur de l'action publique. Ainsi, le premier budget carbone fixé en 2015 et couvrant la période 2015-2018 a été dépassé, et la réduction réelle des émissions de GES (gaz à effet de serre), de 1,1 % par an en moyenne pour la période récente, est quasiment deux fois trop lente par rapport au rythme nécessaire pour la réalisation des objectifs ».

c'est-à-dire l'expression de la volonté générale, doit remettre au pas l'économie. En somme, la mutation attendue implique nécessairement de rompre avec la logique de la mondialisation néolibérale qui consacre la soumission des États aux multinationales. Nous en sommes encore à des années-lumière. Il ne faut pas sous-estimer l'égoïsme et le cynisme des plus privilégiés pour lesquels la nécessité de la transition écologique apparaît comme loin de constituer une priorité. Les 1 % les plus riches représentent pourtant en France une empreinte carbone 40 à 66 fois supérieure à celle des 10 % les plus pauvres[1] ! Selon Oxfam, les 1 % les plus riches au niveau mondial émettent deux fois plus de gaz à effet de serre que la moitié la plus pauvre de la population[2]. Les intéressés s'en moquent éperdument. Ils savent fort bien qu'ils seront les derniers impactés par le changement des conditions de vie sur la planète. Nombre d'entre eux se rassurent en pensant que leur capacité financière leur permettra de s'installer dans les quelques lieux encore relativement préservés des catastrophes climatiques. Tant pis pour les pauvres, ils n'avaient qu'à être riches. Et pour ceux qui ne feraient pas même cet effort d'anticipation, tout semble indiquer qu'ils fassent leur le précepte de Louis XV : « Après moi, le déluge ». La leçon à tirer est d'importance. Cela signifie que le combat pour lutter contre le réchauffement climatique ne peut être efficacement mené sans s'opposer aux classes dominantes et à l'inégale répartition des richesses qu'elles imposent. Selon une célèbre citation attribuée au syndicaliste brésilien Chico Mendes : « L'écologie sans lutte des classes, c'est du jardinage ». En ce sens, le péril climatique est-peut-être ce qui pouvait nous arriver de mieux pour qu'une véritable prise de conscience citoyenne surgisse. Nous

1. Blog de Jean Gadray sur Alternatives économiques : « En France, les très riches émettent 40 fois plus de carbone que les pauvres, mais les pauvres paient plus de 4 fois plus de taxe carbone en % de leurs revenus ! », publié le 20 novembre 2018 ; Business Insider : « Les 1 % les plus riches polluent 66 fois plus que les 10 % les plus pauvres par leurs placements financiers », par Thomas Chenel publié le 13 octobre 2020.

2. Perrier F., « Plus ils sont riches, plus ils polluent… en toute impunité », *Marianne*, 2 octobre 2020.

devons impérativement changer de modèle économique. Il nous faut sortir de la vision comptable, étriquée, immédiate et egocentrée de la politique. N'est-ce pas là une chance merveilleuse que de retrouver un horizon commun qui permette à chacun de se transcender au service de l'intérêt général ?

c) L'impasse philosophique : la croissance ne fait pas le bonheur

Il est stupide de n'aborder la politique que sous le prisme de la croissance. Une telle approche est si réductrice qu'elle ne peut qu'aboutir à des absurdités. Penser la politique, c'est-à-dire la vie de la cité, devrait commencer par s'interroger réellement sur le bonheur. Il faut donc commencer par refuser le discours de l'idéologie dominante qui entend imposer l'idée que la croissance rime avec le bonheur, et le progrès technologique avec le bien-être. Le danger de cette pensée est qu'elle tend à restreindre le bonheur de l'individu à la satisfaction de ses plaisirs personnels et immédiats. L'individu contaminé par la pensée dominante ne cherche plus à se situer ni dans l'espace ni dans le temps. D'une part, il n'a plus pour ambition de préserver l'héritage d'une culture et de traditions, ni d'assurer un avenir meilleur à ses descendants. D'autre part, il ne se préoccupe des autres qu'en ce qu'ils concourent à répondre à ses besoins personnels et non pour contribuer à leur bien-être. Cette pensée produit chez les individus une vision du monde tellement superficielle qu'elle vide de sens leur existence. L'individualisme est incompatible avec le bonheur même individuel. L'être humain ne se réalise jamais seul, car l'une des conditions essentielles de son épanouissement tient à son appartenance à une communauté : la famille, la nation, l'humanité. Dès lors, la limite naturelle de toute liberté est de ne pas porter atteinte à l'intérêt de la communauté. L'intérêt collectif doit primer sur l'intérêt individuel. Comme le disait John Stuart Mill, « La liberté des uns s'arrête là où commence celle des autres ». Il apparaît donc qu'une société humaine ne peut valablement fonctionner, ni les individus qui la composent vivre en harmonie, sans qu'une limite à la liberté ne soit fixée. C'est pourtant tout l'inverse que l'idéologie dominante s'applique à véhiculer dans les esprits en érigeant le fait de devenir milliardaire comme modèle de réussite. Il faut s'interroger. Quel est le sens d'un tel « idéal » ? Que peut bien vouloir signifier pour un individu le fait d'être milliardaire ou de gagner 1 million d'euros par mois ? Existe-t-il des personnes « élues » dont les besoins sont 1 000 fois supérieurs à ceux du commun des mortels ? Les principes de justice et d'équité n'obligent-ils pas à partager équitablement la richesse avec les autres êtres humains ? L'empathie en tant que valeur humaine fondamentale ne doit-elle pas conduire à éradiquer la souffrance autour de soi ? Pouvons-nous continuer à admettre le principe d'une libre accumulation des richesses sans aucune limite ? Est-il possible de vivre heureux dans un océan de malheurs ? N'est-ce pas une folie de considérer que le bonheur est proportionnel au pouvoir de consommer ?

Accepter le principe d'une accumulation sans limites des richesses ne va pas de soi. Il est en effet communément admis que l'excès n'est jamais désirable. Que ce soit avec la nourriture, le sport, la consommation d'alcool, et plus généralement l'ensemble des activités humaines, chacun sait que l'abus est toujours nocif. Ne dit-on pas qu'il « faut consommer avec modération » ? Nous devrions tous avoir conscience que, au-delà d'un certain seuil, le bonheur ne dépend plus de la richesse matérielle. On pourrait même aller plus loin en formulant l'hypothèse suivante : accumuler des richesses au-delà d'un certain seuil contribue au malheur de l'individu. Écartons tout sentiment de culpabilité ou mauvaise conscience puisque le discours dominant prétend que la richesse accumulée par les uns ruissellerait au profit des autres. La source du désarroi du milliardaire pourrait être ailleurs. Lorsqu'un individu atteint un niveau élevé d'enrichissement personnel, on peut supposer que la satisfaction éprouvée tient moins aux possibilités infinies de consommation qui lui sont offertes qu'à l'influence qu'il peut exercer sur autrui. Le plaisir de consommer laisserait place au désir de contrôler. Il ne serait plus question de se divertir mais d'exercer du pouvoir sur autrui. Ce glissement serait particulièrement dangereux sur le plan psychologique, car il exacerberait le narcissisme de l'individu et sa volonté de toute-puissance. Dans ce schéma, toute atteinte portée à l'ego serait génératrice de souffrance, car le sens de la vie se limiterait à la puissance recherchée par l'individu sans aucune considération pour les relations qu'il entretient avec le monde extérieur. Dans le système actuel où la compétition est la règle, l'individu qui se trouverait dans une position élevée aurait toutes les raisons de craindre de perdre sa place au profit d'un autre, en sorte que la course effrénée à l'enrichissement et au pouvoir qu'il confère serait nécessairement source de tourment. Les individus qui poursuivent l'objectif d'une croissance infinie de leur propre enrichissement n'auraient pas même conscience que, en agissant en ce sens, ils contribueraient à leur propre malheur. Ce n'est donc pas seulement aux autres qu'ils font du mal, mais avant tout à eux-mêmes. S'ils étaient rationnels, leur égoïsme devrait les pousser à agir pour le bien des autres. L'être humain succombe malheureusement bien plus volontiers à ses passions qu'il ne parvient à les dominer par la raison.

1.3.
La concurrence : l'État c'est mal, le marché c'est génial

> « Dans cette crise actuelle, l'État n'est pas la solution à notre problème ; l'État est le problème. »
>
> Ronald Reagan

Selon le discours dominant, l'État dilapiderait l'argent public alors que le secteur privé produirait la richesse. Il est vrai que chacun peut être fortement tenté d'y croire tant les exemples sont nombreux de projets publics qui ont donné lieu à un gaspillage difficilement justifiable. Qui n'a pas eu à connaître dans sa commune le coût exorbitant de la construction de cette piscine municipale ou d'un énième rond-point dont l'utilité apparaît peu évidente ? Il est tout aussi constant que l'image renvoyée par certains de nos représentants politiques utilisant leurs enveloppes budgétaires à des fins personnelles achève de briser la confiance que le citoyen peut avoir dans l'utilisation des deniers publics. Ces quelques exemples, aussi nombreux soient-ils, ne sauraient pour autant valoir démonstration. Si les gaspillages, ou pire, les détournements de fonds publics ne sont pas tolérables, appréhender l'État sous ce seul angle est réducteur et biaisé. Il ne faut pas inverser le principe et ses exceptions. Ce n'est pas parce que vous avez crevé le pneu de votre voiture qu'elle est bonne pour la casse. Ne vous semble-t-il pas curieux que la diabolisation de l'État soit propagée par ses dirigeants politiques, c'est-à-dire ceux qui sont censés le servir ? En d'autres termes, ce sont ceux qui ont pour mission d'assurer le bon fonctionnement de l'État qui ne cessent de le dénigrer, de le critiquer, et de le discréditer. Bien que cela puisse sembler contre-intuitif, ce paradoxe ne vient pas de nulle part.

En régime néolibéral, une guerre sans relâche se joue contre les États-nations pour les démanteler au profit du tout-puissant « marché ». Le marché est constitué par l'ensemble des échanges où se rencontrent l'offre (les vendeurs) et la demande (les acheteurs). Autrement dit, le marché désigne l'ensemble des acteurs économiques (du producteur jusqu'au consommateur) qui relèvent du secteur privé. Ce qui différencie fondamentalement le secteur privé du public, c'est la recherche du profit. Nos gouvernants en tirent la conséquence que le marché serait nécessairement performant alors que l'État serait par essence mauvais gestionnaire. En vertu du concept de la main invisible d'Adam Smith, les intérêts particuliers placés en situation de concurrence et motivés par la recherche du profit convergeraient naturellement vers l'intérêt général. Selon l'interprétation très extensive qu'en font les néolibéraux, cela signifie qu'il faut réduire le périmètre de l'État au strict minimum pour laisser place au marché, garant de la « compétitivité, attractivité, flexibilité ». Sur le plan théorique, ce raisonnement est absurde. Jamais les intérêts individuels n'ont spontanément servi l'intérêt général sans qu'un cadre normatif ne les y contraigne : c'est le rôle de l'État et de la loi. Car, à l'état de nature, l'homme finira toujours par dépouiller son voisin s'il le peut. Et c'est exactement ce que l'on constate sur les dernières décennies où le recul de l'État coïncide avec une concentration des richesses au profit des plus aisés, la montée du taux de pauvreté et la baisse du niveau de vie d'une partie de la population. Que l'idéologie néolibérale s'applique à discréditer l'État dans sa capacité à assurer la gestion d'activités et à intervenir dans l'économie est tout sauf anodin.

a) La destruction des services publics

La diabolisation permanente de l'État constitue un moyen insidieux pour les gouvernants de justifier la baisse des dépenses dédiées au fonctionnement des services publics. Ils ne cessent de rabâcher que si la qualité des services publics baisse, « ce n'est pas par manque de moyens mais parce qu'ils sont mal organisés ». La formule ne manque pas d'audace. Ce sont eux, en tant que dirigeants de l'État, qui sont précisément censés travailler à ce que les services publics soient bien organisés ! Qu'ils ne cessent depuis des décennies de répéter tous en chœur cette formule usée jusqu'à la corde devrait constituer en soi une première preuve de leur incompétence. La seconde preuve de leur incapacité à gérer l'État est qu'ils veulent à tout prix appliquer une exigence de rentabilité aux services publics. Or, cette logique comptable est totalement déconnectée de la réalité, puisqu'elle ne prend pas en considération l'ensemble des apports des services publics : lien social, présence et attractivité territoriale, qualité des services rendus. Il ne faut pas s'étonner dans ces conditions que les services publics du pays, y compris ceux qui sont essentiels (éducation, santé, police, pompiers, et justice) ne cessent de se déliter année après année. Selon une consultation commandée par le gouvernement et réalisée entre novembre 2017 et mars 2018[1], 66 % des 17 000 personnes interrogées (10 000 agents et 7 000 usagers) manifestent un attachement élevé au service public mais expriment un sentiment de dégradation de de leur action, matérialisée par la fermeture de certains d'entre eux et des temps d'attente qui s'allongent. Nombre de répondants lient cette dégradation à la baisse des moyens et aux réductions d'effectifs. Dans les faits, la situation des services publics est critique, en particulier dans les hôpitaux qui voient des personnels de santé quitter la profession et des médecins chefs de service ou de structure démissionner par centaines de leurs

1. « Les services publics se dégradent selon agents et usagers », *L'Express*, 2 mai 2018.

fonctions administratives[1]. Ils dénoncent eux aussi un manque de moyens, une dégradation de leurs conditions de travail, une perte de sens liée à une « logique financière [qui] a fait s'effondrer l'hôpital public ». Pour les mêmes raisons, les pompiers[2], policiers[3] et enseignants[4] crient régulièrement leur colère et leur ras-le-bol face à des conditions de travail devenues insupportables. Le système éducatif ne cesse de dégringoler dans les classements internationaux, à tel point que la France est désormais le dernier élève des pays européens en mathématique[5] ! Pour ce qui concerne la justice, son budget demeure depuis des années inférieur de moitié à celui de l'Allemagne, ce qui situe notre pays au 23e rang en Europe[6] ! On comprend mieux la lenteur des procédures judiciaires…

Il faut comprendre que la décrépitude des services publics n'est pas conjoncturelle ou passagère, mais structurelle. Elle est le produit de la vision dogmatique des « élites » du pays qui prévaut depuis plus de quarante ans. Pour ceux qui en douteraient, la crise du coronavirus en a donné une éclatante illustration. Alors que cette crise a mis en évidence l'état de délabrement du service public de la santé, les gouvernants n'ont nullement remis en question leur politique d'austérité contrairement à leurs belles promesses[7]. Il ne faut pas être naïf. Ce n'est pas que les gouvernants ne voient pas le problème. Ils sont la cause du problème. Sur le plan humain, cette gestion catastrophique des services publics détruit des vies, car les agents ne peuvent plus tenir à bout de bras leur institution comme ils le font

1. Poingt G., « "La logique financière a fait s'effondrer l'hôpital public" : pourquoi des médecins démissionnent », *Le Figaro*, 7 février 2020.

2. De Sèze C., « Pompiers en colère : quatre revendications pour une manifestation », *L'Express*, 15 octobre 2019.

3. « La "marche de la colère" des policiers réunit 22 000 manifestants à Paris, selon les syndicats de police », Franceinfo, 2 octobre 2019.

4. Noé J., « Enseignants : les raisons de la colère », *Marianne*, 12 juillet 2019.

5. Morin V., « Mathématiques : la France, dernière élève des pays européens », *Le Monde*, 8 décembre 2020.

6. Pilorget-Rezzouk, C., « Le "budget historique" de la justice attendu au tournant par les magistrats », *Libération*, 25 septembre 2020.

7. Stromboni C., « "L'hôpital va continuer à se casser la figure" : après les accords du Ségur, des soignants de nouveau dans la rue », *Le Monde*, 14 juillet 2020.

depuis tant d'années. Sur le plan économique, la dégradation de la qualité des services publics produit une baisse de la fréquentation et de la rentabilité, ce qui ouvre la voie aux privatisations. Noam Chomsky a parfaitement résumé le processus à l'œuvre : « Comment détruire un service public ? En baissant son financement. Il ne fonctionnera plus. Les gens s'énerveront, ils voudront autre chose. C'est la technique de base pour privatiser un service public ». Il est urgent de s'extirper de la logique purement financière qu'imposent les dirigeants politiques dans la gestion des services publics, sous peine de voir se poursuivre leur destruction puis leur privatisation. Pour le bien de tous, chacun devrait avoir à l'esprit ce slogan aussi simple qu'efficace : « Quand tout sera privé, on sera privé de tout ».

b) Les privatisations : trahison de l'intérêt général au profit des intérêts particuliers

Le concept de la main invisible est systématiquement utilisé pour justifier les privatisations. L'argument avancé est le suivant : seule la concurrence permettrait de rendre un service efficace et performant pour un coût minimum, en sorte qu'il faudrait mettre fin au monopole d'État. C'est en vertu du dogme de la concurrence que nous assistons depuis plusieurs décennies à une vague de privatisations. Il y eut notamment (liste non exhaustive) TF1, Société Générale, Suez et la Compagnie générale d'électricité (devenue Alcatel-Alsthom) en 1987, Renault en 1990, BNP, Total et Elf-Aquitaine en 1994, Péchiney en 1995, AGF en 1996, France Télécom en 1997, GAN, CIC et Thomson en 1998, Air France et Crédit lyonnais en 1999, Gaz de France et les autoroutes en 2005, aéroport de Toulouse-Blagnac en 2014, Aéroports de Lyon Saint-Exupéry et de Nice-Côte d'Azur en 2016, et depuis 2017, la SNCF, EDF, la Française des Jeux, les aéroports de Paris, et demain les barrages électriques... Êtes-vous certain que ces privatisations aient été profitables aux citoyens ? Pour certaines activités, la réponse est évidente. Les prix des autoroutes ont-ils baissé ? Non, ils ont augmenté ! Le prix de l'électricité a-t-il baissé ?

Non, il a augmenté ! Devinez ce qui se produira avec les billets de train ? Les Anglais en savent quelque chose puisque, après les effets catastrophiques produits par la privatisation des lignes ferroviaires au milieu des années 1990, ils ont décidé de renationaliser nombre d'entre elles[1]. Pourquoi privatiser des activités qui sont rentables pour l'État et concourent à améliorer la qualité de vie des citoyens ? Aucun motif d'intérêt général ne peut le justifier. Et pourtant, la vague de privatisations n'est pas terminée. Ce sera bientôt le tour de l'éducation – cela a déjà commencé avec la réforme du bac conduite par le ministre Jean-Michel Blanquer –, de la santé, de la police, de la justice… Tout doit devenir marchand car, pour nos gouvernants, il semble que le marché soit nécessairement source de joie infinie.

D'un point de vue plus pragmatique, il faut dire que privatiser un service public est un moyen d'assurer une sacrée rente à celui qui touche le gros lot. Les privatisations créent en effet la plupart du temps des situations oligopolistiques[2], qui génèrent tous les effets négatifs de la concurrence (recherche du profit maximal) sans en tirer les effets positifs (baisse des prix et qualité des produits ou services). Il n'est pas anodin de constater qu'un certain nombre de privatisations ont été réalisées au profit des plus grands groupes détenus par les personnes les plus riches du pays. Ces opérations de privatisation sont souvent entourées d'une grande opacité avec un mélange des genres permanent entre puissance publique et lobbies[3]. Ces liens de confusion entre les institutions et les puissances d'argent où règnent les conflits d'intérêts portent un nom : c'est le capitalisme de connivence. Il serait néanmoins réducteur de n'imputer les privatisations qu'à une collusion d'intérêts entre les différents cercles de pouvoir. Nombreux sont les

1. « Privatisation : le train anglais fait marche arrière », France Inter, publié le 24 juin 2018 ; Counis, A., « Boris Johnson nationalise les lignes ferroviaires du nord de l'Angleterre », *Les Échos*, 29 janvier 2020.

2. Un oligopole est un marché où un petit nombre de vendeurs ont le monopole de l'offre, les acheteurs étant nombreux.

3. Cf. Laurent Mauduit, *Prédations*, La Découverte, 2020.

dirigeants politiques à être persuadés des bienfaits des privatisations. La passion de nos gouvernants en la matière est telle qu'ils en sont désormais à sous-traiter la rédaction des lois à des cabinets privés[1] ou à déléguer certaines missions dévolues aux forces de l'ordre au secteur de la sécurité privée[2] !

Au-delà de la pure logique du profit et du rendement, les privatisations jouent un rôle considérable dans l'affaiblissement de la démocratie. Par l'effet des privatisations, le pouvoir est en effet transféré de l'État aux entreprises, en sorte que c'est la démocratie elle-même qui se trouve privatisée, puisque le pouvoir ne réside plus dans le vote mais dans le comportement des consommateurs. C'est un moyen redoutablement efficace pour isoler les individus les uns des autres et les rendre impuissants à peser sur la marche du monde.

c) Les bienfaits de l'intervention de l'État dans l'économie

La vision des gouvernants qui consiste à diaboliser l'État pour vénérer le marché est totalement manichéenne. Les raisonnements binaires sont pourtant rarement gages de pertinence. Il est stupide de dire que tout doit être privé, ou, à l'inverse, que tout doit être public. Plus sérieux est de considérer que certaines activités doivent relever du marché car la concurrence peut librement et loyalement s'exercer, et d'autres activités doivent être gérées par l'État car elles constituent, par nature, des monopoles naturels. C'est le cas par exemple de la gestion de l'eau, de l'électricité, ou encore du transport ferroviaire. En ces domaines, aucune concurrence ne peut effectivement s'exercer. L'opérateur privé qui bénéficie d'une délégation de service public profite ni plus ni moins d'un monopole générant une rente confortable. Le service sera en outre quasi systématiquement de moins bonne qualité, car une partie du budget de fonctionnement sera amputé de la part prélevée par les

1. Girard E., « Quand le gouvernement paie un cabinet privé pour rédiger sa loi… flinguée par le Conseil d'État », *Marianne*, 13 février 2019.

2. Rieth B., « Privatisation de la sécurité : attention, danger ! », *Marianne*, 7 février 2020.

actionnaires au titre du profit. Il faut assumer que nous sommes en économie mixte: une partie des activités doivent relever de la gestion publique, et l'autre du secteur privé. L'État n'a donc pas vocation à tout gérer, mais le marché non plus. Un juste équilibre doit être recherché entre les activités qui doivent être gérées par la collectivité, et celles qui doivent relever du secteur marchand.

L'interventionnisme de l'État permet en outre de corriger les déséquilibres qu'engendre le système économique, notamment en matière d'inégalités. Au-delà des règlementations qu'il impose au secteur privé, l'État organise en effet une redistribution des richesses par le biais de ses politiques fiscales et sociales. Selon l'Observatoire des inégalités[1], les impôts et prestations sociales réduisent les inégalités de revenus de moitié. Si l'on compare les 10 % les plus aisés avec les 10 % les plus modestes, l'écart de revenus est même divisé par 4, puisqu'il passe de 21 à 6. Si cette redistribution n'était pas réalisée, 1 Français sur 5 vivrait sous le seuil de pauvreté, ce qui ferait bondir le taux de pauvreté de 8 points (soit 22 % au lieu de 14 %!). Les gouvernants sont pourtant prompts à ignorer toutes ces considérations pour dénoncer le « mammouth étatique » qui parasiterait l'économie et la croissance en soulignant que la dépense publique représente 56 % de notre PIB[2]. Rendez-vous compte: il s'agirait du taux le plus élevé du monde! Voilà l'origine de tous nos maux! Il faut donc baisser les impôts et baisser les « charges sociales »! Il faut « moins d'État »! Une telle présentation produit bien entendu son effet, puisque nombreux sont ceux qui sont convaincus que 56 % de la richesse produite serait captée par l'État au détriment de l'économie réelle. Ce raisonnement est une escroquerie intellectuelle. Il suggère que la dépense privée correspondrait à 44% du PIB ce qui signifierait que le poids de l'Etat français dans l'économie serait démesuré. Or, ce raisonnement est totalement faux car la dépense privée ne représente pas 44% comme on pourrait spontanément le

1. « Impôts et prestations sociales réduisent les inégalités de revenus de moitié », par Brunner Anne et Maurin Louis, publiée le 16 janvier 2018.

2. « La France est championne d'Europe des dépenses publiques », *Les Échos*, 25 avril 2017.

penser, mais en réalité plus de 200 %[1] du PIB. Autrement dit, cette présentation est fallacieuse en ce qu'elle prête au chiffre de 56 % une signification qu'il n'a pas. En définitive, le montant total des dépenses publiques et privées correspond à environ 250 % du PIB. Il en résulte que l'État n'intervient que pour un cinquième dans le montant des dépenses, et non pas la moitié. Une autre ambiguïté doit être levée sur le sujet. Avez-vous déjà vu que l'État conserve l'argent collecté par l'impôt dans des coffres-forts ? Pensez-vous que les fonds collectés au titre des cotisations sociales soient brûlés ou jetés aux ordures ? Il faut bien comprendre que l'État[2] réinjecte dans l'économie tous les fonds qu'il prélève auprès des contribuables et des cotisants. Qu'il paie la rémunération des fonctionnaires, qu'il verse les pensions de retraite, qu'il finance la construction d'infrastructures, ou qu'il rembourse les soins médicaux, l'argent est bien réinvesti dans l'économie : le fonctionnaire et le retraité utilisent leurs revenus pour consommer, les entreprises réalisent leurs chiffres d'affaire en partie grâce aux marchés publics, le remboursement des soins constitue la rémunération des médecins et des pharmaciens, etc. Qui souhaite la disparition de la Sécurité sociale garantissant tout citoyen contre les risques de la vie ? Qui souhaite la suppression du régime de retraite par répartition permettant à chacun de percevoir une pension de retraite dont le niveau est garanti jusqu'à la fin de sa vie ? Ces systèmes de solidarité – fondés sur le principe selon lequel chacun cotise en fonction de ses moyens et reçoit en fonction de ses besoins – sont basés sur les cotisations sociales et leur redistribution correspond à environ 32 % du PIB dans la « dépense publique ».

Le système de redistribution français n'est pas l'ennemi à abattre. Il est au contraire ce qui permet de corriger en partie les

1. Tribune publiée dans *Le Monde* « Il faut se méfier des discours visant à "réduire la dépense publique" » par Christophe Rameaux, 12 février 2019 ; « Calculée comme la dépense publique, la dépense privée dépasserait 200% du PIB », *L'Obs*, 26 janvier 2017.

2. Pour les besoins du raisonnement, nous n'opérons pas de distinction ici entre État et Sécurité sociale.

très grandes inégalités de revenus dans notre pays. Or, la réduction des inégalités participe pleinement au bon fonctionnement général de l'économie. Il faut comprendre en effet que l'argent qui dort dans les coffres-forts – c'est une image, puisque 90 % de la monnaie est dématérialisée (on l'appelle la « monnaie scripturale ») – via l'épargne et les placements financiers ne participe pas ou très peu au fonctionnement de l'économie réelle. Dans la mesure où le niveau d'épargne de chaque citoyen dépend directement de son niveau de revenus, taxer les plus aisés permet ainsi à l'État de réinjecter dans l'économie des sommes qui, à défaut, ne serviraient à rien d'autre qu'à alimenter la spéculation financière. Plus généralement, il faut savoir que l'économie connaît des cycles affectés par des périodes d'expansion et de contraction[1]. Selon la théorie de John Maynard Keynes, l'intervention de l'État est salutaire – on parle de « relance keynésienne » – pour venir corriger ou à tout le moins amortir les déséquilibres qui surviennent au cours des cycles économiques. De manière schématique, l'État doit plutôt intervenir activement en période de faible activité du marché (phase de contraction) afin de stimuler les échanges, et atténuer son action lorsque le marché fonctionne correctement (phase d'expansion). L'action de l'État doit viser à « aplatir » autant que possible la courbe des cycles économiques.

PHASES DU CYCLE ÉCONOMIQUE

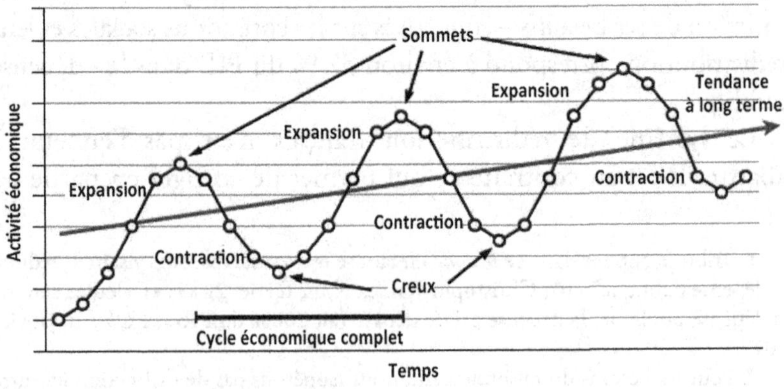

1. Cf. schéma ci-dessous.

C'est en grande partie grâce à son système redistributif que la France réussit à mieux amortir les crises économiques que d'autres pays, en particulier lors de la crise des *subprimes* en 2008[1].

En définitive, et à ce stade, il faut retenir que la réduction sans fin du périmètre d'intervention de l'État n'est pas une fatalité qui résulterait de la globalisation de l'économie[2] mais est mise en œuvre par nos gouvernants par soumission à une idéologie qui, *in fine*, sert les intérêts des plus privilégiés. Pierre Bourdieu l'avait parfaitement exprimé[3] : « Contrairement à l'idée répandue que la politique de "mondialisation" tend à favoriser leur dépérissement, les États continuent en fait à jouer un rôle déterminant au service de la politique qui les affaiblit. Il est remarquable que les politiques visant à déposséder les États au profit des marchés financiers ont été édictés par des États, et, qui plus est, des États gouvernés par des socialistes. Ce qui signifie que les États, et tout spécialement ceux qui sont gouvernés par des sociaux-démocrates, contribuent au triomphe du néolibéralisme, non seulement en travaillant à la destruction de l'État social, c'est-à-dire notamment des droits de travailleurs et des femmes, mais aussi en cachant les pouvoirs qu'ils relaient ».

1. Lévêque E., « Récession : pourquoi la France s'en sort moins mal », *L'Express*, 15 mai 2009 : « Si la consommation des ménages résiste, en dépit de l'envolée du chômage [...], c'est aussi, et surtout, grâce au système de protection sociale qui joue le rôle de puissant amortisseur de crise ».

2. Cf. §2.2 Le libre-échange : la loi de la jungle.

3. Pierre Bourdieu, *Contre-feux 2*, Raisons d'agir, 2001.

1.4.
L'austérité : l'État est en faillite !

« La France est un État en faillite. »
François Fillon

La dette publique est l'argument systématiquement invoqué dans le débat public pour justifier la réduction des dépenses publiques, la baisse du montant des pensions de retraite, des indemnités chômages et des prestations sociales… et plus généralement toute réforme impactant le portefeuille des citoyens à la baisse ou réduisant la qualité des services publics. Chaque revendication des citoyens se heurte immédiatement à cet argument parapluie des dirigeants politiques : « Nous devons réduire les dépenses publiques car il faut rembourser la dette ». Il est temps d'en finir avec cette escroquerie intellectuelle qui vise à susciter un sentiment de peur chez les citoyens pour leur faire accepter ce qui est, et les faire renoncer aux changements auxquels ils aspirent.

a) La dette publique en chiffres

Pour réfléchir de manière rationnelle et pertinente, il est impératif de connaître les chiffres clés en la matière. Si les nombres exprimés en milliards d'euros peuvent effrayer, il ne faut pas se laisser impressionner. Nul ne peut se représenter la valeur de ces sommes dans la vie quotidienne. Personne n'arrive à se figurer ce que de telles sommes représentent par elles-mêmes, ni les politiciens, ni les économistes. En revanche, il est possible de leur conférer un sens par comparaison avec d'autres valeurs de niveau comparable. Imaginez par exemple que vous arriviez dans un pays étranger et que l'on vous donne un sac de mille pièces identiques d'une monnaie que vous ne connaissez pas et que vous ne pouvez pas convertir en euro dans votre esprit, car personne ne vous a informé sur le taux de change. Que feriez-vous ? Selon toute probabilité, vous observeriez les prix pratiqués sur les produits que vous connaissez et les compareriez entre eux afin d'évaluer la valeur de l'argent contenu dans votre sac. C'est le même raisonnement qu'il convient d'appliquer lorsque l'on raisonne en macroéconomie avec des valeurs en millions ou milliards d'euros. Un nombre isolé ne signifie rien par lui-même, mais si vous le mettez en relation avec d'autres valeurs, vous réussirez à lui donner du sens.

Analysons le budget prévisionnel de l'État français pour l'année 2019 tel qu'issu de la loi de finances avant de poursuivre l'analyse sur la dette publique[1] :

Total des dépenses nettes annuelles de l'État : 338 milliards d'euros (*Md€)*

Dont
– Enseignement scolaire : 72,8 Md€
– Défense : 44,4 Md€
– Charge de la dette[2] *: 42,2 Md€*
– Recherche : 28,1 Md€
– Solidarité, insertion et égalité des chances : 23,9 Md€

1. Source : Rapport du ministère de l'Action et des Comptes publics « Le budget de l'État voté pour 2019 en quelques chiffres ».

2. La charge de la dette correspond aux intérêts que l'État paie chaque année à ses créanciers au titre de la dette publique.

– *Sécurité : 20,1 Md€*
– *Cohésion des territoires : 16,4 Md€*
– *Travail et emploi : 12,5 Md€*
– *Développement durable : 11,2 Md€*
– *Justice : 9 Md€*

Total des recettes nettes annuelles de l'État[1] : 229,3 *Md€*

Dont
– *TVA : 129,1 Md€*
– *Impôt sur le revenu : 70,4 Md€*
– *Impôt sur les sociétés : 31,4 Md€*
– *TICPE*[2] *: 13,1 Md€*
– *Autres recettes fiscales*[3] *: 29,2 Md€*
 • déficit public : 108,7 *Md€*
 • dette publique : 2 350 *Md€*

Le déficit public s'obtient par la différence entre les dépenses de l'État sur une année et ses recettes annuelles. L'État enregistre un déficit car il dépense chaque année plus qu'il ne reçoit. En 2019, l'État a dépensé 338 Md€ alors qu'il a perçu 229,3 Md€ en sorte que son déficit s'établit à 108,7 Md€. Comme l'État ne collecte pas assez d'impôts pour financer ses dépenses, il doit s'endetter pour se financer. C'est pourquoi la dette publique est constituée par l'accumulation des déficits publics enregistrés chaque année. Son coût pour l'État est très élevé puisque les intérêts de la dette

1. Il faut préciser que ce montant s'obtient après les prélèvements sur recettes opérés au profit de l'Union européenne, pour 21,4 Md€, et des collectivités territoriales pour 40,6 Md€.

2. La taxe intérieure de consommation sur les produits énergétiques (TICPE) s'applique sur les produits pétroliers lorsqu'ils sont destinés à être utilisés en tant que carburant ou combustible de chauffage.

3. Cette catégorie comprend notamment les droits de timbre et d'enregistrement (droits de succession et donation) pour environ 14,4 Md€, la taxe sur les salaires pour un montant sensiblement équivalent, et l'impôt sur la fortune immobilière (IFI) pour 2,1 Md€.

(ou « charge de la dette ») s'établissent à plus de 40 milliards d'euros par an. La dette publique n'a cessé d'augmenter au fil des années, passant de 14,5 % du PIB en 1974 à 98,4 % en 2019.

ÉVOLUTION DE LA DETTE PUBLIQUE RANÇAISE DE 1974 À 2019

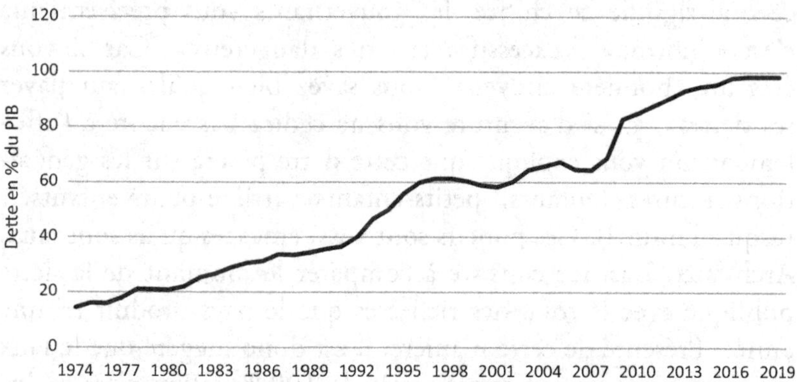

Depuis 1975, la France a toujours été en déficit, ce qui signifie concrètement que l'État ne rembourse pas sa dette grâce son budget propre mais en empruntant toujours davantage. Autrement dit, l'État rembourse les emprunts arrivant à échéance en contractant de nouveaux emprunts. On dit que l'État fait « rouler sa dette ». Si l'État était un ménage ou une entreprise, cette pratique s'assimilerait ni plus ni moins à de la cavalerie financière. Ces rappels étant effectués, la France est-elle « en faillite » ? Notre pays est-il si endetté que ses créanciers ne seraient plus très loin de retirer leurs billes et faire plonger l'économie dans le chaos ? Tel est en tout cas ce que cherchent à mettre dans l'esprit des citoyens ceux qui relaient ces formules usées jusqu'à la corde. Notez que ce sont les mêmes qui sont responsables de la constitution de cette dette, puisque ce sont eux qui depuis 1975 ont voté des budgets systématiquement en déficit ! Ceux qui prétendre nous faire la leçon sont donc précisément ceux à l'origine du mal qu'ils pointent du doigt. C'est l'hôpital qui se moque de la charité.

b) La dette publique : c'est grave, docteur ?

L'argument sans cesse rabâché consiste à souligner que le « poids » de la dette équivaut désormais à 100 % du PIB. Rendez-vous compte ! 100 % du PIB[1] ! Si vous ne réalisez pas ce que signifie ce chiffre, les gouvernants vous précisent que c'est « énorme », « excessif », et « très dangereux ». Car si vous êtes un « honnête citoyen », vous savez bien qu'il « faut payer ses dettes ». Et si d'aventure vous ne cédiez pas encore à l'affolement, on vous explique que cette dette pèsera sur les générations futures (enfants, petits-enfants, arrière-petits-enfants... jusqu'à l'infini !). Ces poncifs sont aussi efficaces qu'ils sont faux. Archifaux. L'astuce consiste à comparer le montant de la dette publique avec le total des richesses que le pays produit en une année. Présenté de cette manière, il est donc suggéré que le taux d'endettement de la France serait de 100 % ! Rien n'est moins vrai. Le remboursement de la dette publique est échelonné sur une période moyenne de 7 ans. Dès lors, le taux d'endettement public par rapport au PIB n'est pas de 100 %, mais uniquement de 14 % (100 % / 7 ans) ! On respire déjà beaucoup mieux, non ? Et puisque ceux qui instrumentalisent la dette pour manipuler l'opinion publique comparent toujours l'État avec un ménage pour activer un sentiment de culpabilité chez les citoyens, on peut rappeler que le taux d'endettement admis par les banques pour octroyer des crédits immobiliers aux particuliers est de 33 %. L'État a de la marge, non ? Cette comparaison de l'État avec un ménage est au demeurant totalement absurde. Et pour une raison très simple à comprendre. Un particulier a une espérance de vie limitée, pas un État. La différence est fondamentale. Un particulier ne peut emprunter que pendant une période limitée de sa vie, puisque aucune banque ne lui prêtera à partir

1. La dette publique devrait même atteindre 114,1 % du PIB en 2020 en raison de la crise du coronavirus, ce qui va évidemment renforcer le discours alarmiste et culpabilisateur des gouvernants sur le sujet.

d'un âge considéré comme trop avancé. Il n'en est rien pour un État qui n'est nullement contraint par cette limite de temps. À la différence d'un ménage, l'État sait qu'il pourra toujours financer sa dette tant que les prêteurs le considèreront comme solvable. La France, qui est (encore) l'une des plus grandes puissances économiques du monde, semble donc relativement à l'abri. Il faut ajouter qu'une donnée est systématiquement oubliée quand il s'agit d'évaluer les risques que fait peser la dette publique sur la solvabilité : la valeur du patrimoine dont l'État est propriétaire. Notre patrimoine commun est considérable. Les prêteurs n'ont donc aucune crainte à prêter à l'État français tant ils ont la certitude d'être remboursés.

L'autre argument répété en boucle consiste à dire que « La France a vécu au-dessus de ses moyens ! ». Il faudrait bien entendu qu'on nous désigne précisément les personnes qui ont vécu au-dessus de leurs moyens. S'agit-il des salariés au Smic ? Des infirmiers, juges, policiers ou enseignants ? Des retraités ? Des enfants scolarisés ? Non ! Nous aurions distribué trop « d'aides sociales ». Mais ces prestations sociales ont été réinjectées dans l'économie en sorte qu'elles se sont retrouvées dans la consommation, l'impôt et les cotisations sociales augmentant d'autant les recettes de l'État. L'économie est un circuit où les dépenses des uns sont les revenus des autres. La distribution de prestations sociales ne peut donc nullement expliquer le niveau de notre endettement public. À suivre les ayatollahs de la dette dans leurs élucubrations, il faudrait comprendre que nous serions le dernier élève de la classe comparé aux autres pays du monde. Et c'est là que l'arnaque apparaît au grand jour. Car la plupart pays développés présentent un niveau d'endettement public similaire, voire supérieur à celui de la France.

NIVEAU D'ENDETTEMENT PUBLIQUE PAR ÉTAT AU SEIN DE L'UNION EUROPÉENNE EN 2018 EN POURCENTAGE *DU PIB*[1] :

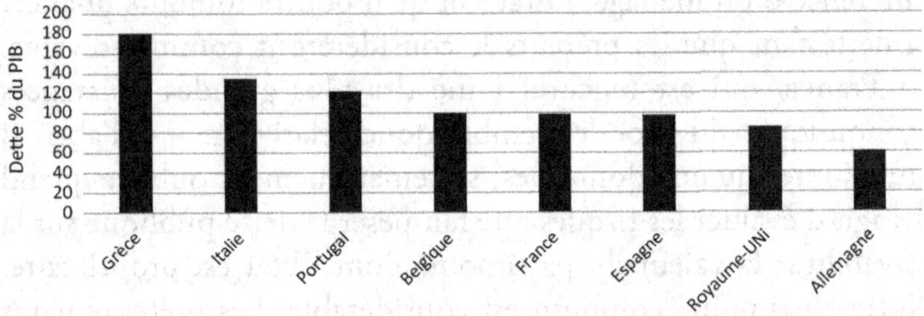

Pays	Grèce	Italie	Portugal	Belgique	France	Espagne	R.-U.	Allemagne
Dette	181,2 %	134,8 %	122,2 %	100 %	98,4 %	97,6 %	85,9 %	61,9 %

Les niveaux d'endettement public se situent dans les mêmes proportions au-delà de l'Union européenne, puisque la dette des États-Unis représente 107 % du PIB en 2019[2], celle du Japon 237 % de son PIB, et celle de la Chine est même estimée à 300 %[3] ! Vous conviendrez que cela commence à faire beaucoup de pays qui ont vécu au-dessus de leurs moyens ! Pourtant, nombre de ces pays, en particulier les États-Unis, ne sont pas connues pour leur politique sociale en faveur des plus pauvres…

La réalité est que les niveaux d'endettement public sont dus en partie à la crise financière de 2008[4] où les États ont décidé de porter secours aux banques, car le système financier mondial menaçait de s'écrouler. Mais plutôt que de nationaliser celles-ci dont la valeur était réduite alors à néant, ce sont les citoyens qui ont épongé les dettes contractées par les banques. En régime néolibéral, les ultra-riches ont trouvé la formule magique : privatiser les profits mais socialiser les pertes. Au-delà de cette donnée conjoncturelle, il existe une raison structurelle qui explique le

1. Source Insee.
2. Source tradingeconomics.com.
3. Fouquet C., « Chine : la dette dépasse 300 % du PIB », *Les Échos*, 18 juillet 2019.
4. La dette publique de la France a bondi de 68,8 % en 2008 à 83,0 % en 2009 !

niveau élevé de l'endettement public des États (étant précisé que l'endettement privé est encore plus important). Au sortir de la Seconde Guerre mondiale, les pays du monde entier (189) ont adopté un système de gestion des monnaies formalisé par les accords de Bretton Woods. La valeur des monnaies était fixée par référence au dollar, qui lui-même était indexé sur l'or. Les taux de change[1] étaient fixes et le Fonds monétaire international était chargé de garantir le bon fonctionnement du système monétaire international en veillant en particulier à ce que les monnaies de chaque pays soient justement évaluées (les taux de change devaient se maintenir stables dans une marge de 1 %). Ce système international de régulation des monnaies assurait une certaine stabilité de l'économie mondiale. Celui-ci était néanmoins imparfait, car, en désignant le dollar comme monnaie de référence, il conférait un privilège exorbitant aux États-Unis, qui pouvaient doper leur compétitivité économique en dévaluant leur monnaie[2]. Vers la fin des années 1960, la situation économique des États-Unis s'est dégradée, ce qui s'est traduit par des poussées inflationnistes induisant une baisse du pouvoir d'achat et une balance commerciale déficitaire. Cela a contraint le président Richard Nixon à mettre fin, le 15 août 1971, à la convertibilité du dollar en or. Les taux de change n'étant plus fixes par l'effet de cette décision unilatérale des Américains, c'est désormais l'offre et la demande de chacune des monnaies sur le marché mondial qui déterminent leurs valeurs. Le caractère flottant des monnaies a été entériné par les accords de la Jamaïque en 1976. Les banques centrales ont depuis lors la possibilité de créer autant d'argent qu'elles le souhaitent et les pays, en particulier les États-Unis, ont usé et abusé de la possibilité de s'endetter. Parallèlement, les États ont eu tendance à faire stagner (voire réduire) leur taux d'imposition alors que le niveau des dépenses publiques continuait mécaniquement

1. Un taux de change correspond à la valeur d'une monnaie nationale (ou devise) par rapport à celle d'un autre pays.

2. La dévaluation monétaire correspond à la décision d'un État de diminuer volontairement la valeur de sa monnaie.

d'augmenter par l'effet du développement capitaliste. C'est donc l'économie mondiale tout entière qui à partir des années 1970, et pour faire face à son ralentissement, a commencé à fonctionner sur le crédit. Les niveaux d'endettement n'ont depuis lors jamais cessé de progresser. Il faut donc arrêter de culpabiliser les citoyens en instrumentalisant la dette publique – les Allemands en savent quelque chose puisque la dette publique se dit « Schulden », ce qui signifie également « faute » – alors que les niveaux d'endettement publics (et privés) résultent avant tout de la structure du fonctionnement de l'économie mondiale. La dette de l'État français ne sera donc jamais remboursée si tous les autres pays du monde continuent dans le même temps à augmenter leur propre dette. Pour répondre à tous les prospectivistes de comptoir, aucun État ne remboursera jamais sa dette tout seul dans son coin. Seul un nouvel accord conclu par l'ensemble des États pour modifier les règles du système monétaire international permettrait de mettre fin à la folie du système actuel fondé sur la dette et les taux de change flottants. Il est néanmoins à redouter qu'un tel accord ne puisse advenir qu'en réaction à des circonstances tragiques. L'Histoire a malheureusement montré que la guerre est souvent le passage obligé pour remettre le compteur des dettes à zéro…

c) Et si on effaçait la dette publique ?

Si le chantage à la dette sur les populations est une monstrueuse manipulation, on ne peut pas non plus s'en affranchir d'un simple claquement de doigts. La dette publique correspond à l'épargne détenue par les particuliers et les entreprises via les produits de placements financiers comme les assurances vie, même si ce sont bien entendu les banques, les assurances et les fonds financiers qui servent d'intermédiaires. À cet égard, il faut faire observer qu'il n'est pas possible d'identifier précisément qui sont les créanciers de l'État en raison, d'une part, des importants volumes de titres émis, étant précisé que ceux-ci peuvent changer de détenteurs plusieurs fois au cours d'une même année et, d'autre part et surtout, car le législateur français a expressément fait le choix d'exclure tout dispositif juridique d'identification des porteurs de titres publics, contrairement à la possibilité offerte aux sociétés privées qui émettent des titres[1]. L'anonymat garanti aux créanciers permettrait en effet à l'État de bénéficier de taux plus intéressants. L'argument laisse dubitatif. Que les Français ne puissent pas identifier les créanciers qui ponctionnent chaque année sur leurs impôts plus de 40 milliards d'euros au titre des intérêts de la dette pose tout de même un sérieux problème démocratique. Cela étant, et à défaut de les identifier, il est possible d'estimer qui sont, en bout de chaîne, les créanciers de l'État. Le niveau d'épargne par Français est intrinsèquement lié à son niveau de revenus. Selon les données de l'Insee[2], le taux d'épargne (part du revenu consacrée à l'épargne) se situe entre 2 % et 10 % pour 80 % des Français, et à 28 % pour les 20 % les plus aisés. Selon l'Observatoire des inégalités[3], les 20 % du bas de l'échelle épargnent en moyenne 1 500 euros par an, alors que les 20 % les plus riches épargnent en moyenne 22 800 € par an. Il est regrettable de ne disposer d'aucune donnée sur ce sujet qui ciblerait les 1 %, voire les 0,1 % les plus riches. Il est néanmoins permis d'affirmer que, en proportion, ce sont très largement les plus riches qui détiennent les titres de la dette publique. Ce sont donc eux qui prêtent à l'État ce qu'il n'est pas en mesure de payer dans l'immédiat par la collecte de l'impôt. Chaque année, l'État emprunte donc auprès des épargnants – surtout les plus riches – ce dont il a besoin pour financer son déficit, ce qui génère à chaque fois une augmentation de la dette publique. Or, ce que l'État emprunte, il devra tôt ou tard le rembourser par l'impôt. La dette publique ne constitue

1. Article 18 de l'ordonnance n° 2014-863 du 31 juillet 2014 : « Sauf clause contraire du contrat d'émission et nonobstant le silence des statuts, toute personne morale émettrice d'obligations, autre que les personnes morales de droit public, a la faculté de demander l'identification des porteurs de ces titres dans les conditions et suivant les modalités prévues aux alinéas précédents ».

2. Insee, « Plus d'épargne chez les plus aisés, plus de dépenses contraintes chez les plus modestes », par Jérôme Accardo et Sylvain Billot, 17 septembre 2020.

3. « Qui met de l'argent de côté et combien ? », 26 janvier 2018.

rien d'autre que de l'impôt différé. Plutôt que d'emprunter aux plus riches pour financer son déficit comme il le fait depuis des décennies, l'État aurait pu augmenter leurs impôts pour équilibrer son budget. Autrement dit, c'est parce que les États, et notamment la France, n'ont pas suffisamment augmenté l'impôt des plus riches que la dette s'est constituée au fil du temps. En somme, la dette publique est en grande partie le reflet de la montée des inégalités et du phénomène de concentration des richesses au profit des 0,1 % les plus riches. Est-il possible de sortir de ce cercle infernal ?

Deux options sont communément avancées sur le plan théorique pour effacer de la dette publique, mais il faut d'ores et déjà préciser que ni l'une ni l'autre ne sont satisfaisantes : l'annulation ou le défaut.

1re option : l'annulation

La solution de l'annulation de la dette publique – on parle aussi de « monétisation » – repose sur le mécanisme de la création monétaire. Il s'agit pour un État d'émettre de la monnaie pour rembourser sa dette. Pour comprendre les mécanismes à l'œuvre, le lecteur peut se reporter à la sous-partie traitant du rôle de la monnaie et de son fonctionnement aux termes du chapitre 2[1]. Sans rentrer plus avant dans la technique à ce stade, il faut retenir que cette solution se heurte à deux difficultés majeures. La première est qu'une annulation de la dette est susceptible de générer de l'inflation, provoquant ainsi un appauvrissement généralisé de la population. La seconde tient au fait que ce procédé est interdit par les règles posées par les traités de l'Union européenne, car la Banque centrale européenne n'a pas le droit d'annuler la dette publique des États. En clair, cette solution n'est ni faisable politiquement (sauf à sortir de l'euro), ni souhaitable économiquement.

1. Chapitre 2, §2.1 L'euro : par ici la monnaie !

2de option : le défaut

La solution du défaut consiste pour un État à décider du jour au lendemain de ne pas rembourser sa dette. Pour poursuivre le raisonnement, nous allons imaginer dans un premier temps que la dette de la France est détenue à 100 % par des Français. Pourquoi supposons-nous cela ? Parce que dans cette hypothèse, les détenteurs de la dette publique, c'est-à-dire les créanciers de l'État, ont aussi une autre casquette vis-à-vis de l'État : ils sont des contribuables soumis à l'impôt. Par conséquent, si l'État décidait de ne pas rembourser ses créanciers, cela reviendrait à taxer à 100 % l'épargne affectée à la dette de l'État. Autrement dit, d'un côté, les créanciers, c'est-à-dire les épargnants qui détiennent des titres de la dette publique, perdraient leurs économies, mais de l'autre côté, l'ensemble des contribuables seraient libérés de la dette et n'auraient donc plus à supporter son coût (les intérêts de la dette). Disons-le encore autrement. Si l'État fait défaut, les détenteurs de la dette publique perdent leur argent, mais comme ils sont aussi des contribuables à l'impôt, ils n'auront plus à payer les intérêts de la dette publique. En clair, et à supposer comme nous le faisons que la dette soit exclusivement détenue par des Français, le défaut n'est en fait qu'une forme de remboursement la dette. Une forme de remboursement très brutale, car il s'opère instantanément et sont uniquement concernés les contribuables qui détenaient des titres de dette publique, tous les autres contribuables étant exonérés du remboursement de la dette. En définitive, le défaut revient à faire rembourser la dette exclusivement par les riches. Mais puisque la dette s'est constituée parce que l'État n'a pas suffisamment imposé les plus riches depuis des décennies, faire défaut ne constituerait en un certain sens qu'un juste retour des choses. Telle est la raison pour laquelle le fait d'instrumentaliser la dette pour faire culpabiliser l'ensemble des Français constitue une propagande éhontée.

Il faut toutefois faire observer que le défaut n'est pas une solution viable en pratique. D'une part, parce que le risque est grand dans un système de libre circulation des capitaux de voir les plus riches protéger leurs économies en les transférant à l'étranger. Autrement dit, si l'État annonce qu'il va faire défaut, les Français les plus riches qui détiennent des titres de la dette publique seront tentés de prendre la poudre d'escampette. D'autre part, parce que la dette française est détenue pour une large partie par des résidents étrangers. La dette publique française n'est détenue qu'à 48,1 % par des résidents français et à 51,9 % par des non-résidents[1]. Or, les résidents étrangers ne sont pas soumis à l'impôt français. Par exemple, un Américain qui détient des titres de la dette française reste assujetti à la fiscalité des États-Unis. L'État français n'a donc pas le droit de faire défaut envers lui, puisque ce créancier américain n'est pas imposable en France. Pour le résident étranger, l'effacement de sa dette par l'État constituerait une violation du contrat. L'État n'a en effet aucune légitimité pour effacer sa dette alors que le résident américain ne fait pas partie du processus démocratique en France. Or, si l'État ne respecte plus ses engagements, il est évident que plus personne ne voudra lui prêter de l'argent. La solution du défaut est donc le moyen le plus certain de placer l'État en faillite puisque, ne pouvant plus emprunter, il ne serait plus en mesure d'assurer son fonctionnement, et notamment le versement des rémunérations de l'ensemble de ses agents et fonctionnaires. En somme, la solution radicale qui consiste à faire défaut est en tout état de cause totalement exclue pour au moins 51,9 % des titres qui la constituent. Si nous ne pouvons pas rayer la dette d'un trait de plume, que faut-il faire ?

d) La dette publique : c'est quoi la solution ?

Il n'y a malheureusement pas de solution magique. Il est un fait que tous les pays développés ont vu le niveau de leurs dettes publiques exploser à partir des années 1970. Par l'effet de la financiarisation de l'économie mondiale, il existe aujourd'hui une interconnexion des dettes publiques entre les pays – la dette

1. Cf. https://www.aft.gouv.fr/fr/principaux-chiffres-dette.

de chacun d'entre eux est pour partie détenue par des résidents étrangers –, ce qui rend d'autant plus difficile la résolution du problème, car cela suppose une coordination entre tous les États. Une transformation du système économique et financier mondial serait pourtant salutaire, car ses dysfonctionnements structurels semblent le mener tout droit vers l'implosion. Pour preuve, les taux d'intérêt sont tombés tellement bas que certains sont même négatifs, ce qui signifie concrètement que les prêteurs sont prêts à payer l'emprunteur – en l'occurrence les États – en raison des garanties de solvabilité qu'ils présentent. C'est le monde à l'envers ! Cela en dit long en tout cas sur la confiance que les détenteurs de capitaux ont dans la pérennité du système financier actuel, qui ne tient plus que grâce à l'intervention des banques centrales et la garantie de solvabilité des États. Il n'est pas certain que cet édifice pour le moins précaire tienne encore longtemps à ce rythme…

En attendant les évènements qui mettront fin à toute cette folie – le moment promet malheureusement d'être très douloureux –, la France doit essayer de tirer son épingle du jeu pour naviguer au mieux dans les méandres de l'économie mondiale. Il est totalement inutile et malsain de faire la morale aux Français sur le niveau d'endettement public alors qu'ils n'y sont strictement pour rien. À supposer que la dette soit du jour au lendemain effacée, cela ne résoudrait d'ailleurs pas les problèmes financiers de la France, puisque son budget serait toujours en déficit (66,5 au lieu de 108,7 milliards d'euros). Autrement dit, le coût de la dette de l'État est bien inférieur à son besoin de financement. Il faut donc remettre le problème de la dette publique à sa juste place et cesser d'en faire un argument péremptoire pour justifier le statu quo.

Loin des postures sacrificielles, il faut adopter une démarche pragmatique. Le premier objectif de l'État devrait consister à encourager la détention de la dette par des résidents français. Il est en effet problématique que la dette soit largement détenue par des résidents étrangers, car cela place l'État à la merci des marchés financiers et des agences de notation. La situation de pays comme le Royaume-Uni ou le Japon, dont les dettes sont détenues respectivement par 70 % et 95 % de leurs résidents[1], démontre que cela est tout à fait possible. Plutôt que d'adopter cette politique raisonnable, nos gouvernants ont bien entendu fait tout l'inverse pendant des décennies, puisque la part des détenteurs non-résidents de la dette souveraine est passée de 28 % en 1999 à 70 % en 2010. Si cette part est redescendue à 51,9 % en 2020, cela n'est pas dû à la volonté de nos gouvernants mais à la politique monétaire de la Banque centrale européenne dans le cadre du *quantitative easing*[2]. Cela montre que nos gouvernants n'ont toujours pas compris l'importance de garantir l'indépendance de l'État et son rôle de régulateur dans l'économie.

S'agissant de la réduction de la dette publique, le problème est plutôt simple à résoudre d'un point de vue mathématique : il faut soit réduire la dépense publique, soit augmenter les recettes de l'État, et faire les deux en même temps si possible, pour parvenir à dégager chaque année un excédent budgétaire. Il est vrai néanmoins que résoudre ce problème dans la réalité est une autre paire de manches. Il n'en demeure pas moins que la politique de nos gouvernants est certainement la pire d'entre toutes. Par soumission à l'idéologie néolibérale, ces derniers pratiquent des coupes drastiques dans les dépenses publiques et sont persuadés que, en baissant les impôts, ils génèreront une croissance forte permettant d'augmenter significativement les recettes de l'État. Outre que ces politiques conduisent à la destruction des services publics, le résultat est d'une redoutable inefficacité sur le plan économique et comptable. Nous avons en effet analysé que la croissance n'a cessé de chuter au fil des décennies – raison pour laquelle l'État est en déficit depuis 1975 – pour se stabiliser autour de 1 % depuis une vingtaine d'années. Pour ceux qui pensaient que l'arrivée au pouvoir d'Emmanuel Macron et de sa philosophie ultralibérale signerait le début du renouveau, il doit être observé que le déficit public a bondi de 67 milliards d'euros en 2017 à

1. Cf. https://www.senat.fr/rap/r16-566/r16-5665.html.
2. Cf. Chapitre 2, §2.1 L'euro : par ici la monnaie !

76 milliards d'euros en 2018, et à plus de 108 milliards d'euros en 2019. Plus de néolibéralisme, c'est plus de dette.

Après quarante-cinq ans d'échec à rétablir l'équilibre budgétaire, peut-être serait-il temps de s'engager dans une autre voie ? Il faudrait bien entendu commencer par rompre totalement avec l'idéologie néolibérale. Le bon sens pourrait alors primer sur les décisions politiques. Les gouvernants auraient la lucidité de comprendre que, si des économies peuvent être trouvées à la marge, poursuivre les politiques de réduction des dépenses alors qu'elles sont à l'origine de la dégradation continue des services publics serait irresponsable. Et s'ils tiennent tant que cela à rembourser la dette, ils analyseraient qu'il faut en tout état de cause concentrer l'action publique vers l'augmentation des recettes de l'État en poursuivant deux objectifs : réussir à augmenter les impôts pour les plus aisés et créer des millions d'emplois pour résorber le chômage de masse. En somme, il faut arrêter faire de la dette publique un objectif prioritaire ou une obsession. Ce qui compte, c'est une économie prospère pour atteindre le plein emploi. La priorité, c'est de soutenir l'activité économique du pays, pas de suivre des normes comptables déconnectées de la réalité. Si personne ne dit que ces défis sont simples à relever, les citoyens apprécieraient que les dirigeants politiques fassent au moins semblant d'essayer.

1.5. L'attractivité : l'impôt, ennemi du bien ?

> *« L'impôt est un vol, purement et simplement, même si ce vol est commis à un niveau colossal, auquel les criminels ordinaires n'oseraient prétendre. »*
>
> Murray Rothbard

« Il y a trop d'impôts ! » Telle est la maxime répétée depuis tant d'années dans les discussions de bistrot mais aussi par nos gouvernants pour gagner des voix aux élections. Démagogie quand tu nous tiens… Et si cette assertion biaisait d'emblée le débat et la réflexion ? Commençons par identifier un paradoxe :

1. Chaque année, la richesse que nous produisons augmente puisque le pays génère de la croissance. Plus la richesse produite est grande, plus l'activité économique est dynamique, ce qui mécaniquement devrait augmenter les recettes de l'État par la collecte de l'impôt.
2. Les impôts pour la classe moyenne au sens large ne baissent jamais. Ils auraient plutôt tendance à augmenter d'année en année.
3. Mais le budget de l'État est toujours en déficit. Comment expliquer une telle incongruité ? La croissance obtenue (même

faible) et le niveau d'imposition en augmentation ne devraient-ils pas conduire à la réduction du déficit public ?

a) L'impôt : « trop » ou « pas assez » ?

Il faut anéantir les discours simplistes. Déterminer s'il y a « trop d'impôts ou non » en France est sans intérêt. Chacun comprend aisément que tout dépend de l'utilisation faite par l'État de l'impôt collecté. S'il s'agit d'augmenter les budgets des services publics essentiels, de revaloriser les prestations sociales, ou d'accorder des avantages fiscaux aux petites et moyennes entreprises, l'argent profite à une large partie de la population. En d'autres termes, la réflexion sur l'impôt ne doit pas se limiter au montant des prélèvements opérés lors de sa collecte (barème de l'impôt sur le revenu, taux de l'impôt sur les sociétés, taux de TVA, etc.), mais prendre en considération la nature des dépenses de l'État ou exonérations fiscales qui en sont la contrepartie. Dès lors, la seule interrogation qui mérite attention et permet de poser sérieusement le cadre du débat se subdivise en quatre questions. Qui paie trop d'impôts ? Qui n'en paie pas assez ? Qui reçoit trop de l'État ? Qui ne reçoit pas assez ? En ces termes, il semble que la réponse est aujourd'hui évidente : la classe moyenne est largement lésée au profit d'ultra-riches bien dorlotés par les pouvoirs publics. C'est ainsi par exemple que la politique fiscale d'Emmanuel Macron a bénéficié pour environ 30 milliards d'euros par an (ISF, CICE, « flat tax », Exit tax) aux 1 % les plus riches du pays. Il est intéressant d'observer que le taux effectif d'imposition du patrimoine parmi les contribuables déclarant plus de 10 millions d'euros de patrimoine était de 1 % en 1998 ; il a baissé quasi continuellement entre 2000 et 2017 pour s'établir à 0,43 %. Il a chuté à moins de 0,2 % après la réforme de l'ISF. Mais ce n'est pas tout. Au-delà des réductions d'impôts, les ultra-riches captent en large partie les intérêts de la dette publique pour 40 milliards d'euros par an[1]. Et ce sont encore

1. Cf. Chapitre 1, §1.4 L'austérité : l'État est en faillite !

les mêmes qui pratiquent l'évasion fiscale, évaluée à 100 milliards d'euros par an[1]. Soit près de 170 milliards qui tombent directement ou indirectement dans la poche des ultra-riches ! Ce n'est pas loin de deux fois le montant du déficit public…

b) Les baisses d'impôts des plus riches inutiles à l'économie

Loin d'opérer ces distinctions fondamentales, nombre de dirigeants politiques se vantent d'avoir baissé les impôts… mais ils oublient de dire qu'ils l'ont fait uniquement pour les plus riches du pays ! La réforme de l'impôt de solidarité sur la fortune (ISF) transformé en impôt sur la fortune immobilière (IFI) est symptomatique. Le président de la République et Bruno Le Maire, ministre de l'économie, l'ont justifiée par la nécessité d'augmenter les investissements dans l'économie. Accablante hypocrisie ! Qu'on en juge : avant la réforme, cet impôt était calculé sur l'ensemble du patrimoine de chaque contribuable, patrimoine immobilier et patrimoine mobilier (épargne et placements financiers). Existait néanmoins une exonération d'impôts à hauteur de 50 % pour toutes les sommes investies dans le capital des petites et moyennes entreprises (PME). Pour favoriser plus encore les investissements, il suffisait de porter le taux d'exonération de 50 % à 100 %. Simple et efficace. Mais plutôt que de procéder de la sorte, la réforme a exonéré à 100 % l'ensemble du patrimoine mobilier. Comprenez que les ultra-riches n'ont plus besoin de d'investir leur épargne et leurs actions dans l'économie et en particulier les PME : ils sont de fait et de droit exonérés ! Perte de recettes pour l'État : 3 milliards d'euros par an. Le Comité d'évaluation des réformes de la fiscalité du capital travaillant sous l'égide de France Stratégie a établi dans son rapport d'octobre 2020 que l'investissement dans les PME

1. *Marianne*, le 13 septembre 2018, dans un article d'Emmanuel Lévy : l'évaluation de la fraude fiscale à 100 milliards repose sur l'évaluation du syndicat de Bercy Solidaires Finances publiques. De son côté, Oxfam évalue le coût total de l'évasion fiscale entre 60 et 80 milliards d'euros par an.

via les FIP[1] (fonds d'investissement de proximité) et FCPI[2] (fonds commun de placement dans l'innovation) a été divisé par trois en raison de la suppression du dispositif fiscal ISF-PME induite par l'instauration de l'IFI (impôt sur la fortune immobilière) puisque les fonds levés sont passés de 1,084 milliards d'euros en 2017 à 355 millions d'euros en 2018, puis à 318 millions d'euros en 2019. Quand vous donnez aux ultra-riches, ils n'investissent pas, ils spéculent. Observons en outre que les dons aux associations ont également chuté pour les mêmes raisons par l'effet de cette réforme. En somme, nous sommes perdants sur toute la ligne. Seuls les 0,1 % les plus riches ont vu leurs revenus exploser[3] sans aucun effet positif sur l'économie, bien au contraire. Quel intérêt à favoriser les placements financiers si vous ne conditionnez pas les exonérations fiscales à l'investissement du capital dans l'économie ?

La logique est identique pour le crédit d'impôt pour la compétitivité et l'emploi (CICE) transformé depuis 2019 en baisse de cotisations sociales et qui a couté 40 milliards d'euros sur l'année. Il est capté pour moitié, soit 20 milliards d'euros, par les plus grandes entreprises du pays (entreprises de taille intermédiaire incluses). Est-il absolument nécessaire de consentir de tels allégement de cotisations aux entreprises du CAC 40 qui distribuaient déjà 57 milliards d'euros de dividendes à leurs actionnaires en 2018 (47 milliards d'euros en 2017) ? Ont-elles besoin que de tels avantages leur soient consentis pour encourager leurs investissements ou augmenter les rémunérations de leurs salariés ? Une étude[4] de l'institut Oxfam a déterminé l'utilisation que les entreprises du CAC 40 font de leurs bénéfices : 67,4 % en

1. Les FIP ont été créés en 2003 par la loi Dutreil, et investissent au moins 70 % de leurs actifs dans des PME régionales créées depuis moins de huit ans et situées dans une zone géographique limitée à quatre régions.

2. Créés par la loi de finances pour 1997, les FCPI investissent au moins 70 % de leurs actifs dans des PME à caractère innovant.

3. Tonnelier A., « Après la suppression de l'ISF, les revenus des 0,1 % les plus riches ont explosé en France », *Le Monde,* 8 octobre 2020.

4. Rapport Oxfam publié en mai 2018 : « CAC 40 : des profits sans partage ».

distribution de dividendes, 27,3 % en investissement, et 5,3 % pour les salariés. Un ancien président de la république pas tout à fait socialiste préconisait que la répartition de la valeur ajoutée s'opère suivant la règle 1/3 pour les actionnaires, 1/3 pour l'investissement et 1/3 pour les salariés? C'était Nicolas Sarkozy. On en est loin… Le dispositif du CICE est d'autant plus inefficace qu'on ne compte plus le nombre de grands groupes qui procèdent à des suppressions massives d'emplois après en avoir bénéficié (Carrefour, Conforama, etc.). Un rapport de France Stratégie a évalué que son impact sur l'emploi est quasi nul. Le CICE aurait permis de « créer » ou « sauvegarder » (difficile de trouver une formulation plus prudente) environ 100 000 emplois par an. Sur la période étudiée, le dispositif engendrait une dépense de 20 milliards d'euros, soit un coût de 200 000 euros par emploi et par an! Il doit certainement y avoir matière à utiliser l'argent public plus efficacement pour favoriser la création d'emplois…

Ajoutez à cela l'instauration de la « flat tax » qui plafonne le taux de prélèvement en matière de distribution de dividendes à 30 % et vous obtenez le cocktail idéal pour que les ultra-riches accumulent sans limites au détriment de l'activité économique. D'un côté, sont favorisées les distributions de dividendes (« flat tax » et CICE), et de l'autre, les actionnaires sont encouragés à placer leur patrimoine dans la sphère financière (transformation de l'ISF en IFI). C'est du génie! Sauf si votre objectif était de « relancer la croissance ». Ô surprise! La croissance s'est effondrée en 2018 (1,8 %) et 2019 (1,5 %) par rapport à l'année 2017 (2,3 %). Étonnant? Pas vraiment.

Pour les personnes qui accumulent tant de richesses, il n'existe pas assez de biens de consommation pour dépenser leur argent. Après avoir acquis vingt voitures de luxe, dix villas, deux yachts et un jet privé, l'imagination dépensière atteint ses limites. Ils n'ont donc d'autre choix que d'épargner et cette épargne trouve à se placer dans la sphère financière. Contrairement à ce qui est répété à longueur de temps dans le débat public, la finance ne sert nullement l'économie réelle. Il faut distinguer le marché primaire et le marché secondaire. Le premier marché est constitué par les créations d'actions nouvelles qui se limitent à deux opérations : la création d'une entreprise ou l'augmentation de capital d'une entreprise. Ce sont ces seules opérations qui apportent à l'entreprise un financement ou, autrement dit, un apport d'argent frais. Le second marché est constitué d'opérations uniquement spéculatives en sorte qu'aucun financement n'est apporté aux entreprises dont les actions sont achetées et revendues. Or, 96,2 % au moins des transactions financières s'opèrent sur le marché secondaire[1]. En somme, les placements financiers ne servent aucunement l'activité économique des entreprises. Loin de servir l'économie, la finance est son pire adversaire. Elle atrophie l'activité économique en aspirant les masses d'argent qui y circulent pour les enfermer à double-tour dans des coffres-forts. Plutôt que de favoriser les spéculateurs, les gouvernants devraient s'appliquer à encourager les investisseurs. Il semble qu'un consensus pourrait être largement partagé consistant à conditionner toute exonération fiscale à l'investissement effectif dans l'économie réelle et en particulier le financement des PME. Mais c'est sans compter sur l'argument incontournable brandi péremptoirement par nos gouvernants libéraux : « S'il y a trop d'impôts, les riches vont quitter le pays ! ».

c) La sécession des plus riches face à l'impôt

Selon l'article 13 de la Déclaration des droits de l'Homme et du Citoyen – qui fait partie du bloc de constitutionnalité – « Pour l'entretien de la force publique, et pour les dépenses d'administration, une contribution commune est indispensable : elle doit être également répartie entre tous les citoyens, en raison de leurs facultés ». Or, et depuis longtemps, le principe d'égalité devant l'impôt est rompu. Car les plus privilégiés ont fait sécession en refusant de s'acquitter de l'impôt, soit par des méthodes plus ou

1. Lordon F., « Le service de la classe », Les blogs du diplo / La pompe à phynance, 3 octobre 2017.

moins légales d'évasion fiscale, soit par l'exil fiscal. Et plutôt que de tenter de trouver les solutions juridiques permettant de les imposer comme les autres, nos gouvernants s'appliquent à faire de la « pédagogie » pour expliquer les raisons pour lesquelles il serait impossible de les imposer comme les autres. Il faudrait donc comprendre que, lorsque vous êtes riche, vous obtenez d'autorité un droit supplémentaire : celui d'échapper à l'impôt. Admettriez-vous que le propriétaire d'une Ferrari ne soit pas soumis aux mêmes limitations de vitesse que vous ? Assurément non. Pour ceux-là, nos gouvernants nous expliquent qu'il faut être attentif au principe de « consentement à l'impôt ». En matière d'idiotie, celle-ci figure en très bonne position. Vous a-t-on déjà demandé de consentir à l'impôt ? L'État n'a pas à rechercher le consentement des ultra-riches à l'impôt, il doit les y soumettre, comme il le fait pour les classes moyennes. Que ce soit sur le plan moral, ou celui des principes à valeur constitutionnelle, rien ne justifie qu'une petite partie de privilégiés exerce un tel chantage à l'impôt.

Il ne faut pas nier les difficultés pratiques qui se posent pour parvenir à contrôler et encadrer ces comportements contraires au principe de solidarité nationale qui cimente un peuple. Mais il apparaît que certaines solutions tombent sous le sens. Par exemple, établir des peines planchers de prison pour les fraudeurs fiscaux. La délinquance en col blanc doit savoir que le pillage de la nation par millions les conduira automatiquement en cellule. La loi n'a d'efficacité que de par son caractère coercitif. Or, les exemples sont nombreux de privilégiés épinglés pour fraude fiscale qui ont subi des peines pour le moins… clémentes. On pense évidemment au cas de Jérôme Cahuzac condamné à deux ans de prison et dont la peine a été aménagée, ce qui lui a permis d'éviter l'incarcération. Ce préalable est indispensable pour quiconque a la volonté réelle de moraliser les comportements en la matière. L'impôt pourrait être fondé sur la nationalité et non plus sur le principe de territorialité, qui se base sur la résidence fiscale du contribuable. Le mécanisme est le suivant : chaque contribuable est soumis à l'impôt français dès lors qu'il dispose de la nationalité française. Pour un contribuable qui partirait vivre à l'étranger, il paierait l'impôt dans son pays de résidence dans un premier temps. Mais s'il s'avérait que le montant de cet impôt est inférieur à celui qu'il aurait dû acquitter en France, la différence serait reversée au fisc français dans un second temps. De cette manière, chaque citoyen français demeure bien entendu libre de vivre dans le pays de son choix, mais il ne lui est pas permis d'en tirer un bénéfice fiscal. C'est la contrepartie inhérente au privilège d'être né dans l'un des pays les plus riches du monde, qui garantit à chacun d'être soigné sans frais et qui dispose d'infrastructures, d'écoles et d'universités parmi les plus performantes au monde (même si cela est précisément remis en question par l'évasion fiscale). Les détracteurs de ce dispositif fiscal avancent régulièrement trois arguments. Premièrement, il ne serait pas réalisable… sauf qu'il est déjà utilisé par les États-Unis. Deuxièmement, les contribuables concernés pourraient décider d'abandonner leur nationalité française pour échapper à l'impôt français. Deux solutions plus ou moins radicales permettent de résoudre la difficulté : soit vous interdisez aux citoyens français de renoncer à leur nationalité (certains pays comme le Maroc le font déjà), soit vous prévoyez une amende d'un montant particulièrement dissuasif. Troisièmement, la double imposition pourrait s'avérer inéquitable puisque l'expatrié continuerait à payer l'impôt français sans bénéficier des contreparties de l'État français, et notamment des services publics ou de la Sécurité sociale. Mais, d'une part, il s'agit de fixer le lien de solidarité qui doit unir un citoyen à sa nation et, d'autre part, de viser ceux dont la seule motivation de l'expatriation est d'échapper à l'impôt : les évadés fiscaux. Il pourrait donc être envisagé de pratiquer un mécanisme d'abattement de telle sorte que seuls les citoyens bénéficiant d'un certain niveau de revenus et de patrimoine soient concernés par le dispositif. L'objectif n'est pas que l'État récupère quelques milliers d'euros par contribuable, mais de dissuader ceux qui dissimulent des millions ou des milliards d'euros de resquiller.

La réflexion doit bien entendu se poursuivre. Mais l'objectif devrait être partagé par tous les aspirants à la représentation nationale : trouver les moyens juridiques et techniques pour que chaque citoyen, sans exception, paie l'impôt à proportion de ses facultés. Cela ne constitue nullement un objectif de nos gouvernants[1] – bien qu'ils s'appliquent évidemment à affirmer le contraire lorsqu'ils se trouvent confrontés au sujet –, puisqu'ils défendent la théorie du ruissellement. Il faut s'arrêter un instant sur cette contradiction dans le discours de nos représentants politiques. Ces derniers ne cessent de défendre les ultra-riches en leur accordant des exonérations fiscales au motif que ce sont eux qui prétendument créeraient des emplois et contribueraient à la croissance économique du pays. À suivre leur raisonnement, il n'y a donc aucun intérêt à lutter contre l'évasion fiscale puisque l'argent économisé frauduleusement sera en toute hypothèse réinvesti dans l'économie. Nous avons démontré que ce raisonnement est totalement erroné. Mais nous tenons peut-être là l'explication la plus pertinente au refus obstiné de nos gouvernants de lutter contre l'évasion fiscale. C'est peut-être ce qui explique que rien ne soit non plus fait pour contrer l'optimisation fiscale largement pratiquée par les grandes entreprises, dont l'une des techniques connues appelée « prix de transfert » consiste à installer son siège

1. Alors que l'évasion fiscale est un problème dénoncé depuis plusieurs décennies dans le débat public, la Cour des comptes a dressé un rapport en novembre 2019 sur « la fraude aux prélèvements obligatoires » qui explique que l'État français ne dispose à ce jour d'aucune méthode d'évaluation ni outil de mesure en la matière ! Par comparaison, les États-Unis évaluent le montant de l'évasion fiscale depuis les années 1980. La synthèse du rapport indique ceci : « De nombreux pays ont mis en œuvre une démarche d'estimation. Celle-ci porte le plus souvent sur l'écart fiscal. Les États-Unis ont été précurseurs de ces travaux d'estimation, qu'ils ont réalisés dès les années 1980. Depuis, de nombreux autres pays se sont engagés dans cette voie : Royaume-Uni au début des années 2000, pays scandinaves, Italie, Canada. Sur un échantillon constitué de 58 pays de l'OCDE étudié par la Cour, plus de la moitié (57 %) se livrent aujourd'hui à ce type de travaux. Dans l'ensemble de ces cas, c'est l'administration fiscale elle-même qui effectue les calculs et les rend publics. La France, de même que l'Allemagne, fait partie des pays dont les administrations fiscales ne se sont pas encore lancées dans ce type de travaux ».

social dans un paradis fiscal, puis à faire remontrer les bénéfices de ses filiales par le biais de frais (plus ou moins réels) qui leurs sont facturés par la société mère. Compte tenu des montants en jeu, on s'étonne que les gouvernants n'adoptent pas des lois exigeant bien plus de transparence de la part des multinationales afin de contrôler efficacement leur situation fiscale. En définitive, il faut comprendre que si les gouvernants n'imposent pas les plus riches, c'est moins par impossibilité pratique que par volonté idéologique.

1.6.
La flexibilité : honte aux chômeurs ! vive les entreprises !

« La meilleure façon de lutter contre le chômage, c'est de travailler. »

Raymond Barre

a) La culpabilisation permanente des chômeurs et des travailleurs

Le chômage constitue l'une des préoccupations majeures des Français et l'un des principaux fléaux de notre économie. Les effets d'un chômage de masse, c'est-à-dire conséquent en proportion de la population et structurel en ce qu'il est durable, sont dévastateurs. Sur le plan économique, ce sont des indemnités versées sans aucune activité servant la collectivité, ce sont des cotisations sociales qui manquent dans les caisses de la Sécurité sociale, des impôts directs ou indirects qui manquent au budget de l'État. En 2015, une étude estimait le coût du chômage à 76 milliards d'euros pour l'économie française[1]. Sur le plan humain, c'est une souffrance psychologique terrible pour celui qui le vit en raison du sentiment d'inutilité qu'il éprouve et de l'isolement social dont

1. Archer J.-Y., « Le coût insoutenable du chômage », FigaroVox/ANALYSE, 27 avril 2015.

il est victime. Le chômage détruit des vies. Un rapport de l'association Solidarités Nouvelles face au Chômage (SNC), publié en septembre 2018[1], a établi que le chômage causait 10 000 à 14 000 morts par an. Au-delà des morts dont il est à l'origine, ce sont des cas de dépression sévère, un taux de divorce très supérieur à la moyenne, des vies brisées…

Et pourtant, d'année en année, il ne cesse de progresser, pour atteindre 5,6 millions de chômeurs à la fin de l'année 2019. Comme s'il s'agissait d'une fatalité. Tout aurait été tenté mais l'on n'y pourrait rien. Et si l'État ne peut rien, il faut bien trouver un responsable. Pour nos dirigeants politiques, le coupable du chômage, c'est le chômeur lui-même. Il y aurait des millions de fainéants dans notre pays qui ne veulent pas travailler. Cette opinion ne repose sur aucune réalité et peut très aisément être invalidée. Elle est néanmoins particulièrement répandue dans l'opinion publique. C'est que pour les gens qui travaillent, il est assez confortable psychologiquement de se dire que les chômeurs sont responsables de leur inactivité. Dans cette hypothèse, celui qui travaille n'a rien à se reprocher. Il se situe dans le bon camp. Et tant pis pour le malheureux… « Il doit certainement mériter son sort ». Mais la réalité est tout autre. On compte 5,6 millions de chômeurs dans le pays. Combien d'emplois disponibles non pourvus ? Selon les statistiques établis par Pôle emploi, 300 000. À supposer que ces emplois disponibles soient pourvus, il demeure donc 5,3 millions de chômeurs qui ne peuvent trouver un emploi pour une raison simple et incontournable : il n'en existe pas.

Les responsables politiques raffolent néanmoins de déclarations fracassantes pour culpabiliser les chômeurs. C'est la technique habituelle du « diviser pour mieux régner ». Pendant que les travailleurs (appelés les « insiders », c'est-à-dire ceux qui sont dans le marché du travail) et les chômeurs (« outsiders », c'est-à-dire les exclus du marché du travail) s'opposent, les véritables responsables

1. « Le chômage serait responsable de 10 000 à 14 000 décès par an », Franceinfo, 20 septembre 2018.

du chômage sont occultés : nos dirigeants et leur politique économique. Les travailleurs sont au demeurant à peine mieux considérés que les chômeurs. Ceux-là coutent trop cher à « l'entreprise ». Non pas l'entreprise entendue comme collectif de travail composé du chef d'entreprise, éventuellement de managers, et des travailleurs. Certainement pas. Dans l'esprit de nos dirigeants, « l'entreprise », c'est le propriétaire de l'entreprise. En d'autres termes, c'est l'employeur. Tout le discours dominant vise donc à culpabiliser les chômeurs, mais aussi les travailleurs, au profit de l'employeur. Si l'on décape le vernis de mensonge que contient le discours de nos dirigeants, on peut traduire leur raisonnement en matière économique par le syllogisme suivant :

1. Pour que l'économie fonctionne, il faut que les entreprises puissent se développer pour créer des emplois ;
2. Les chômeurs et les salariés constituent des obstacles à ce développement. Le chômeur, car il ne veut pas travailler pour l'entreprise, et le salarié, car il coûte trop cher à l'entreprise.
3. Il faut donc priver de droits les chômeurs et les salariés. Les deux seront obligés d'accepter un travail mal payé.

C'est ce qu'on appelle remplacer le chômage par la précarité. Quand ils disent qu'il faut « libérer les énergies », cela signifie qu'il faut réduire ou supprimer les droits des travailleurs pour qu'ils soient moins rémunérés et ceux des chômeurs pour qu'ils soient moins indemnisés.

b) Travailler plus pour gagner moins

Commençons par les travailleurs. Trois dogmes (le troisième sera analysé dans la sous-partie suivante) – principes considérés comme incontestables et intangibles – peuvent être identifiés dans le discours dominant dont l'objectif affiché est la création d'emplois. Avant de les analyser, il faut dire que ces principes sont extrêmement convaincants pour quiconque ne prend pas le temps d'une réflexion approfondie. La force persuasive de ces trois principes repose sur l'apparence d'évidence qu'ils revêtent si l'on raisonne à une échelle individuelle ou microéconomique. Leur caractère erroné et trompeur n'apparaît au grand jour que si l'on raisonne à une échelle collective ou macroéconomique. Prenons l'exemple d'une vitrine d'un commerce qui aurait été brisée. Si l'on s'en tient à une approche microéconomique, le commerce a vu son patrimoine s'appauvrir et va devoir faire réparer sa vitrine. L'assureur prendra en charge les frais de réparation. Il en ressort que le commerçant n'aura *in fine* subi ni enrichissement ni appauvrissement, le réparateur de vitrines se sera enrichi, et l'assureur appauvri. Si l'on adopte une approche macroéconomique, le bris de la vitrine a baissé la valeur de la richesse nationale, et la réparation intervenue n'a fait que la rétablir à l'état antérieur. Ainsi, une opération qui s'avère neutre en définitive sur une échelle collective aura appauvri un acteur économique (l'assureur) et enrichit un autre (le réparateur de la vitrine). De manière générale, il faut donc toujours se méfier des raisonnements simplistes qui fonctionnent à l'échelle individuelle, car il n'est pas du tout certain que la solution préconisée soit efficace à l'échelle collective.

Le premier dogme est que « le coût du travail est trop élevé en France ». Cette assertion est l'une des clés de voûte de l'idéologie dominante. Les dirigeants politiques qui promeuvent cette idée visent deux catégories de coûts : le niveau des cotisations sociales et le niveau des salaires. Il semble que, pour la plupart des citoyens (salariés, chefs d'entreprise, artisans, commerçants, professions libérales), le « coût du travail » renvoie plutôt au niveau des cotisations sociales. On voit mal que les salariés estiment leurs propres revenus comme étant trop élevés, et les « petits » employeurs vont rarement considérer que les salaires mensuels inférieurs à 1 800 euros net[1] pour un travail à temps plein sont excessifs. Le danger pour les salariés est d'accepter de voir sacrifier les cotisations sociales pour

1. En 2018, le salaire médian du secteur privé est de 1 789 € net. Cela signifie que 50 % des salariés français reçoivent un salaire inférieur ou égal à ce montant.

obtenir une augmentation de leur salaire net. C'est l'une des stratégies vicieuses des néolibéraux que de faire croire aux salariés que, en baissant les cotisations sociales, ils sont gagnants. En réalité, la baisse des cotisations sociales entraîne nécessairement une baisse des prestations sociales (indemnité maladie, rente d'incapacité, retraite, etc.), en sorte qu'elles pénalisent nécessairement les salariés, au seul profit des employeurs. Ce que vous ne verserez plus en cotisations pour votre couverture sociale, vous le paierez directement de votre poche, et cela pourrait s'avérer bien plus couteux !

Dans le régime des ultra-riches, il faut réduire les salaires mais sans le dire… Un deuxième dogme est utilisé : « Il faut alléger le Code du travail ! ». L'efficacité économique – puisque c'est le seul critère qui les intéresse – d'une règlementation juridique dépendrait donc de son poids ? Quelle est donc la limite ? 500 g, 1 kg, 2 kg… ? Derrière cet élément de langage – on parle aussi de « simplifier » ou « d'assouplir » la règlementation du droit du travail –, les objectifs sont toujours les mêmes : réduire les droits des salariés. Quand les responsables politiques et autres soi-disant experts économiques dénoncent la durée légale du travail de 35 heures, le sujet n'est pas la durée du travail, mais le salaire. Il faut comprendre que ce sont les majorations de salaires pour heures supplémentaires qui sont remises en question, car un employeur a parfaitement le droit de demander unilatéralement à son salarié d'effectuer des heures supplémentaires. Quand les mêmes vantent les vertus de la négociation collective avec les « partenaires sociaux » – rappelons que les syndicats ont pour mission de défendre les intérêts des salariés qui sont, pour partie, contraires à ceux de l'employeur –, il s'agit toujours d'étendre le champ de cette négociation pour permettre de conclure des accords d'entreprise ou de branche moins favorables pour les salariés que ne l'est la loi. Dès lors, quel intérêt pour les salariés qu'un syndicat puisse conclure de tels accords ? Aucun. L'extension du champ de la négociation collective et la possibilité de déroger dans un sens défavorable aux salariés à la loi permettent uniquement aux entreprises de pratiquer le chantage à l'emploi. Imposer une réduction des droits (= salaires) sous peine de pratiquer des plans de licenciement. C'est un puits sans fond. Car pour nombre de salariés qui consentent à renoncer progressivement à leurs droits sous peine de licenciement collectif, cela ne modifie bien souvent rien à la fin de l'histoire… ils finissent par être licenciés, car l'entreprise trouve plus rentable de délocaliser sa production. Réduire les droits des salariés pour rester « compétitif » est une course sans fin dans le système globalisé du libre-échange qui place la France en concurrence directe avec des pays dont les coûts salariaux sont en comparaison ridicules. À ce jeu-là, autant supprimer le salaire minimum interprofessionnel de croissance (Smic) et l'ensemble du droit du travail, car nous ne pourrons jamais rivaliser avec les pays tels que la Pologne, l'Inde, ou la Chine. Le même raisonnement s'applique pour les cotisations sociales. Si la solution retenue consiste à baisser le coût du travail pour permettre aux entreprises de faire face à la concurrence mondiale, autant aller au bout de la logique en supprimant intégralement la Sécurité sociale. Nul doute que les ultra-riches et les représentants du Medef auraient quelques difficultés à dissimuler leur joie !

c) Les entreprises ne créent pas l'emploi

Un troisième dogme censé favoriser la création d'emplois est utilisé pour justifier la réduction des droits des travailleurs : « il faut faciliter les licenciements pour favoriser les embauches ». C'est ce que les tenants de l'idéologie néolibérale nomment la flexibilisation du marché du travail. Cette idée peut paraître séduisante à première vue : un employeur serait disposé à embaucher en cas d'augmentation même de courte durée de son activité s'il a la garantie de pouvoir licencier en situation de baisse d'activité. Le principe supposé est le suivant : « Si l'employeur peut licencier plus facilement, il embauchera plus facilement ». Et pourtant, le premier réflexe de toute personne de bon sens devrait être d'adopter le raisonnement suivant : « Si les licenciements sont facilités, le résultat le plus certain est que le nombre de licenciements va augmenter », non ? En tout état de cause, la question fondamentale à se poser en la matière est la suivante : les entreprises créent-elles vraiment l'emploi ? Une analyse de Frédéric Lordon développée dans un billet du 26 février 2014 publié sur le site du *Monde diplomatique*[1] répond à cette question. L'économiste explique que les entreprises n'ont aucun moyen de créer par elles-mêmes les emplois qu'elles offrent dans la mesure où ces emplois ne résultent que de l'observation du mouvement de leurs commandes. Or, la formation des carnets de commandes ne dépend nullement des entreprises prises individuellement mais du processus macroéconomique général ou, autrement dit, des capacités de dépense de leurs clients, qui eux-mêmes dépendent de leurs propres carnets de commande (et ainsi de suite). En situation de passivité face à cette formation de commandes, les entreprises ne créent donc aucun emploi mais ne font que convertir en emplois les demandes de biens et de services qui leur sont adressées. Que certaines entreprises se distinguent plus que d'autres sur un même marché concurrentiel ne modifie en rien l'analyse, puisque la répartition entre elles toutes de la demande globale ne modifient pas le nombre total d'emplois requis pour répondre à celle-ci[2]. Ce qui détermine la création d'emplois ne tient donc pas à l'action des entreprises mais à la conjoncture économique, laquelle dépend en particulier de la décision des ménages de consommer plutôt qu'épargner, et des entreprises de lancer ou non des investissements. L'État a la capacité en principe de piloter dans une certaine mesure la conjoncture économique, à condition néanmoins de disposer de capacités d'intervention en matière budgétaire, monétaire et commerciale. Or, il s'agit là d'autant de leviers que l'État a abandonnés

1. Lordon F., « Les entreprises ne créent pas l'emploi », Les blogs du diplo / La pompe à phynance, 26 février 2014.

2. Imaginons un secteur d'activité qui compte 10 000 emplois. L'entreprise A qui emploie 2 000 salariés gagne des parts de marché, ce qui lui permet d'embaucher 1 000 salariés supplémentaires. Ces 1 000 embauches ne portent pas le nombre total d'emplois du secteur d'activité à 11 000. Cela signifie uniquement que les autres entreprises du secteur (B, C, D, etc.) ont perdu à elles toutes 1 000 emplois.

dans le cadre des délégations de souveraineté consenties à l'Union européenne[1]. Frédéric Lordon décrit de manière limpide l'impasse dans laquelle les gouvernants se sont eux-mêmes placés :

> « Mais, de cela, le gouvernement "socialiste" a manifestement abdiqué toute velléité : ligoté par les contraintes européennes qui ont si bien neutralisé toute possibilité de politique économique active, et ayant renoncé par avance à tout effort de retrouver quelque marge de manœuvre en cette matière, il ne lui est plus resté qu'à dévaler avec tout le monde la pente de l'idéologie libérale-entrepreneuriale pour former le puissant raisonnement que "si ce sont les entreprises qui créent les emplois, alors il faut être très gentil avec les entreprises" ».

On comprend désormais les raisons pour lesquelles les gouvernements n'ont de cesse de dérouler le tapis rouge aux entreprises (surtout les plus grandes) : ils ne peuvent de toute façon rien faire d'autre en l'état des règles imposées par l'Union européenne.

d) La flexibilisation du marché du travail : un permis de licencier

Le principe de flexibilisation du marché du travail a trouvé sa plus grande consécration aux termes de l'ordonnance n° 2017-1387 du 22 septembre 2017[2] relative à la « prévisibilité et la sécurisation des relations de travail ». On peut relever une nouvelle illustration de la novlangue, car cette modification de la loi ne sécurise les relations de travail que dans l'intérêt exclusif des employeurs, les salariés étant comme d'habitude les laissés-pour-compte. L'inventivité

1. Cf. Chapitre 2, La prison institutionnelle : L'Union européenne.

2. Précédemment, la loi n° 2013-504 du 14 juin 2013 relative à « la sécurisation de l'emploi » avait notamment réduit les délais de prescription applicables (2 ans au lieu de 5 ans pour contester la rupture du contrat de travail, et 3 ans lieu de 5 ans pour les demandes en rappel de salaire) et la loi n° 2016-1088 du 8 août 2016 dite « El Khomri » avaient notamment étendu le périmètre des accords collectifs pouvant déroger à la loi en un sens défavorable aux salariés, notamment en matière de durée du travail.

de nos gouvernants pour faire avaler aux citoyens les pires couleuvres force l'admiration. Il faut savoir qu'auparavant, en cas de licenciement reconnu comme étant abusif (« sans cause réelle ni sérieuse » est la formule consacrée par le droit), un salarié qui justifiait d'une ancienneté d'au moins de 2 ans au sein d'une entreprise d'au moins 11 salariés percevait une indemnité minimale équivalente à 6 mois de salaire. Par l'effet de cette modification du Code du travail, le montant des dommages et intérêts alloués au salarié au titre de la perte de son emploi est désormais plafonné en fonction de son ancienneté. Il s'agit donc non plus d'un plancher d'indemnisation mais d'un plafond, ce qui emporte deux conséquences. La première est que le montant des dommages et intérêts susceptible d'être alloué est significativement diminué. Par exemple, et pour une ancienneté équivalente de 2 ans, l'indemnité allouée n'est plus de 6 mois de salaire au minimum mais de 3,5 mois de salaire au maximum ! La seconde est que l'employeur peut prévoir par avance le coût d'une éventuelle condamnation en justice. Autant dire que pour les salariés disposant d'une faible ancienneté, le risque d'être licencié sans aucun motif est désormais particulièrement élevé. Cela ne coûte plus très cher à l'entreprise, qui peut en outre prévoir à l'avance le montant maximal qu'elle aura à verser en cas de condamnation, laquelle intervient généralement un à cinq ans après la rupture du contrat. En définitive, cette réforme n'a nullement pour effet de protéger les employeurs qui respectent le Code du travail, puisqu'elles n'avantagent que ceux qui sont condamnés pour licenciement abusif. On cherche vainement la légitimité d'une telle modification de la législation, si ce n'est la volonté de renforcer les entreprises au préjudice des droits des salariés. Pour ce qui a trait aux principes d'équité et de loyauté dans les relations contractuelles, on peut passer son chemin. Le droit du travail n'est plus appréhendé comme un mode d'organisation des rapports professionnels en société mais comme l'une des variables d'ajustement de la politique économique.

Une mesure plus scélérate a été adoptée aux termes de l'ordonnance susvisée qui procède du même principe de flexibilisation du marché du travail : la modification du périmètre d'appréciation du motif économique du licenciement. C'est aussi simple à comprendre que scandaleux. Avant cette modification de la législation, la Cour de cassation (plus haute juridiction de l'ordre judiciaire) avait posé le principe que, en matière de licenciement pour motif économique au sein d'un groupe, les difficultés économiques invoquées par l'employeur devaient s'apprécier non pas au niveau des seules filiales présentes sur le territoire français, mais au niveau du groupe tout entier. Par exemple, une multinationale implantée en France, aux États-Unis et en Inde, pouvait procéder à des licenciements économiques en cas de résultats déficitaires à l'échelle du groupe. En revanche, si cette multinationale dégageait un bénéfice cumulé sur l'ensemble des territoires où elle exerçait son activité (France, États-Unis et Inde), des résultats déficitaires enregistrés uniquement en France ne permettaient pas de justifier d'un motif économique de licenciement. En pratique, cela n'empêchait que rarement les entreprises de délocaliser leurs activités lorsqu'elles le décidaient. Les salariés se trouvaient néanmoins en position de force pour négocier leurs indemnités de rupture, puisque pesait sur l'entreprise un fort risque de condamnation en justice en cas de procès prud'homal. La loi prévoit désormais que le motif économique s'apprécie au niveau des seules « entreprises du groupe [...] établies sur le territoire national ». Un groupe qui dégage des bénéfices colossaux au niveau du résultat consolidé de l'ensemble de ses filiales peut désormais procéder à des licenciements économiques en France si les résultats de ses filiales établies sur le territoire national sont déficitaires. Les flux financiers intra-groupe étant relativement opaques et difficiles à contrôler, un groupe peut désormais tout à fait décider de créer artificiellement du déficit sur ses filiales françaises au profit de ses filiales étrangères afin de justifier un licenciement pour motif économique à venir. Les salariés se retrouvent totalement démunis face à ce genre de pratique. De fait, la loi autorise désormais les délocalisations. Les représentants politiques étaient déjà prompts à arguer de leur impuissance à lutter contre les délocalisations, invoquant la globalisation de l'économie comme une fatalité. Ils ont désormais supprimé la seule et unique arme de négociation dont disposaient les salariés face à ce fléau. Il y a matière à être atterré par cette nouvelle expression chimiquement pure de la bêtise de nos dirigeants conduisant à la destruction de l'appareil productif français. Rien ne les arrête, pas même le bon sens.

e) L'explosion des « burn-out »

Flexibiliser le marché du travail en situation de chômage de masse est une politique qui a nécessairement pour effet de précariser les salariés. Comme l'avait analysé Karl Marx, les chômeurs constituent une « armée de réserve » pour le capital. Autrement dit, plus le nombre de chômeurs est élevé, plus la compétition au sein du marché de l'emploi fait rage, car, pour un actif, des dizaines de chômeurs sont à l'affût pour prendre sa place. Dans ce contexte, le rapport de force entre l'employeur et le salarié devient excessivement déséquilibré à l'avantage du premier, surtout si vous ouvrez la possibilité pour celui-ci de rompre le contrat de travail à moindres frais. Puisque le salarié est aisément remplaçable, il ne peut guère négocier son salaire ni ses conditions de travail. L'employeur peut lui imposer des cadences de plus en plus infernales et des objectifs de plus en plus élevés. Le salarié n'a pas d'autre choix que de se conformer aux exigences de son employeur sous peine de perdre son emploi, et de ne pas en retrouver un autre. Dans ce contexte, la démission n'est même plus un recours pour nombre de salariés, car elle est synonyme de chômage de longue durée avec toutes les conséquences financières et psychologiques qu'il comporte. La tension exercée par le chômage de masse sur les travailleurs ainsi que les politiques de libéralisation du marché du travail sont ainsi en grande partie à l'origine de l'explosion des cas de syndrome d'épuisement professionnel, ou « burn-out », ces dernières années. Le nombre de salariés victimes de syndrome réactionnel dépressif consécutif à leurs conditions de travail est en effet en constante augmentation. L'absentéisme, en particulier de longue durée, ne cesse ainsi de progresser depuis plusieurs années[1]. Les salariés souffrent de plus en plus au travail dans l'indifférence générale de nos gouvernants. Ces derniers, prompts à dénoncer le gaspillage de l'argent publique et à vouloir faire des économies, devraient pourtant comprendre que l'explosion des arrêts maladie entraîne une augmentation des dépenses de la Sécurité sociale et un coût faramineux pour les entreprises. Mais puisqu'ils raisonnent comme des comptables, ils sont incapables de regarder plus loin que le bout de leur nez.

f) Flexibilité ne rime pas avec sécurité

Il faut dire que les effets de ces politiques de libéralisation du droit du travail seraient moins désastreux si les gouvernants tenaient leurs promesses. Ceux-ci se réfugient souvent derrière le concept de « flexisécurité ». Le principe est le suivant : l'emploi n'est plus protégé par le droit du licenciement mais, en contrepartie, le salarié qui se retrouve au chômage est assuré de percevoir des revenus de remplacement (allocation chômage) d'un niveau confortable et pendant une durée suffisante pour lui permettre de retrouver un emploi, au besoin par une reconversion professionnelle. Selon les tenants de cette théorie, elle serait la plus adaptée à une économie mondialisée qui évolue très vite, détruit autant d'emplois qu'elle en crée, et nécessite ainsi une grande capacité d'adaptation de la main-d'œuvre. Mais la malchance doit systématiquement être au rendez-vous, car, si les dirigeants politiques s'appliquent à flexibiliser, ils oublient toujours le volet « sécurité ». Pire encore, ils s'appliquent à précariser les demandeurs d'emploi. On ne compte plus les réformes de l'assurance chômage qui ont toujours pour objet de renforcer le contrôle

1. +16 % d'augmentation du taux d'absentéisme entre 2014 et 2018 selon le rapport annuel du cabinet Gras Savoye Willis Towers Watson publié en 2019, qui identifie comme causes « les difficultés organisationnelles, la surcharge de travail et les difficultés relationnelles internes » ; voir aussi le 11e Baromètre de l'absentéisme et de l'engagement – étude réalisée par AG2R La Mondiale et Ayming-Kantar TNS de 2019.

des chômeurs et de réduire leurs indemnisations. La dernière en date est issue de la loi n° 2018-771 « pour la liberté de choisir son avenir professionnel » du 5 septembre 2018, dont le contenu correspond bien évidemment à l'exact contraire de son titre[1]. Outre la baisse du montant de l'indemnisation de l'allocation de retour à l'emploi (ARE) et le durcissement des conditions pour être bénéficiaire, la promesse du candidat Macron d'étendre le régime assurantiel aux salariés démissionnaires n'a pas été respectée. Si une dérogation au principe de non-indemnisation des salariés démissionnaires a été introduite, les conditions posées sont tellement strictes[2] que cette nouveauté s'avère sans aucun effet dans la pratique. Ceux qui voient la logique néolibérale à l'œuvre depuis des décennies n'ont pas été surpris, puisque, derrière le paravent de la flexisécurité, il s'agit en réalité toujours de précariser davantage salariés et chômeurs.

En définitive, le résultat des politiques de flexibilisation et de libéralisation du marché du travail est un échec cuisant. Nous avons analysé que le taux de chômage se situe depuis le milieu des années 1980 entre 8 % et 10 % (sauf rares et courtes périodes exceptionnelles en 2001-2002 et 2007-2008). À la fin de l'année 2019, le chômage se situait à 8,1 %[3], et la croissance était inférieure à celles des années 2018 et 2017. Non seulement les politiques conduites sont inefficaces sur le plan économique, mais elles sont en train de provoquer une explosion des arrêts maladie pour épuisement professionnel, et une augmentation du taux de pauvreté. Il serait temps que les gouvernants se réveillent de leur coma politique. Le chômage cause autant de souffrances

1. Nouvel exemple de novlangue.

2. Ce nouveau droit s'applique pour les démissions postérieures au 31 octobre 2019, sous réserve d'avoir exercé une activité salariée continue de 5 ans dans les 60 mois qui précédent la fin du contrat de travail, de poursuivre un projet réel et sérieux de reconversion professionnelle nécessitant le suivi d'une formation ou un projet de création d'entreprise, et d'avoir eu recours au dispositif du conseil en évolution professionnelle (CEP) préalablement à la rupture du contrat de travail. Le projet professionnel doit être validé par une commission paritaire interprofessionnelle régionale (CPIR).

3. Source Insee.

humaines qu'il constitue un gouffre financier pour le pays. Et ce n'est pas en remplaçant le chômage par la précarité que la France se redressera. Disons-le sans détour : la politique économique conduite depuis plusieurs décennies par la classe dirigeante est stupide et désastreuse.

En conclusion de ce premier chapitre, il faut retenir qu'il n'y a aucune fatalité économique. Les difficultés et les injustices que nous vivons au quotidien – augmentation des prix (en particulier pour le logement ou l'énergie), disparition des services publics, mal-être au travail, voire dépressions, pertes d'emplois, découverts bancaires, chômage de longue durée, etc. – sont toutes le fruit de décisions prises par les dirigeants politiques. Or, il ne faut pas commettre l'erreur de penser que les gouvernants sont des personnes très compétentes en économie et qu'elles font de leur mieux pour prendre les meilleures décisions possible pour servir le bien commun. Derrière le vocabulaire technique et inutilement sophistiqué qu'ils emploient, ils dissimulent en réalité une profonde ignorance des mécanismes économiques et ne font que répéter bêtement des idées reçues. Ce sont des automates qui se donnent des airs importants mais qui n'en savent finalement pas beaucoup plus que nous. Et pourtant, c'est censé être leur métier ! Pour preuve, cela fait quarante ans qu'ils appliquent les mêmes solutions pour des résultats toujours plus catastrophiques. Et malgré cela, ils sont incapables de changer de logiciel.

Compte tenu de la baisse du niveau de vie qui progresse dans la société, il nous faut changer de paradigme, nous libérer de l'idéologie dominante. Il nous faut sortir de la prison des esprits. C'est possible ! Il est possible de faire prévaloir les principes de justice et d'équité. Il est possible de replacer l'humain au cœur des politiques économiques. Il est possible d'organiser la société selon des principes de coopération et de sollidarité plutôt de la livrer à la concurrence sauvage et à l'individualisme. Il faudrait pour cela redonner toute sa place à l'intervention de l'État dans l'économie et assumer son rôle de régulateur, d'encadrement et de protection. Aucune norme économique ne s'y oppose. Tout cela n'est qu'une question de choix politiques et dépend des règles que nous décidons de nous donner pour vivre ensemble. Se pose néanmoins un obstacle politique de taille. S'il n'est nullement infranchissable, il implique une réflexion sur une question sensible qui fait autant appel à nos capacités de réflexion qu'à nos attachements affectifs à certains symboles. En pratique, il faut savoir qu'un changement de trajectoire politique est impossible à réaliser tant que la France sera soumise aux traités actuels de l'Union européenne. Les règles de fonctionnement de l'euro et le marché unique européen consacrant le principe du libre-échange interdisent tout changement de direction en matière de politique économique. C'est la prison institutionnelle.

CHAPITRE 2
La prison institutionnelle : l'Union européenne

Le système néolibéral

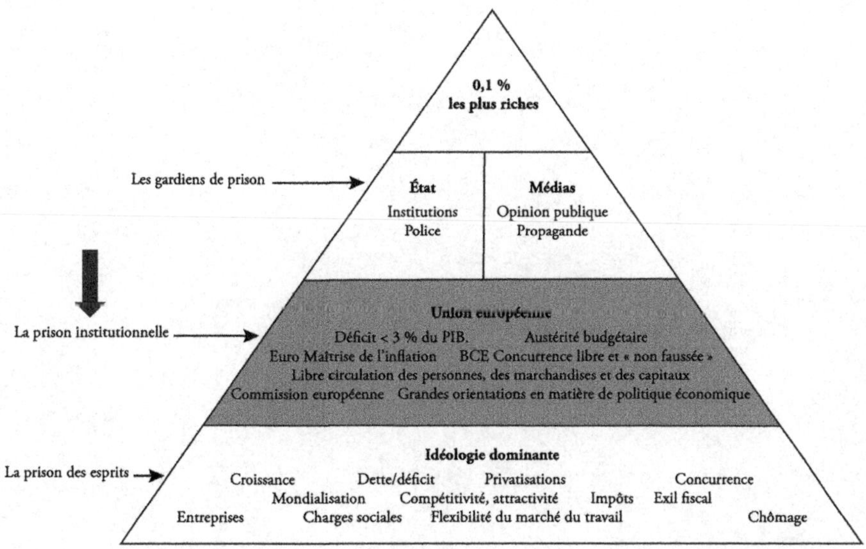

2.1.

L'euro : par ici la monnaie !

« (...) ce qu'on nous demande d'abandonner, pour atteindre la prospérité, ce n'est pas seulement le droit de battre monnaie, c'est la possibilité de conduire une politique économique qui nous soit propre. »

Philippe Séguin

S'il est bien un sujet essentiel mais largement méconnu d'une majorité de citoyens, c'est celui de la monnaie et de son fonctionnement. Les représentants politiques – quoique peu d'entre eux soient connaisseurs du sujet – en profitent pour user et abuser d'arguments d'autorité. Depuis l'instauration de l'euro le 1er janvier 2002 en application du traité de Maastricht du 7 janvier 1992, l'ensemble des partis politiques de gouvernement et la plupart des partis d'opposition s'appliquent à défendre la monnaie unique européenne. Plutôt que de s'embarrasser à justifier l'efficacité et la pertinence de l'euro au prix d'un arbitrage entre ses avantages et ses inconvénients, ils utilisent tous en chœur et depuis des années la même expression (ou ses dérivés) : « Sortir de l'euro, ce serait le chaos ». Il n'est pas étonnant dans ces conditions que les citoyens français aient peur en ce domaine, puisque c'est précisément l'effet recherché. Faire peur pour empêcher les citoyens de réfléchir. Il faut dire aussi que les partisans de l'euro ont réussi à imposer dans l'esprit de nombre de citoyens le seul et unique avantage de l'euro : il permet de voyager au sein de la zone euro sans avoir à faire le change. C'est incontestablement une commodité appréciable. Cet avantage fait-il néanmoins le poids face à tous les inconvénients de l'euro ? Et si l'euro était au moins pour partie responsable de la baisse du pouvoir d'achat et de la dégradation des services publics tels que les hôpitaux, les écoles, la justice et la police ? Et s'il était l'une des causes à l'origine du chômage de masse, de la stagnation des salaires, des politiques de réduction des dépenses publiques et de l'inflation immobilière ? Il y a fort à parier que si un tel constat était établi, les citoyens seraient soudainement moins convaincus par les bienfaits de l'euro… La stratégie de la peur et celle de la dissimulation des effets négatifs de l'euro ont été utilisées par les « élites » de notre pays pour faire accepter la monnaie unique aux citoyens français, alors même que celle-ci agit manifestement contre leurs intérêts. Ces stratégies ont parfaitement fonctionné, puisque près de trois quarts des Français se déclarent contre un abandon de l'euro selon un sondage IFOP réalisé en 2017[1]. Par la faute de ses dirigeants, la société française est bloquée, car aucune politique économique alternative n'est possible dans le cadre de l'euro. Avant d'entamer l'analyse, il faut revenir sur quelques mécanismes généraux du fonctionnement de la monnaie.

a) La monnaie : un instrument essentiel de la politique économique

La monnaie est l'instrument que les citoyens décident collectivement d'utiliser pour permettre les transactions entre acteurs économiques (particuliers, entreprises, institutions publiques). S'agissant d'une décision politique, une monnaie est par essence liée à une nation, puisque c'est traditionnellement à cette échelle que les délibérations collectives à caractère normatif s'opèrent. Chaque État dispose donc en principe de sa propre monnaie. Cela

1. « Sondage : les Français hostiles à une sortie de l'euro », *Le Figaro*, 24 mars 2017.

crée une solidarité – au sens juridique – entre tous les citoyens d'une même nation. En effet, la valeur d'une monnaie dépend fondamentalement de la confiance que l'on accorde à un pays : niveau de richesse, stabilité politique, croissance économique et puissance géopolitique. Dans l'économie globalisée, la concurrence fait rage et les monnaies n'échappent pas à la règle. La valeur des monnaies suit en effet la loi de l'offre et de la demande depuis que les taux de change sont devenus flottants en 1971 avec la fin des accords de Bretton Woods. Autrement dit, la monnaie est devenue une marchandise comme une autre. Elle ne cesse par conséquent de fluctuer selon les performances économiques de chaque État. Il en résulte que tous les utilisateurs d'une même monnaie sont dans le même bateau, condamnés à un destin commun.

Inflation et pouvoir d'achat : comment ça fonctionne ?

La valeur d'une monnaie influe directement sur le pouvoir d'achat des citoyens. Plus elle est élevée, plus les prix des biens sont bas. Si un pays voit sa situation économique et politique se dégrader – il produit par exemple moins de richesse, donc son PIB est en baisse –, sa monnaie risque de se déprécier, avec pour conséquence un appauvrissement généralisé des citoyens du pays considéré. C'est ce que l'on appelle l'inflation.

Sur le plan théorique, l'inflation peut résulter de deux phénomènes : soit une perte de richesse matérielle, soit une augmentation de la masse monétaire. Pour bien comprendre le mécanisme de l'inflation, précisons ce qui se produit dans chacune de ces deux hypothèses.

1re hypothèse : inflation causée par une perte de richesse matérielle. Prenons un exemple théorique. Considérons qu'une économie est composée au total de 5 maisons, 30 voitures et 200 ordinateurs. Supposons que le total de la monnaie en circulation est de 1 000 pièces. La loi de l'offre et la demande aboutit à donner à chacun de ces biens les valeurs suivantes : chaque maison vaut 100 pièces, chaque voiture vaut 10 pièces et chaque ordinateur vaut 1 pièce. La valeur totale des biens est bien de

1 000 pièces (5 × 100 + 30 × 10 + 200 × 1 = 1 000). Supposons maintenant que la moitié de toutes les voitures et des ordinateurs tombent hors service du jour au lendemain. Il ne reste donc plus que 15 voitures au lieu de 30, et 100 ordinateurs au lieu de 200. Le volume de monnaie en circulation demeurant identique, la valeur des biens restants va donc être modifiée par la loi de l'offre et de la demande. Le marché de l'immobilier n'a pas été affecté en sorte que les prix restent stables. En revanche, une voiture vaut désormais 20 pièces au lieu de 10 et un ordinateur 2 pièces au lieu d'une. Le total des biens équivaut toujours à 1 000 pièces (5 × 100 + 15 × 20 + 100 × 2). On constate une inflation, car les prix de certains biens ont augmenté. En raison de l'inflation, les citoyens se sont donc appauvris alors même que leur compte en banque n'a pas varié d'un centime.

2de hypothèse : inflation causée par une augmentation de la masse monétaire. Il y a plus de monnaie, mais la richesse matérielle reste inchangée. La loi de l'offre et de la demande va se charger de déprécier la valeur de la monnaie elle-même. Les biens produits par les économies étrangères vont coûter plus cher. Le pouvoir d'achat des citoyens sera diminué pour tous les produits importés de l'étranger.

Retenons deux principes importants. D'une part, il y a inflation chaque fois que la masse monétaire en circulation varie à la hausse par rapport à la richesse matérielle, soit parce que la richesse matérielle diminue (1re hypothèse), soit parce que la masse monétaire augmente (2de hypothèse). D'autre part, l'inflation produit par principe une perte de pouvoir d'achat pour les citoyens.

Les échanges commerciaux : monnaie forte ou faible ?

La valeur d'une monnaie est principalement indexée sur la compétitivité de son économie, qui elle-même dépend essentiellement de la place qu'elle occupe dans les échanges commerciaux internationaux.

Il faut savoir qu'une entreprise qui exporte ses fabrications à l'étranger exige d'être réglée dans sa monnaie nationale. Les achats de produits étrangers s'opèrent donc dans la devise du pays exportateur. Cela signifie par exemple que si une entreprise française souhaite commercialiser un produit fabriqué par une entreprise américaine, elle devra acheter celui-ci en dollars. Par conséquent, plus un produit est demandé, plus la monnaie du pays qui le fabrique verra sa valeur augmenter. Un pays qui produit des biens qui sont très demandés soit en raison de leur qualité, soit en raison de leur coût attractif, génère des exportations. S'il exporte plus de produits qu'il en importe, sa balance commerciale est positive. Un pays dont la balance commerciale est positive renforce ainsi la valeur de sa monnaie.

Il faut préciser que la valeur de la monnaie affecte réciproquement les échanges commerciaux internationaux. Une monnaie forte a pour effet de diminuer le prix des importations et de pénaliser les exportations. À l'inverse, une monnaie faible favorise les exportations et pénalise les importations. Les pays très compétitifs économiquement car leur balance commerciale est positive courent le risque de voir diminuer le volume de leurs exportations si leur monnaie devient excessivement forte par rapport aux autres monnaies. C'est pour cette raison que certains pays essaient de dévaluer leur monnaie pour soutenir leurs exportations. C'est par exemple le cas de la Chine, qui sous-évalue sa monnaie (le yuan) en achetant massivement des dollars américains.

À ce stade, il est primordial de retenir que la monnaie est un élément essentiel du fonctionnement de l'économie. La valeur d'une monnaie agit directement sur l'inflation ainsi que sur la balance commerciale. Le défi de toute politique monétaire d'un État consiste à maîtriser l'inflation afin de maintenir des prix bas pour préserver le pouvoir d'achat des citoyens tout en favorisant ses exportations pour maintenir sa compétitivité économique. Pour réaliser ses objectifs, il faut donc une monnaie forte, mais pas trop. Un État doit donc être à la recherche permanente du juste équilibre quant à la valeur de sa monnaie. Imaginez que l'économie d'un pays soit une baignoire et l'eau qu'elle contient la monnaie en circulation : l'objectif est que la baignoire soit remplie à ras bord, pas moins, sinon c'est insuffisant, pas plus, sinon elle déborde.

Qui crée la monnaie ?

Il faut savoir que la monnaie matérielle (pièces et billets) que l'on appelle « fiduciaire » est créée par les banques centrales et ne représente que 9 % de la masse de monnaie en circulation dans la zone euro. Tout le reste de la monnaie, soit 91 %, est uniquement constituée par les écritures sur les comptes bancaires : c'est la monnaie dite « scripturale » qui est créée par les banques commerciales par l'octroi de crédits aux particuliers ou aux entreprises. Puisque 9 euros sur 10 qui sont en circulation proviennent du crédit, analysons le fonctionnement de ce mécanisme que l'on nomme aussi la « création monétaire ». Les effets d'un crédit sont connus : une somme d'argent déterminée est prêtée par un établissement financier à un emprunteur, lequel pourra disposer de cet argent frais, en contrepartie de quoi il devra rembourser le montant du capital emprunté selon une durée précise et s'acquitter des intérêts qui constituent la rémunération du banquier. Mais comment fonctionne le mécanisme du crédit en amont ? Autrement dit, d'où vient l'argent que prête la banque ?

Une légende urbaine voudrait que la banque utilise les sommes placées en dépôt sur ses comptes par les épargnants pour octroyer des crédits à d'autres clients. Le principe pourrait alors se résumer ainsi : « les dépôts font les crédits ». Or, ceci est totalement faux et le principe est communément admis que ce sont les crédits qui font les dépôts. En d'autres termes, lorsque la banque accorde un crédit, elle prête de l'argent qui n'existe pas. La banque crée l'argent de toutes pièces au moment où elle accorde un prêt. Le banquier enregistre une nouvelle somme d'argent sur le compte en banque de l'emprunteur. Il n'y a eu aucun transfert d'un compte à un autre. Du côté de la banque, un titre de dette a été créé qui oblige l'emprunteur à rembourser le montant en capital avec intérêts. Du côté de l'emprunteur, c'est une sorte d'avance en trésorerie. Dans la mesure où aucune valeur réelle ou matérielle n'a été créée au moment de l'octroi du crédit, cette injection d'argent dans l'économie a vocation à produire de l'inflation. La richesse matérielle va être créée par l'activité professionnelle de l'emprunteur qui, au fur et à mesure du remboursement du prêt, vient annuler la dette qu'il a contractée à l'égard de la banque. Lorsque le crédit a été intégralement remboursé, la dette n'existe plus. Les banques ne peuvent néanmoins pas prêter de manière illimitée, car leur capacité à octroyer des crédits est limitée par différents instruments normatifs (taux directeurs des banques centrales[1], taux de réserves obligatoires, ratios fixés par le Comité de Bâle). La monnaie scripturale provient donc des crédits accordés par les banques commerciales. En d'autres termes, l'argent enregistré sur votre compte en banque constitue, quelque part dans le monde, une dette qu'un particulier ou une entreprise a contracté vis-à-vis d'une banque commerciale. Les banques commerciales sont au cœur du fonctionnement de l'économie mondiale puisque repose sur elles l'accès au financement. Une question peut se poser. Si la banque prête de l'argent qu'elle ne détient pas dans ses coffres et qu'elle le crée purement et simplement, pourquoi est-elle la seule à pouvoir le faire ? La réponse est simple : les États ont décidé de confier le pouvoir de la création monétaire aux banques commerciales (monnaie immatérielle appelée « scripturale ») et aux banques centrales (monnaie matérielle dite appelée « fiduciaire »). Autrement dit, la capacité de la banque à créer de la monnaie provient ni plus ni moins d'une délégation de pouvoir qui lui est accordée par l'État. Si cela n'a rien de nouveau pour ce qui concerne le financement des particuliers et des entreprises, une évolution notable est intervenue au cours des dernières décennies s'agissant du financement de l'État lui-même.

1. Une banque centrale agit sur les taux directeurs qui déterminent les taux d'intérêt appliqués par les banques privées dans le cadre des crédits qu'elles octroient. Des taux directeurs élevés génèrent des taux d'intérêt qui le sont aussi et qui par conséquent font baisser les demandes de crédits de la part des particuliers ou des entreprises. À l'inverse, des taux directeurs bas génèrent des taux d'intérêt attractifs, ce qui entraîne une augmentation de la demande en crédits. Les taux directeurs constituent ainsi un moyen de réguler la masse monétaire en circulation.

Le financement de l'État : planche à billets ou marchés financiers ?

Dans la période des Trente Glorieuses (période de forte croissance économique et d'augmentation du niveau de vie pour les pays développés entre 1946 et 1975), l'État français n'avait pas totalement abandonné le pouvoir de création monétaire aux banques privées. Il avait conservé la capacité d'émettre par lui-même de la monnaie via le « circuit du Trésor ». C'est ce que l'on appelle trivialement « la planche à billets ». Une différence de taille est à relever entre un crédit émis par un État via sa banque centrale et celui émis par une banque privée. Dans le premier cas, l'État emprunte pour lui-même sans intérêt, c'est-à-dire gratuitement. Dans le second cas, la banque applique nécessairement un taux d'intérêt au crédit qu'elle octroie en sorte que le prêt accordé présente un coût pour l'emprunteur.

À compter de l'année 1993, l'État français s'est dessaisi de sa capacité de création monétaire pour préparer l'instauration à venir de l'euro en sorte qu'il s'est obligé à se financer exclusivement auprès des établissements financiers privés. L'impossibilité pour l'État français de se financer par lui-même a ensuite été sanctuarisée dans le cadre de la construction européenne. L'instauration de l'euro a conduit les États adoptant la monnaie unique à se fixer des règles communes. L'article 123 du Traité sur le fonctionnement de l'Union européenne (TFUE) dispose qu'il est interdit à la Banque centrale européenne (BCE) et aux banques centrales des États membres d'accorder des découverts ou tout autre type de crédit aux États membres de l'UE. Aujourd'hui, l'utilisation de la planche à billets est donc interdite par les traités européens. L'argument systématiquement utilisé pour justifier cette interdiction est d'arguer que l'utilisation de la planche à billets crée de l'inflation avec le risque d'un effondrement du pouvoir d'achat des citoyens. Il est vrai que, dans le système actuel, le financement des États ne repose plus sur la création monétaire. Ces derniers émettent des obligations que les établissements financiers souscrivent en utilisant des fonds existants, notamment l'épargne des ménages contenue principalement dans l'assurance vie. Ce système de financement propre aux États permet d'éviter tout effet inflationniste. Si cet avantage n'est pas contestable, c'est un maigre lot de consolation comparé aux effets dévastateurs de l'euro sur l'économie française.

b) L'euro : le boulet de l'économie française

Une monnaie est par essence intrinsèquement liée à une nation, car elle crée une solidarité entre ses citoyens. Les créateurs de l'euro qui ne cessent de fantasmer une Union européenne fédérale ont réussi l'exploit d'ignorer ce principe pourtant fondamental en imposant une monnaie unique à douze nations différentes. Pour les économistes aguerris, le résultat était connu d'avance. L'économiste américain Milton Friedman, fondateur de l'école de Chicago, qui a très largement promu le néolibéralisme, avait par exemple anticipé que l'euro serait « une grande source de problèmes ». Il prédisait que « la possibilité plus vraisemblable est qu'il y aura des chocs asymétriques frappant les différents pays. Cela signifiera que le seul mécanisme d'ajustement dont ils pourront se satisfaire sera budgétaire et fiscal, avec du chômage : pression sur les salaires, pressions sur les prix ». La catastrophe annoncée a bien eu lieu. L'euro est un fiasco.

Ce désastre monétaire est diagnostiqué par nombre d'économistes et intellectuels français : Thomas Piketty, Emmanuel Todd, Thomas Porcher, Jacques Sapir, Henri Sterdyniak, Christophe Rameaux, David Cayla, Coralie Delaume, Frédéric Lordon, Jacques Généreux, Daniel Cohen… la liste est longue. Outre-Atlantique, l'échec de l'euro est un fait très largement admis. Paul Krugman, prix Nobel d'économie, a analysé les causes profondes de l'échec de l'euro dans son livre paru en 2012 *Sortez-nous de cette crise… maintenant!*. Joseph Stiglitz, prix Nobel d'économie, a publié en 2016 un ouvrage dont le titre est sans équivoque : *L'Euro. Comment la monnaie unique menace l'avenir de l'Europe*. Son analyse est sans concessions : l'euro est responsable des principaux maux dont souffre aujourd'hui la zone monétaire européenne et conduira, si rien ne change, les pays membres dans l'impasse. Au terme d'un interview qu'il accordait au *Monde* lors de la sortie du livre, il résumait son diagnostic ainsi : « Les malfaçons de la monnaie unique remontent à sa création. En 1992, les Européens ont imaginé qu'une union monétaire, où les pays ne seraient plus en mesure d'ajuster leurs économies par les taux de change et les taux d'intérêt, fonctionnerait néanmoins tant que les gouvernements maîtriseraient leurs finances publiques et que l'inflation serait sous contrôle. Ils ont donc instauré des règles budgétaires strictes et une banque centrale veillant sur les prix. Ils imaginaient que le marché corrigerait les autres déséquilibres. Ils avaient tort. L'euro n'a pas apporté la prospérité promise, mais la division et la divergence. Pire, il a aggravé les choses lorsque la crise a frappé[1] ». Et pourtant, malgré les analyses précises et argumentées d'économistes mondialement réputés sur l'échec de l'euro, les « élites » françaises s'évertuent à défendre la monnaie unique. Pour elles, l'euro n'est plus un instrument économique, c'est un totem. L'un des symboles du « rêve européen ». Il faut sauver le soldat euro, quitte à sacrifier les intérêts des peuples.

La création de l'euro : une fausse bonne idée

Il faut revenir succinctement sur le contexte historique qui a présidé à l'instauration de l'euro. Depuis que les États-Unis et leur président Nixon ont décidé en 1971 de mettre fin à la convertibilité du dollar en or prévue jusqu'alors par les accords de Bretton Woods, les taux de change sont devenus flottants. L'effet produit par cette décision unilatérale des Américains a été dévastateur pour la stabilité de l'économie mondiale. Du jour au lendemain, la valeur des monnaies qui étaient jusqu'alors stables car fondée sur une unité de référence (le dollar, lui-même basé sur l'étalon or) s'est retrouvée soumise à la loi de l'offre et de la demande, et

1. Charrel M., « Joseph Stiglitz : "L'euro n'a pas apporté la prospérité promise" », *Le Monde*, 12 septembre 2016.

à la spéculation des marchés financiers. Motivées par la recherche du profit, les attaques spéculatives des acteurs financiers pouvaient désormais déstabiliser l'économie d'un pays tout entier. En réaction, les pays européens ont créé des systèmes d'alliance pour atténuer la volatilité de leurs monnaies respectives. Ils adoptèrent le mécanisme du Serpent monétaire européen de 1972 à 1978, puis le Système monétaire européen de 1979 à 1993, qui s'avéreront l'un et l'autre incapables de stabiliser durablement le cours des monnaies des pays européens. C'est en réponse à ces échecs que l'euro a été créé. Si ce n'est que, en ayant pour objectif de régler un problème, l'euro en a créé un gigantesque. Le mieux est parfois l'ennemi du bien.

Une monnaie unique antidémocratique

Les gouvernants se gardent bien d'expliquer aux citoyens que l'instauration de la monnaie unique a anéanti la capacité d'action des États membres en matière de politique monétaire. Les États membres de la zone euro n'exercent en effet aucun contrôle sur la politique monétaire de la BCE en vertu des dispositions de l'article 130 du TFUE[1]. C'est la raison pour laquelle la BCE est dite indépendante. Disposant d'une parfaite autonomie dans l'exercice de ses fonctions, la seule et unique mission confiée à la Banque centrale européenne consiste à « maintenir la stabilité des prix » ou, autrement dit, à lutter contre l'inflation. Or, si la gestion de la monnaie doit prendre en considération la lutte contre l'inflation pour préserver le pouvoir d'achat des citoyens, elle doit également tenir compte des besoins de financement de l'activité économique, qui elle-même détermine en grande partie la création d'emplois.

1. L'article 130 du TFUE prévoit que dans l'exercice des pouvoirs et dans l'accomplissement des missions et des devoirs qui leur ont été conférés, ni la Banque centrale européenne, ni une banque centrale nationale, ni un membre quelconque de leurs organes de décision ne peuvent solliciter ni accepter des instructions des États membres, lesquels s'engagent à respecter ce principe et à ne pas chercher à influencer les membres des organes de décision de la BCE ou des banques centrales nationales.

Il est vrai que la croissance de la zone euro est tellement faible depuis plusieurs années que la BCE a baissé au maximum ses taux directeurs pour tenter de soutenir l'activité économique, en vain. Il n'en demeure pas moins que les peuples sont totalement dépossédés de tout pouvoir d'intervention en la matière. En transférant la souveraineté monétaire au niveau des instances européennes, les États membres ont abandonné les capacités de régulation économique fondées sur la gestion des taux de change et des taux d'intérêt. Auparavant, chaque nation disposait de sa propre monnaie et pouvait en particulier décider de la dévaluer pour retrouver sa compétitivité économique. Ce levier est impossible à actionner dans le cadre de l'euro. Les États ne disposent pas non plus des moyens d'orienter les crédits alloués par les banques commerciales vers des secteurs d'activité ciblés (transition écologique ou innovation technologique par exemple). Il n'est pas acceptable que des arbitrages aussi essentiels soient retirés de la sphère démocratique et confiés à des institutions technocratiques libérées de tout contrôle des citoyens. L'abandon pur et simple de toute souveraineté monétaire par les États est anti-démocratique.

En outre, l'interdiction du financement des États auprès de la BCE accroît leur soumission aux marchés financiers et aux agences de notation. Si l'État édicte des lois ou prend des décisions qui ne vont pas dans le sens des intérêts des acteurs financiers qui sont ses créanciers, ces derniers sont en effet susceptibles soit de relever les taux d'intérêt, soit de ne plus lui prêter du tout. En somme, l'État ne peut prendre le risque aujourd'hui de froisser ses prêteurs financiers au risque d'alourdir la charge de sa dette (c'est-à-dire le montant des intérêts dont il doit s'acquitter au titre des prêts qu'il contracte), ou de ne plus avoir accès du tout au financement, ce qui paralyserait instantanément son fonctionnement ! Imaginez que l'État se retrouve soudainement dans l'incapacité de payer ses fonctionnaires, enseignants, pompiers, magistrats… Dans le système économique mondialisé d'aujourd'hui, les États sont en grande partie soumis aux marchés financiers. Loin de résoudre ce problème, l'euro l'a aggravé. L'ancien haut-commissaire européen au Budget, Günther Oettinger, en a expressément fait l'aveu lors de l'arrivée au pouvoir de la Ligue du Nord et du Mouvement cinq étoiles en Italie en 2018 qui devait annoncer un changement de politique économique en rupture avec les principes prônés par l'Union européenne, dont un possible retour à une monnaie nationale. Le haut-commissaire allemand d'alors s'était fendu d'une déclaration fracassante : « Les marchés vont apprendre aux italiens à bien voter »[1]. En d'autres termes, les marchés financiers font la loi et les démocraties doivent s'y soumettre.

Les critères de convergence : l'austérité quoi qu'il en coûte

En adoptant une monnaie unique, les États se sont enchaînés les uns aux autres. Dès lors, le risque majeur était de voir naître d'importants déséquilibres économiques entre États membres (dits « chocs asymétriques » en sciences économiques) mettant en péril à terme la viabilité de l'euro. Pour éviter ce risque, les États se sont dotés d'un cadre institutionnel commun visant à coordonner les politiques économiques conduites au sein de la zone euro. Ce sont les « critères de convergence » nés du traité de Maastricht.

Les États se sont engagés à ce que le déficit de leur budget annuel ne puisse excéder 3 % de leur PIB[2]. En cas d'infraction à cette règle, la Commission européenne a le pouvoir d'infliger des sanctions pécuniaires à l'État « délinquant ». Il est important de préciser que le chiffre de 3 % ne résulte d'aucune théorie économique mais est le fruit d'une négociation entre les États membres. Une telle règle est une aberration économique au moins pour deux raisons. Premièrement, cette norme présentée comme une garantie de saine gestion budgétaire autorise les États à fixer des budgets déficitaires. Certes, le déficit doit être limité à 3 % du PIB. Il n'en demeure pas moins qu'un État a droit chaque année de dépenser

1. « "Les marchés vont leur apprendre à bien voter" : la phrase qui enflamme l'Italie », *L'Obs*, 30 mai 2018.

2. Article 126 du TFUE. Par exemple, le PIB français s'établit à 2 427 milliards d'euros en 2019, en sorte que le déficit autorisé est (en principe) limité à 72,81 milliards d'euros.

plus que le montant de ses recettes. Cette norme autorise donc les États membres à augmenter chaque année le montant total de leur dette publique. Si l'on voulait vraiment s'assurer que les États stabilisent le niveau de leur dette publique, il aurait semblé plus évident d'interdire purement et simplement tout budget en déficit. Les brillants esprits technocratiques européistes ont préféré adopter une autre norme en complément qui limitait le niveau d'endettement autorisé d'un État à 60 % de son PIB. Or, celui-ci a volé en éclats à la suite de la crise économique de 2008 lorsque les États ont été contraints de venir au secours des banques pour sauver le système financier mondial. Car, et c'est la seconde raison, il est absurde de tenter d'appliquer des critères comptables stricts en matière économique sans aucune prise en compte de la situation réelle du pays concerné, et en premier lieu son niveau de chômage structurel. Une politique économique doit avant tout être déterminée en fonction des effets qu'elle produit en matière d'investissements, de création d'emplois, de niveau des salaires, et non de normes comptables abstraites déconnectées de la réalité. Les économistes sont nombreux à soutenir que les politiques d'austérité ne doivent être conduites que lorsque l'économie est en phase expansionniste, mais certainement pas lorsque celle-ci est moribonde. Cela est logique, puisque la dépense publique permet de soutenir l'activité économique. Dans un pays qui compte 6 millions de chômeurs, la priorité ne doit donc pas consister à respecter une norme comptable, mais elle doit être de soutenir l'activité économique pour créer des emplois. Et tant pis si cela implique de générer pendant quelques années un déficit de 4 ou 5 % du PIB. Encore faut-il adopter une vision à long terme et, surtout, que l'argent public soit bien investi et non gaspillé. Sauf que, au-delà des critères comptables, les États ne sont même plus maîtres de leurs orientations économiques.

Les GOPE : les États aux ordres de la Commission

La politique économique des États membres est essentiellement dictée par la Commission européenne. Chaque année, l'instance bruxelloise adresse ses recommandations à chacun des

États membres quant aux réformes à entreprendre au moyen des grandes orientations de politique économique (GOPE). Ces « recommandations », qui s'apparentent plus à des injonctions, concernent des domaines très (très) étendus : niveau de dépense publique autorisé, impôts, marché du travail, système d'assurance chômage, régimes des retraites, professions règlementées…

Analysons succinctement les GOPE 2016 et 2019 de la France. Aux termes des GOPE 2016, la Commission « RECOMMANDE que la France s'attache, au cours de la période 2016-2017, à :

> 1. assurer une **correction durable du déficit excessif** en 2017 au plus tard en prenant les mesures structurelles requises et en consacrant toutes les recettes exceptionnelles à la **réduction du déficit et de la dette** ; préciser les réductions de dépenses prévues pour les années à venir et accentuer les efforts pour accroître le montant des économies générées par les revues de dépenses, y compris en ce qui concerne les dépenses des collectivités locales, d'ici la fin de l'année 2016 ; renforcer les évaluations indépendantes des politiques publiques afin de **recenser des gains d'efficacité dans tous les sous-secteurs des administrations publiques** ;
> 2. veiller à ce que les **réductions du coût du travail** soient pérennisées et que les **évolutions du salaire minimum soient compatibles avec la création d'emplois et la compétitivité** ; **réformer le droit du travail pour inciter davantage les employeurs à embaucher en contrats à durée indéterminée** ;
> 3. renforcer les liens entre le secteur de l'éducation et le marché du travail, notamment par une **réforme du système d'apprentissage et de la formation professionnelle** qui mette l'accent sur les personnes peu qualifiées ; d'ici la fin de l'année 2016, **entreprendre une réforme du système d'assurance chômage afin d'en rétablir la soutenabilité budgétaire et d'encourager davantage le retour au travail** ;
> 4. éliminer les obstacles à l'activité dans le secteur des services, en particulier dans les services aux entreprises et les professions réglementées ; prendre des mesures pour simplifier les

programmes publics d'innovation et en améliorer l'efficacité; d'ici la fin de l'année 2016, approfondir la réforme des critères de taille réglementaires qui freinent la croissance des entreprises et continuer à simplifier les règles administratives, fiscales et comptables applicables aux entreprises en poursuivant le programme de simplification;
5. prendre des mesures visant à **réduire les impôts sur la production** et **le taux nominal de l'impôt sur les sociétés**, tout en élargissant la base d'imposition sur la consommation, notamment en ce qui concerne la TVA; supprimer les dépenses fiscales inefficaces, supprimer les impôts dont le rendement est nul ou faible et **adopter la réforme concernant la retenue à la source de l'impôt sur le revenu des personnes physiques d'ici la fin de l'année 2016**».

Aux termes des GOPE 2019, la Commission «RECOMMANDE que la France s'attache, au cours de la période 2019-2020, à:

1. veiller à ce que le taux de croissance nominale des dépenses primaires nettes ne dépasse pas 1,2 % en 2020, ce qui correspondrait à un ajustement annuel de 0,6 % du PIB; à utiliser les **recettes exceptionnelles pour accélérer la réduction du ratio de la dette publique; à réduire les dépenses et à réaliser des gains d'efficacité dans tous les sous-secteurs des administrations publiques**, notamment en précisant pleinement les mesures concrètes nécessaires dans le contexte du programme Action publique 2022 et en surveillant étroitement la mise en œuvre de ces mesures; à **réformer le système de retraite pour uniformiser progressivement les règles des différents régimes de retraite, en vue de renforcer l'équité et la soutenabilité de ces régimes**;
2. à **favoriser l'intégration de tous les demandeurs d'emploi sur le marché du travail**, à garantir l'égalité des chances, en mettant particulièrement l'accent sur les groupes vulnérables, notamment les personnes issues de l'immigration, et à remédier aux pénuries et aux inadéquations de compétences;

3. à axer la politique économique en matière d'investissements sur la recherche et l'innovation (tout en améliorant l'efficacité des dispositifs d'aide publique, dont les systèmes de transfert de connaissances), sur les énergies renouvelables, l'efficacité énergétique et les interconnexions avec le reste de l'Union, ainsi que sur l'infrastructure numérique, en tenant compte des disparités territoriales ;
4. à poursuivre la simplification du système d'imposition, notamment en limitant le recours aux dépenses fiscales, en continuant de supprimer les impôts inefficaces et **en réduisant les impôts sur la production** ; à réduire les restrictions réglementaires, notamment dans le secteur des services, et à mettre pleinement en œuvre les mesures visant à stimuler la croissance des entreprises ».

Le constat est édifiant : la Commission européenne décide et nos dirigeants s'exécutent. Les GOPE font ressortir les instructions constantes de Bruxelles qui consistent principalement à recommander à la France de réduire ses dépenses publiques pour corriger le déficit et la dette publique, et de baisser les impôts, en particulier sur la production, pour améliorer la compétitivité des entreprises. On relève par ailleurs des « recommandations » plus ponctuelles qui ont toutes été docilement appliquées par les gouvernants français : réforme du droit du travail facilitant les licenciements[1], pérennisation du CICE pour réduire le coût du travail[2], non-revalorisation du Smic, réforme du système d'apprentissage et de formation professionnelle[3], réforme de l'assurance chômage[4], réforme du système de retraites pour uniformiser les régimes[5]… Toutes ces réformes ont été votées entre 2016 et 2020. Derrière

1. Loi « travail » suivant les cinq ordonnances du 22 septembre 2017.
2. Loi de finances de 2018.
3. Loi « avenir professionnel » n° 2018-771 du 5 septembre 2018.
4. Décrets n° 2019-796 et n° 2019-797 du 26 juillet 2019
5. Il faut préciser que la procédure d'adoption de la loi a été temporairement suspendue en raison de la crise du Coronavirus.

les belles promesses et les présentations trompeuses, les dirigeants politiques agissent ainsi comme les VRP des politiques décidées par la Commission européenne. Celles-ci consistent essentiellement à faire pression à la baisse sur les salaires et à détruire notre système de protection sociale pour améliorer la compétitivité de l'économie française. Il faut regarder la réalité en face : l'Europe sociale n'existe pas et n'existera jamais. Les instances européennes conduisent au contraire des politiques qui visent à harmoniser par le bas les économies des États membres. Il ne s'agit pas d'élever le niveau des systèmes de sécurité sociale des autres États membres sur le modèle français, qui est l'un des plus protecteurs au monde, mais au contraire de détricoter celui-ci pour l'aligner sur celui des voisins européens. La même logique est appliquée pour les salaires. Or, les Français n'ont jamais voulu faire l'Europe pour perdre des droits, mais ils ont toujours voulu au contraire que celle-ci les préserve face à la concurrence mondiale. Tous les artifices de communication sont utilisés par les gouvernants pour faire passer la pilule aux Français, qui développent progressivement une fâcheuse tendance à se rebeller. C'est que le citoyen français peut parfois être borné sur certains sujets : il n'apprécie guère qu'on lui vole son argent et ses droits !

Une zone euro divisée : des gagnants et des perdants

Tel qu'il a été conçu, l'échec de l'euro était inévitable. La valeur de la monnaie doit être très précisément ajustée à l'économie d'un pays. Or, l'adoption d'une monnaie unique par douze économies différentes oblige nécessairement à faire une cote mal taillée. Si l'on reprend la métaphore de la baignoire pour se représenter l'économie d'un pays, chaque pays de l'UE dispose d'une baignoire d'une taille différente de celle des autres. Il a donc fallu faire une moyenne entre l'ensemble des tailles de baignoires pour déterminer le volume d'eau (la valeur de la monnaie) qui serait versé dans chaque baignoire. Le même volume d'eau étant indistinctement versé dans chacune d'elles, certains pays ont une baignoire insuffisamment remplie, d'autres voient au contraire la leur déborder. Le pari des gouvernants était que, avec le temps, la taille des baignoires de chacun des pays se rapprocherait pour finir par s'homogénéiser. Pari fou. Les nombreux échanges économiques entre États constituaient certes un argument en faveur de l'euro, mais la faible mobilité de la main-d'œuvre due aux différences linguistiques et culturelles entre pays ainsi que l'absence d'intégration budgétaire condamnaient par avance sa viabilité. Il faut comprendre que les économies ne pouvaient véritablement converger qu'à la condition que les communautés nationales se mélangent entre elles au sein de la zone euro. Il aurait fallu que les peuples nationaux se dissolvent pour constituer un peuple européen. Or, il est évident que les barrières de la culture et de la langue rendaient rigoureusement impossible un brassage de population d'une telle ampleur. Et plutôt que de converger, les économies des États membres n'ont cessé de diverger au fil des années. Dans ces conditions, le seul moyen de corriger les déséquilibres économiques qui ne cessent de se creuser entre États membres serait d'opérer des transferts budgétaires au sein de la zone euro. Autrement dit, il faudrait que les pays en bonne santé financière apportent leur aide aux pays plus en difficulté. C'est par exemple ce qui est pratiqué aux États-Unis, où les États riches comme la Californie soutiennent les États moins performants comme le Nevada. Cette pratique n'est possible qu'en raison de la solidarité qui unit les citoyens américains entre eux. Une telle solidarité n'existe malheureusement pas au sein de la zone euro. L'Allemagne et les pays d'Europe du Nord dits « frugaux » refusent catégoriquement d'aider financièrement les pays d'Europe du Sud et ne cessent de les vilipender en stigmatisant leur prétendu laxisme budgétaire. Ils oublient un peu vite que leurs économies bénéficient grandement d'un euro sous-évalué alors que, à l'inverse, les pays d'Europe du Sud sont largement pénalisés par un euro surévalué pour leurs économies. D'un autre côté, il est vrai que l'Allemagne a construit sa compétitivité économique au prix d'une politique de bas salaires, en sorte que l'on peut comprendre qu'elle ne veuille pas aider des pays qui ont refusé de consentir les mêmes sacrifices.

Pour bien comprendre les déséquilibres qu'engendre l'euro, imaginez que chaque économie d'un pays soit un pied et que la monnaie soit une chaussure[1]. La France et l'Italie ont une pointure de pied de 40 alors que l'Allemagne et les Pays-Bas chaussent du 45. Lorsqu'il a fallu fixer la valeur de l'euro, il a été décidé de fixer sa valeur sur la base d'une chaussure d'une taille de 44,5. Si vous demandez à ces pays de participer à une course à pied, qui a le plus de chances de gagner à votre avis ? Une étude du Centre de politique européenne (CEP) de Fribourg publiée en 2019 a établi que la France et l'Italie étaient les deux grands perdants de la mise en place de la monnaie unique. Selon cette étude, chaque Français aurait perdu environ 56 000 euros sur la période 1999-2017 et chaque Italien 73 600 euros. À l'inverse, les grands gagnants seraient l'Allemagne (+23 100 euros) et les Pays-Bas (+21 000 euros). Si des critiques notamment sur la méthodologie utilisée ont été émises à l'encontre de cette étude, de nombreux économistes s'accordent sur le constat que les pays de l'Europe du Sud ont vu leur activité économique pénalisés par l'euro, alors que les pays de l'Europe du Nord ont été avantagés. L'accord sur le plan de relance européen adopté à la suite de la crise du Covid19[2] et présenté comme une avancée historique est une nouvelle illustration de l'absence de solidarité au sein de la zone euro, puisque les prêts accordés aux pays bénéficiaires seront conditionnés au respect de politiques d'austérité qui seront imposées par la Commission européenne. Chaque État devra en effet justifier auprès de l'Union européenne de l'utilisation des fonds alloués dans le cadre de la procédure dite du « Semestre européen ». Or, la crise du coronavirus n'a nullement modifié les orientations économiques de l'Union européenne, ainsi qu'en attestent les GOPE pour la période 2020-2021[3]. Avec les européistes, on n'est jamais surpris.

1. La métaphore est empruntée à Olivier Berruyer.

2. Malingre V., « Pourquoi le plan de relance européen est une petite révolution », *Le Monde*, 21 juillet 2020 ; « Les Européens surmontent leurs divisions sur un plan de relance historique », *L'Express*, 11 décembre 2020 ; Perotte D., « Plan de relance européen : un accord historique arraché au prix fort », *Les Échos*, 21 juillet 2020.

3. Le point 24 des GOPE 2020 indique expressément que les GOPE 2019 restent en vigueur : « Si les présentes recommandations portent principalement

Plus d'Europe, c'est toujours moins de salaires, moins de protections sociales et moins de services publics. Le « rêve européen » ressemble de plus en plus à un cauchemar pour les peuples.

L'euro au bord de l'implosion

Les contradictions d'intérêts entre États membres de la zone euro ne cessent en réalité de s'approfondir, ce qui menace directement la survie de l'euro. Il y eut la « crise de l'euro » en 2012, où l'on imposa des mesures d'austérité drastiques à la Grèce sous le contrôle rigoureux de la « troïka » (Commission européenne, Banque centrale européenne et Fonds monétaire international), plongeant le pays dans une crise économique sans précédent dont il ne s'est toujours pas relevé à ce jour. Lors de cette crise, et sous l'impulsion de son ancien président Mario Draghi, la Banque centrale européenne a mis en place des programmes de rachat de dettes souveraines (ou emprunts d'État) sur le marché secondaire. C'est ce que l'on appelle la pratique du « quantitative easing » dont l'objectif affiché est double : rassurer les prêteurs sur la solvabilité des États et soutenir la consommation et l'investissement. La BCE procède exactement de la même manière que les banques commerciales : elle crée de la monnaie. D'une certaine manière, la BCE fait tourner la planche à billets. Or, les bénéficiaires ne sont pas les États mais les établissements financiers qui peuvent continuer à spéculer massivement en toute quiétude puisque, quoi qu'il arrive, ils ont l'assurance d'être sauvés par la puissance publique. En pratique, ces injections massives de liquidités sur les marchés financiers ne se retrouvent pas dans l'économie réelle mais ont surtout pour effet d'alimenter des bulles spéculatives, dans la sphère financière mais aussi sur le marché de l'immobilier.

sur les mesures à prendre pour atténuer les répercussions socio-économiques de la pandémie et faciliter la reprise économique, les recommandations par pays de 2019 adoptées par le Conseil le 9 juillet 2019 envisageaient également des réformes essentielles pour surmonter les difficultés structurelles à moyen et long terme. Ces recommandations restent d'actualité et continueront de faire l'objet d'un suivi tout au long du cycle annuel du Semestre européen de l'année prochaine ».

Or, l'Allemagne l'a parfaitement compris et n'en veut pas, ou du moins pas trop. En raison de leur démographie, nos voisins germaniques ont toutes les raisons de s'inquiéter des effets inflationnistes de la politique monétaire européenne, alors notamment que l'un de leurs objectifs premiers est de préserver le niveau de vie de leurs retraités en garantissant la valeur de leur épargne. C'est ainsi que la décision de la Cour de Karlsruhe du 5 mai 2020 a très sérieusement critiqué la politique monétaire de la BCE en menaçant explicitement de retirer la banque centrale allemande du programme de rachat des dettes souveraines, ce qui, en pratique, sonnerait la fin de l'euro. Il n'est pas dit que l'Allemagne soit prête à mettre ses menaces à exécution, mais la survie de la monnaie unique apparaît de plus en plus menacée. Elle ne tient aujourd'hui que sous perfusion de la BCE. L'absurdité du système est arrivée à son stade ultime. La politique monétaire doit en principe être mise au service de l'économie. Or, l'euro a totalement inversé le sens des choses. La politique monétaire vise aujourd'hui à sauver l'euro, quitte à jouer contre les intérêts des économies des États membres. L'euro n'est plus un instrument monétaire, c'est une fin en soi. Que faire pour sortir de l'impasse ?

Faut-il sortir de l'euro ?

Les économistes sont très divisés sur la possibilité et les conséquences d'une éventuelle sortie de l'euro. Certains réfléchissent à des hypothèses de refonte du système de fonctionnement de la monnaie unique européenne. D'un point de vue purement théorique, on pourrait en effet imaginer que soit instaurée une véritable solidarité budgétaire entre États membres et que les financements consentis dans le cadre du *quantitative easing* par la BCE soient réorientés vers l'économie réelle. De tels changements bouleverseraient totalement les règles du système monétaire en vigueur. Cela supposerait que les pays avantagés par l'euro fort, dont l'Allemagne, acceptent d'aider financièrement les pays qui s'en trouvent pénalisés. Par ailleurs, l'orientation du crédit émis par la BCE vers l'économie réelle supposerait de supprimer l'interdiction pour elle de prêter directement aux États membres. Or, cette interdiction a constitué la condition sine qua non posée par l'Allemagne pour entrer dans l'euro. Il faut dire choses comme elles sont. En pratique, un tel scénario semble hautement improbable si l'on prend acte de l'incapacité dont les États membres ont fait la preuve depuis des années à s'extirper du statu quo. D'autres économistes ont élaboré des hypothèses avantageuses de sortie unilatérale de l'euro qui sont néanmoins contestées. Il est difficile pour les citoyens qui ne disposent pas d'une formation économique de se forger un avis éclairé et tranché.

Le plus raisonnable est de considérer sérieusement l'hypothèse d'un éclatement de l'euro en cas de nouvelle crise financière. Un scénario de ce type produirait un choc extrêmement brutal pour chacune des économies concernées qui devraient réagir en situation de panique généralisée. Ne serait-ce que pour se préserver d'un tel scénario, l'État français devrait disposer d'un plan B prévoyant la remise en circulation d'une monnaie nationale. Mieux vaut prévenir que guérir. Ce n'est malheureusement pas le fort de nos gouvernants. Il serait également essentiel que les médias organisent enfin des débats sur un sujet aussi important que l'euro tant il soulève des questions démocratiques et politiques fondamentales. Ce n'est manifestement pas leur tasse de thé.

2.2.
Le libre-échange : la loi de la jungle

« La doctrine régnante avait totalement méconnu une donnée essentielle : une libéralisation totale des échanges et des mouvements de capitaux n'est possible, elle n'est souhaitable que dans le cadre d'ensembles régionaux groupant des pays économiquement et politiquement associés, et de développement économique et social comparable. »

Maurice Allais

Le libre-échange constitue la pierre angulaire de l'idéologie dominante, le cœur de la mécanique économique du néolibéralisme. C'est pourquoi le discours dominant interdit de douter des vertus naturelles, imprescriptibles, absolues et incontestables du libre-échange. Toute observation même légèrement critique à ce sujet suscite immédiatement un tollé de la part des journalistes, éditorialistes ou membres des partis politiques du gouvernement. Si vous n'êtes pas « libre-échangiste », vous êtes à leurs yeux un dangereux « protectionniste », qui n'est autre que le masque du « nationaliste », c'est-à dire un « fasciste » en puissance. Avec le sens habituel de la nuance qui caractérise nos « élites », il y a les gentils et les méchants. Il y a ceux qui sont « ouverts sur le monde » et ceux qui veulent « se replier sur eux-mêmes », ceux qui « aiment les autres » et ceux qui

« les détestent », ceux qui « acceptent la mondialisation par pragmatisme » et « ceux qui la refusent par idéologie », ceux qui sont pour « l'amitié entre les peuples », et les « va-t-en-guerre ». Posé en ces termes, il est certain que le débat a peu de chances de progresser. Cela n'est pas dû au hasard. Il ne faut pas que la réflexion ait lieu. Mettre le pied dans la porte, c'est courir le risque de voir tout le système de justification des politiques économiques poursuivies depuis des décennies s'effondrer en un instant. Dès lors, il faut se poser les bonnes questions. Et si le libre-échange avait très largement contribué à la désindustrialisation de la France et à l'avènement du chômage de masse ? Et si plutôt que de tenter d'atténuer les effets dévastateurs de la mondialisation, les gouvernants n'avaient cessé de les amplifier ? La mondialisation de l'économie telle qu'elle s'est réalisée depuis des décennies laisse à penser que les États n'ont plus de rôle à jouer dans les échanges commerciaux, sinon à la marge. En réalité, la France a largement contribué à organiser sa propre impuissance en s'abandonnant au libre-échange consacré par les traités de l'Union européenne.

a) Libre-échange contre protectionnisme

En principe, un État peut appliquer des droits de douane (barrière tarifaire) et utiliser des systèmes de licences et de quotas (barrière non tarifaire) pour réguler les importations et exportations de biens et de services. Cela lui permet de protéger ses activités de productions vis-à-vis de pays concurrents. C'est ce que l'on appelle le « protectionnisme ». Prenons un exemple. Deux pays A et B produisent chacun des tomates de qualité équivalente. Le salaire minimum d'un salarié du pays A est de 1 000 € par mois alors que celui du pays B est de 500 € par mois. Le coût de production étant plus important dans le pays A, le prix de vente de sa tomate est plus élevé que celui du pays B. Si les tomates des pays A et B se retrouvent mises en concurrence dans le même magasin, le consommateur se dirige naturellement vers la tomate la moins chère, c'est-à-dire celle du pays B. À terme, la chaîne de production de tomates du pays A risque de disparaître puisqu'elle n'arrive plus à vendre ses produits en raison de la concurrence du pays B. Le seul moyen pour elle de rester concurrentielle est que le pays A décide d'appliquer des droits de douane sur les tomates produites par le pays B. Cela signifie concrètement que les producteurs de tomates du pays B doivent payer une taxe commerciale au pays A lorsque les produits passent sa frontière. Pour conserver leurs marges commerciales, les producteurs du pays B sont contraints d'augmenter le prix de vente de leurs tomates dans le pays A. Lorsqu'il détermine le montant de la taxe, l'objectif du pays A est que le prix des tomates du pays B se situe (au moins) au même niveau que les tomates produites sur son territoire. De cette manière, le pays A protège ses chaînes de production de tomates. Une difficulté peut néanmoins survenir en réaction aux mesures protectionnistes du pays A. Le pays B peut être conduit à adopter lui-même une taxe sur un autre produit, les automobiles par exemple, sur lequel le pays A est en principe plus compétitif que lui. La conséquence est que le pays A va vendre beaucoup moins de voitures dans le pays B qu'auparavant. En somme, l'avantage que le pays A obtient en préservant sa chaîne de production de tomates est susceptible d'être neutralisé par les pertes qu'il subies sur ses exportations d'automobiles vers le pays B. Tout est alors question de rapport de force. La capacité des États à adopter des mesures protectionnistes dépend directement de leur puissance économique, mais aussi de leur poids géopolitique. Si le pays A produit tout ce dont a besoin le pays B qui ne sait que faire des tomates, il est évident que le pays A peut aisément appliquer une taxe sur les tomates, car le pays B ne pourra pas se permettre de taxer les autres produits du pays A. De la même manière, si le pays A dispose d'une armée puissante alors que le pays B est très faible sur le plan militaire, ce dernier pourrait accepter sans broncher la taxe du pays A au risque de subir des représailles par la force. Dans la réalité, la situation est d'autant plus complexe à appréhender que chaque pays est bien souvent en concurrence avec des dizaines, voire des centaines d'autres. Il faut également observer que les choix des consommateurs ne tiennent pas compte exclusivement du prix du produit mais aussi de sa qualité et de son image de marque. Tout cela rend les politiques protectionnistes particulièrement délicates à élaborer, car il faut pour l'État trouver un juste équilibre entre, d'un côté, la nécessité de protéger ses capacités productives et, d'un autre côté, ne pas subir les mesures de rétorsion commerciales des autres pays pénalisant ses exportations.

Sous l'inspiration du néolibéralisme, les gouvernants ont trouvé la solution miracle qui leur permet de ne plus avoir à prendre de difficiles décisions en matière de politique commerciale : le libre-échange. Sur le plan théorique, le libre-échange est un principe visant à favoriser le développement du commerce international en supprimant les barrières nationales tarifaires et non tarifaires susceptibles de restreindre l'importation des biens et des services. Selon les théories des économistes dits classiques, le libre-échange profite à l'économie de tous les pays en vertu du concept d'avantage comparatif. La théorie associée à l'avantage comparatif explique que, dans un contexte de libre-échange, chaque pays a intérêt à se spécialiser dans la production pour laquelle il dispose de l'écart de productivité (ou du coût) le plus fort en sa faveur, comparativement aux autres pays. Cette production est celle pour laquelle il détient un « avantage comparatif ». Dans notre exemple précité, le pays A abandonnerait la production de tomates pour se concentrer sur la production de voitures et le pays B délaisserait sa production d'automobiles pour se spécialiser dans la production de tomates. Le pays A exporterait ses voitures dans le pays B et le pays B ses tomates vers le pays A, en sorte que la situation serait profitable à tous. Selon ces théories, l'ouverture au commerce international est toujours avantageuse pour un pays. Une analyse rationnelle conduit pourtant à battre en brèche l'idée selon laquelle les bienfaits du libre-échange constitueraient une vérité universelle et absolue. Plusieurs observations s'imposent. Les théories en faveur du libre-échange postulent un monde parfait où tous les pays renonceraient au protectionnisme pour appliquer le libre-échange. Ce n'est bien évidemment jamais le cas en pratique, car les États raisonnables cherchent toujours à protéger au mieux leur économie. C'est le cas notamment des

États-Unis, de la Chine, de la Russie ou encore de l'Inde. Il est par ailleurs admis que le libre-échange favorise les écarts de richesses au sein de chaque pays. Si les politiques fiscales devraient en principe permettre de corriger les déséquilibres de répartition des richesses, le développement de la libre circulation des capitaux et des techniques d'évasion fiscale ont réduit à néant leur efficacité dans la réalité. Enfin, ces théories supposent que les détenteurs de capitaux sont irrémédiablement attachés à leurs pays d'origine et ignorent par conséquent le phénomène des délocalisations. Or, dans un monde où les économies nationales sont très hétérogènes (les niveaux de salaires et de cotisations sociales sont très différents entre les pays), les actionnaires des grandes entreprises ont intérêt à transférer leurs activités dans les pays qui offrent les coûts de production les plus bas, ce qui engendre la création d'un chômage de masse dans les économies développées et une paupérisation des classes populaires et classes moyennes. C'est exactement le phénomène que connaît la France depuis une quarantaine d'années avec un mouvement massif de désindustrialisation de son économie.

b) La désindustrialisation de la France

La part de l'industrie manufacturière dans la valeur ajoutée de l'économie est passée de 22,3 % en 1970 à 11,2 % en 2014.

PART DE L'INDUSTRIE MANUFACTURIÈRE DANS LA VALEUR AJOUTÉE DE L'ENSEMBLE DE L'ÉCONOMIE EN VALEUR COURANTE[1]

Années	Données
1970	22,3 %
1979	20,8 %
1989	17,7 %
2000	15,7 %
2007	12,7 %
2014	11,2 %

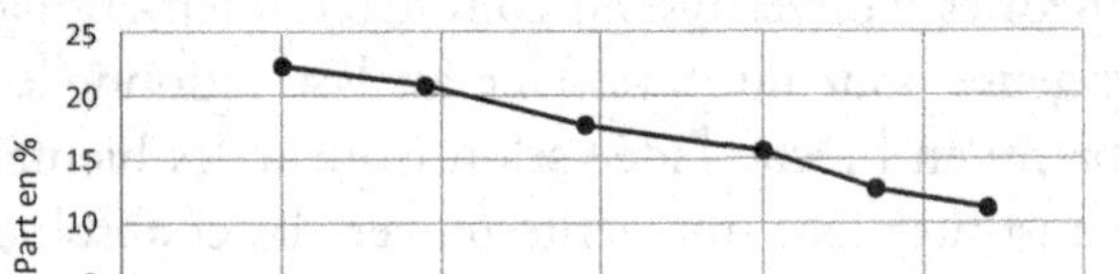

1. Source Insee.

La part de la proportion d'ouvriers dans la population active a elle aussi fondu sur la période. De 37,4 % en 1972, elle est passée à 20,25 % en 1990, pour atteindre seulement 13,6 % en 2016[1]. En comparaison, l'Allemagne compte toujours 20,7 % d'ouvriers, l'Italie 20 %, l'Autriche 17,3 % et la Finlande 14,8 %. Entre 1980 et 2007, l'industrie française a perdu 36 % de ses effectifs, soit un total de 1,9 million d'emplois[2]. On constate logiquement un affaiblissement de la compétitivité économique de la France, qui se traduit par une balance commerciale – qui correspond à la différence entre la valeur des exportations et des importations de biens – déficitaire depuis 2003, pour se situer à – 63,5 milliards en 2017[3]. Cela signifie tout simplement que la France importe chaque année en valeur beaucoup plus de biens étrangers qu'elle n'en exporte. Autrement dit, la France dépend plus des économies étrangères que l'inverse. Cette situation très préoccupante est la source du déclin français. Nous avons en effet expliqué que la compétitivité économique d'un pays dépend en très grande partie de ses échanges commerciaux. Il faut comprendre que plus un pays parvient à exporter ses produits, plus il est puissant économiquement. Un pays riche est un pays qui génère de la valeur ajoutée, qui produit des biens qui parviennent à s'exporter à l'international. Une économie basée uniquement sur les services et le tourisme ne peut, à terme, assurer le maintien du niveau de vie de sa population. Le mouvement de désindustrialisation que connaît la France sur les dernières décennies explique en grande partie sa très faible croissance ainsi que la baisse du niveau de vie d'une partie de la population depuis quelques années. Comment expliquer la perte massive de nos emplois industriels ?

1. Insee, « Tableau de l'économie française 2018 ».
2. « Gros plan sur la désindustrialisation de la France », *L'Express*, 22 février 2010.
3. Source Insee.

c) Le marché unique fossoyeur de l'économie française

Selon une étude de la Direction générale du Trésor et de la politique économique (DGTPE) de juin 2010[1], la perte des emplois industriels s'expliquerait :

– pour un quart par l'externalisation des emplois industriels vers le secteur des services. Autrement dit, les entreprises embauchent de moins en moins de salariés pour préférer recourir à l'intérim. Il ne s'agit donc pas d'une baisse réelle mais simplement comptable dans la mesure où les emplois intérimaires – dont le nombre est en constante augmentation – sont comptabilisés dans le secteur tertiaire et non plus industriel ;
– pour 30 % par le progrès technique, c'est-à-dire le remplacement de la main-d'œuvre par la machine, et la baisse de demande des ménages. Il faut comprendre ici que la baisse des coûts de production liés aux progrès technologiques induit une baisse des prix, ce qui fait que la part des achats de produits industriels par les ménages baisse au profit des services.
– pour 39 % (mais l'étude est très prudente en évoquant une fourchette allant de 9 % à 70 %) par la concurrence étrangère, qui repose principalement sur des coûts de production plus bas qu'en France.

Il en ressort que si une partie de la désindustrialisation du pays peut s'expliquer par un mouvement naturel de l'économie lié au progrès technique, l'ampleur du phénomène constaté en France par rapport à d'autres pays permet d'affirmer que la politique économique conduite depuis plusieurs décennies pour faire face à la concurrence mondiale est un échec cuisant. Il serait en réalité plus juste de dire que, dans le cadre des règles de l'Union européenne, la France a renoncé à diriger toute politique économique puisqu'elle n'a plus la maîtrise ni de son budget, ni de sa monnaie,

1. DGTPE, « La désindustrialisation en France », n° 2010/01, juin 2010.

ni de sa politique commerciale. Nous avons déjà analysé les effets négatifs de l'euro sur l'économie française et en particulier sur ses exportations, ainsi que les politiques d'austérité imposées par la Commission européenne[1]. Il est tout aussi décisif d'appréhender la politique commerciale de la France dans la mesure où le volontarisme politique des années 1960 a progressivement laissé place au renoncement fataliste de notre classe dirigeante.

Le libre-échange : une zone de guerre économique

Par application des règles de l'Union européenne, la France n'a plus aucun pouvoir pour édicter des barrières commerciales tarifaires (droits de douane), ou non tarifaires (licences et quotas). L'Union européenne a créé ce que l'on appelle le « marché unique », qui institue une zone de libre-échange entre les pays membres. Les articles 26 à 66 du Traité sur le fonctionnement de l'Union européenne (TFUE) organisent la libre circulation des marchandises, des personnes, des services et des capitaux[2]. L'article 28 prévoit les dispositions suivantes : « L'Union comprend une union douanière qui s'étend à l'ensemble des échanges de marchandises et qui comporte l'interdiction, entre les États membres, des droits de douane à l'importation et à l'exportation et de toutes taxes d'effet équivalent, ainsi que l'adoption d'un tarif douanier commun dans leurs relations avec les pays tiers ». Les articles 34 et 35 interdisent quant à eux toutes restrictions quantitatives (quotas) à l'importation et à l'exportation entre États membres. En somme, les États membres de l'Union européenne ont interdiction d'appliquer des droits de douane et quotas au sein du marché unique. Chaque pays membre de l'UE se retrouve donc placé en situation de concurrence directe avec les autres. Or, les différences de coûts de production entre les pays européens incitent les entreprises à délocaliser pour

1. Cf. Chapitre 2, §2.1 L'euro : par ici la monnaie !

2. Article 26 : « [...] 2. Le marché intérieur comporte un espace sans frontières intérieures dans lequel la libre circulation des marchandises, des personnes, des services et des capitaux est assurée selon les dispositions des traités ».

augmenter toujours plus leurs marges et leurs bénéfices. C'est ce que l'on appelle le « dumping social ». À titre de comparaison, le salaire minimum en France est fixé à 1 539 € brut par mois, alors qu'il se situe à 580 € brut en Pologne. Les salariés français ne peuvent à l'évidence pas lutter avec leurs homologues polonais. Dans la mesure où les pays de l'Europe de l'Est – qui ont intégré l'Union européenne en 2004[1] puis 2007[2] – sont ceux qui proposent de loin les coûts de production les plus bas, il est parfaitement logique que la plupart des délocalisations de la France se soient opérées au profit de ces pays sur les quinze dernières années. Une étude de l'Insee a évalué que, entre 2009 et 2011, 60 % des délocalisations des entreprises françaises se sont faites au sein même de l'Union européenne[3]. La Pologne apparaît d'ailleurs comme le pays le plus attractif de l'Union européenne, car il combine une main-d'œuvre peu chère et plutôt qualifiée avec un positionnement géographique stratégique en plein cœur de l'Europe, idéal pour exporter sur tout le Vieux Continent[4].

Loin d'instaurer une concurrence « libre et non faussée », le marché unique européen a depuis l'intégration des pays de l'Europe de l'Est institué une concurrence déloyale, car les pays « historiques » ne luttent pas à armes égales. Il est évident que l'entrée de ces pays – alors très en retard sur le plan du développement économique – dans l'UE aurait dû s'accompagner d'un changement ou d'un aménagement des règles du marché unique européen. En intégrant les pays de l'Europe de l'Est dans le marché unique européen sans aucune période transitoire, on a fait rentrer les loups dans la bergerie. La France, et plus largement les pays d'Europe du Sud, se sont fait tondre comme des moutons.

1. Chypre, Estonie, Hongrie, Lettonie, Lituanie, Malte, Pologne, République tchèque, Slovaquie.

2. Bulgarie, Roumanie.

3. « Les délocalisations se font d'abord vers l'Union européenne (Insee) », *L'Express*, 12 juin 2013.

4. Poingt G., « La Pologne, terre d'accueil des délocalisations », *Le Figaro*, 15 novembre 2017.

L'Allemagne structurellement plus performante, bénéficiant d'un euro sous-évalué et de sa position géographique centrale, a au contraire dopé sa compétitivité économique en intégrant ces pays, en particulier la Pologne, comme « sous-traitants » dans ses chaînes de production. Pour illustrer ce propos, on pourrait dire que, avant l'intégration des pays d'Europe de l'Est, « l'Europe des quinze »[1] constituait une bonne équipe de football. Chaque pays occupait un poste différent, qui requiert des compétences distinctes mais complémentaires. Si l'on accepte l'idée que les deux postes les plus importants dans le football sont ceux du gardien de but et celui du buteur, on peut dire que le premier était occupé par la France et le second par l'Allemagne. Dans cette logique, l'intégration des pays d'Europe de l'Est était censée venir renforcer l'équipe avec un effectif plus important. Or, il ne s'est pas du tout produit ce qui avait été anticipé. L'équipe ne s'est ni améliorée ni affaiblie. On a tout simplement changé de sport ! Chaque pays participe désormais à un 100 mètres d'athlétisme ! Pour ceux des pays qui faisaient partie des attaquants comme l'Allemagne, dont les qualités étaient la vitesse, ils se sont très bien adaptés. Mais pour les autres, comme la France, ils sont les perdants de l'histoire.

Les spécificités du marché unique : la consécration du non-sens économique

Instaurer une zone de libre-échange entre des pays dont les niveaux de développement économique sont hétérogènes est en soi un non-sens. Mais ce n'est pas tout, car la forme particulière de l'Union européenne – qui se situe à mi-chemin entre confédération et fédération[2] – a conduit à l'adoption de règles spécifiques totalement aberrantes.

1. L'Union européenne est alors composée de 15 pays : Allemagne, Belgique, France, Italie, Luxembourg, Pays-Bas, Danemark, Irlande, Royaume-Uni, Grèce, Espagne, Portugal, Autriche, Finlande et Suède.

2. L'Union européenne est un « objet politique non identifié », selon la formule de Jacques Delors, ancien président (1985-1995) de la Commission européenne.

C'est ainsi que la directive dite des « travailleurs détachés »[1] accentue la concurrence entre salariés au sein du marché unique européen. Par l'effet de cette réglementation, un salarié d'une entreprise étrangère établie au sein de l'UE peut librement travailler en France. Or, et c'est le point central que la révision récente de la directive n'a pas modifié, les cotisations sociales du travailleur détaché demeurent celles de son pays d'origine, ce qui fait que le coût du travail d'un détaché peut rester inférieur à celui d'un national[2]. Autrement dit, un salarié polonais peut librement venir travailler en France et coûtera moins cher à l'employeur français qu'un salarié français. Selon la Cour des comptes, 516 000 travailleurs détachés ont été déclarés en France en 2017[3], ce qui signifie que le problème est tout sauf négligeable. Résumons. D'un côté, les entreprises françaises sont encouragées à délocaliser leurs activités dans les pays d'Europe de l'Est pour réduire leurs coûts de production, ce qui engendre la suppression de millions d'emplois en France, et de l'autre, les salariés de ces mêmes pays font une concurrence déloyale aux salariés français lorsqu'ils viennent travailler sur notre sol, car ils coûtent moins cher aux employeurs. On voudrait encourager le chômage de masse qu'on ne s'y prendrait pas autrement…

Ce n'est pas terminé. En vertu de l'article 107 du TFUE[4], il est interdit, sauf rares exceptions, aux pays membres de l'UE d'accorder des aides d'État aux entreprises, c'est-à-dire des

1. Directive (UE) 2018/957 du Parlement européen et du Conseil du 28 juin 2018 modifiant la directive 96/71/CE concernant le détachement de travailleurs effectué dans le cadre d'une prestation de services.

2. « Les nouvelles règles européennes sur le travail détaché entrent en vigueur », *Le Monde*, 30 juillet 2020.

3. Cf. https://www.ccomptes.fr/system/files/2019-02/02-lutte-fraude-travail-detache-Tome-1.pdf.

4. Article 107 : « Sauf dérogations prévues par les traités, sont incompatibles avec le marché intérieur, dans la mesure où elles affectent les échanges entre États membres, les aides accordées par les États ou au moyen de ressources d'État sous quelque forme que ce soit qui faussent ou qui menacent de fausser la concurrence en favorisant certaines entreprises ou certaines productions ».

subventions. L'objectif affiché est de ne pas « fausser la concurrence » entre les entreprises des États membres de l'Union européenne. En d'autres termes, il est interdit à un pays membre de soutenir tel ou tel secteur d'activités, même si celui-ci se retrouve en difficulté. L'Union européenne préfère voir mourir une entreprise même d'importance stratégique pour un pays que de voir ce dernier intervenir pour la sauver, car cela fausserait la concurrence avec les autres entreprises européennes évoluant dans le même secteur d'activités. Les principes sont sains et saufs. En revanche, on repassera pour l'efficacité économique. C'est là une illustration révélatrice de l'aveuglement idéologique des technocrates bruxellois qui défie les lois du bon sens. Dans le même esprit, il est interdit pour un État membre de réserver ses marchés publics à ses entreprises nationales afin de permettre à toutes celles évoluant au sein du marché unique de postuler aux appels d'offres. Le résultat de l'ensemble des règles européennes du marché unique est catastrophique pour certains pays européens. Si les pays de l'Europe de l'Est et l'Allemagne ont largement profité des règles du marché unique, les pays de l'Europe du Sud en sont les grands perdants, et l'industrie française l'une des principales victimes.

Non contente de contribuer à la destruction du tissu industriel français en favorisant les délocalisations intra-européennes et la concurrence de tous contre tous, l'Union européenne nourrit très largement l'évasion fiscale, y compris au sein même du marché unique. L'article 63 du TFUE interdit toutes les restrictions aux mouvements de capitaux entre les États membres et entre les États membres et les pays tiers. Or, et dans le même temps, l'Union européenne n'oblige nullement les États membres à converger en matière de politique fiscale. En l'absence d'harmonisation des taux d'imposition, les entreprises font donc leur marché en choisissant de s'installer dans les pays qui proposent les fiscalités les plus avantageuses. C'est ainsi que nombre d'entreprises ont installé leur siège au Luxembourg, aux Pays-Bas ou en Irlande parce qu'ils pratiquent un impôt sur les sociétés bien plus bas que les autres pays européens. C'est ce que l'on appelle le « dumping fiscal ». La conséquence est que la France se voit privée d'une large partie de ses recettes fiscales, ce qui l'empêche soit d'augmenter le budget de ses services publics, soit de consentir des baisses d'impôts pour encourager l'activité économique. En définitive, le marché unique européen détruit l'économie française en participant largement au dumping social qui supprime des millions d'emplois, et au dumping fiscal qui assèche les recettes fiscales de l'État.

d) Le commerce extérieur de l'UE : ni protecteur ni écologique !

L'Union européenne a également privé les États membres du droit de fixer par eux-mêmes les barrières douanières avec les pays extérieurs, alors que ce levier est essentiel pour protéger ses filières de production. L'article 31 du TFUE confie en effet au Conseil Européen, sur proposition de la Commission européenne, le pouvoir de fixer le tarif douanier commun. Il en résulte que les droits de douane concernant les produits importés depuis les pays non membres de l'Union européenne sont fixés par les institutions européennes, et non par chacun des États membres. Il est tout à fait compréhensible de nouer des alliances commerciales pour faire face à la concurrence mondiale, et notamment aux ogres que sont les États-Unis et la Chine. Encore faut-il que ces unions douanières soient profitables à tous ceux qui en font partie. Or, les divergences économiques n'ont cessé de s'accentuer au fil des années, notamment entre les pays de l'Europe du Sud et ceux de l'Europe du Nord, en particulier en raison de la concurrence déloyale instaurée institutionnellement au sein même du marché unique européen. Les contradictions d'intérêts entre pays membres de l'UE rendent difficile l'établissement de tarifs douaniers communs. En tant que première puissance économique de l'Europe, l'Allemagne dispose d'une influence prépondérante. Avec une balance commerciale devenue ultra-déficitaire, la voix de la France pèse malheureusement de moins en moins. La France a perdu presque toute marge de manœuvre sur le plan commercial en liant son destin à celui de l'Allemagne. Compte tenu du bilan économique catastrophique de la France sur les trente dernières années, il semble bien que le pari de notre classe dirigeante soit largement perdant.

En outre, l'Union européenne est structurellement incapable de réaliser la transition écologique qu'il convient d'opérer. Alors que le réchauffement climatique appelle des transformations urgentes et profondes de modes de production et de consommation, l'Union européenne se contente d'aménagements mineurs, quand elle ne contribue pas elle-même à aggraver la dégradation de l'environnement ! Elle prétend pourtant vouloir se positionner comme le « premier continent neutre sur le plan climatique »[1]. Or, le « Green Deal » mis en place par l'UE et fixant les objectifs de réduction des émissions de gaz à effet de serre d'ici à 2030 risque fort de se doter de moyens très insuffisants, *dixit* le président de la commission Climat du Parlement européen[2]. Surtout, l'Union européenne n'a eu de cesse ces dernières années de conclure des accords de libre-échange : le CETA (Comprehensive Economic and Trade Agreement) avec le Canada, le JEFTA (Japan-EU Free Trade Agreement) avec le Japon, le TAFTA (Atlantic Free Trade Agreement) avec les États-Unis, même si les négociations ont été abandonnées en cours de route[3], ou encore le Mercosur (Mercado Común del Sur en espagnol) avec les pays d'Amérique du Sud (Argentine, Brésil, Paraguay, Uruguay). Tous ces accords de libre-échange visent à favoriser les échanges commerciaux en supprimant les barrières commerciales entre pays signataires. Le Canada peut par exemple exporter ses viandes dopées aux farines animales dans toute l'Europe[4] et l'Union européenne peut en retour exporter ses produits agricoles. Il en résulte nécessairement une hausse des

1. Cf. https://ec.europa.eu/info/strategy/priorities-2019-2024/european-green-deal_fr.

2. « Green Deal : pour le président de la Commission Climat, l'Europe "se dote de moyens insuffisants" », RTBF, 4 mars 2020.

3. Vaudano M., « Pourquoi la France veut-elle maintenant enterrer le Tafta ? », *Le Monde*, 31 août 2016.

4. Zagdoun B., « Le Ceta va-t-il faire débarquer de la viande aux farines animales, aux hormones et aux antibiotiques dans nos assiettes ? », Franceinfo, 23 juillet 2019.

importations et exportations, ce qui augmente la pollution. Alors que la sauvegarde de l'environnement implique de relocaliser les productions et de privilégier les circuits courts, les accords de libre-échange vont totalement à contresens. En septembre 2020, le gouvernement français a d'ailleurs manifesté son opposition au Mercosur au motif que cet accord aurait pour effet de favoriser la déforestation qui met en péril la biodiversité et dérègle le climat[1]. On aurait apprécié qu'il fasse preuve de la même lucidité à l'égard de tous les accords de libre-échange en général… Toujours est-il que les belles annonces de l'Union européenne en matière de lutte contre le réchauffement climatique se heurtent à une contradiction fondamentale. Elles semblent n'avoir pas intégré que l'idéologie néolibérale qu'elles s'appliquent à véhiculer est rigoureusement incompatible avec l'écologie.

e) Pas de solutions sans souveraineté économique

La concurrence économique mondiale est plus féroce que jamais. Chaque pays essaie de pousser ses avantages au maximum en usant de tous les leviers de puissance dont il dispose. Les principaux acteurs de ces rivalités commerciales sont connus : États-Unis, Chine, Russie, Inde, Brésil, Allemagne. Les beaux discours sur l'amitié entre les peuples valent bien peu de chose face à la compétition généralisée qui fait rage. En réalité, les États n'ont que des intérêts. Dans ce contexte, la France ne doit pas être dupe. Dans le livre *Le Dernier Mitterrand* paru en 1997, le journaliste Georges-Marc Benhamou rapportait les propos tenus par François Mitterrand au sujet de la « guerre économique » menée par les États-Unis : « La France ne le sait pas, mais nous sommes en guerre avec l'Amérique. Oui, une guerre permanente, une guerre vitale, une guerre économique, une guerre sans mort apparemment. Oui, ils sont très durs les

1. Bouissou J., « La France s'oppose à l'accord entre l'Union européenne et le Mercosur », *Le Monde*, 19 septembre 2020.

Américains, ils sont voraces, ils veulent un pouvoir sans partage sur le monde. C'est une guerre inconnue, une guerre permanente, sans mort apparemment et pourtant une guerre à mort ». Ces déclarations prennent tout leur sens au regard de la politique agressive des États-Unis pour déstabiliser et racheter à bon prix des entreprises françaises stratégiques. L'exemple le plus édifiant est celui du rachat de la branche énergie d'Alstom par la compagnie américaine General Electric. Pour forcer la main des dirigeants et actionnaires français, les États-Unis sont allés jusqu'à incarcérer pendant plus de deux ans l'un des cadres dirigeants français d'Alstom, Frédéric Pierucci[1]. Plutôt que de dénoncer l'instrumentalisation par les États-Unis de leur système judiciaire au détriment des intérêts français, nos dirigeants, François Hollande en tête, se sont honteusement couchés face à ces manœuvres d'intimidation. Il est temps pour la classe dirigeante de prendre la mesure des défis qui se posent à nous. L'action des dirigeants politiques français devrait être concentrée sur la défense de nos intérêts économiques face aux puissances étrangères qui n'hésitent pas de leur côté à faire du protectionnisme. Cela passe par une volonté de réindustrialiser le pays, et à tout le moins de développer des filières de production de biens amenés à s'exporter à l'international. Il faudrait également élaborer une vraie stratégie du « made in France » pour privilégier la consommation des produits français. Encore faudrait-il s'en donner les moyens. Respecter les critères d'austérité budgétaire édictées par la Commission européenne ne constitue pas un projet politique. Appliquer docilement des normes comptables ne permettra pas à la France de retrouver sa compétitivité économique. Lorsqu'une guerre fait rage, il faut des soldats, pas des comptables. Ne disposant plus d'aucune souveraineté économique, la France n'est plus un pays mais une région administrée par les dirigeants français sous gouvernance européenne.

1. Aeberhardt C., « Tombé pour Alstom, Frédéric Pierucci veut sauver l'industrie française », *Le Monde*, 15 février 2019 .

L'Union européenne devait permettre à la France de tenir son rang face à la concurrence mondiale. C'est tout l'inverse qui s'est produit. Le marché unique européen et l'euro ont largement contribué à la destruction du tissu industriel français. S'accrochant à une vision dogmatique, l'Union européenne s'est appliquée à faire respecter des règles économiques absurdes et contre-productives tout en oubliant de développer des projets de coopération industrielle de grande envergure, comme elle avait pu le faire avec succès avec Airbus. Le résultat le plus piteux est que les pays européens sont totalement passés à côté de la révolution numérique qui est manifestement l'un, si ce n'est LE secteur d'avenir. En l'état des règles européennes actuelles, la France est incapable d'élaborer un quelconque plan de réindustrialisation car elle ne dispose pas des leviers de souveraineté nécessaires, au premier rang desquels la possibilité d'édicter des barrières commerciales. Les belles déclarations d'Emmanuel Macron en pleine crise du coronavirus annonçant vouloir restaurer « l'indépendance » de la France et reconstruire une souveraineté technologique, numérique, industrielle et agricole[1] ne sont donc que de la poudre aux yeux. D'un côté, le marché unique européen et le tarif douanier commun interdisent à la France d'agir de manière autonome sur le plan commercial et, de l'autre, les pays membres de l'Union européenne sont incapables de coopérer entre eux sur le plan industriel depuis plus de trente ans ! Quel est l'intérêt d'une alliance si, plutôt que de nous renforcer, elle nous affaiblit ? Peut-être la France devrait-elle se résoudre à écarter unilatéralement certaines règles du marché unique européen pour défendre ses intérêts économiques stratégiques. Cela entraînerait très certainement une réaction plus ou moins hostile des autres pays membres de l'UE. Il faut bien se résoudre un jour à prendre le taureau par les cornes. L'Union européenne ne peut plus se permettre de faire du surplace. C'est le statu quo qui menace de la tuer.

1. Le Drollec A., « "Souveraineté", "indépendance"… pourquoi Macron emprunte à Chevènement », *L'Obs*, 15 juin 2020.

2.3.
L'Union européenne : la religion des fidèles

> *« Besoin de croire, voilà le concept indispensable à la compréhension d'un monde vide de Dieu et de sens autre qu'économique. Croire en l'Europe, croire en l'action magique du marché, croire en la création par le verbe, croire en Macron. »*
>
> Emmanuel Todd

En 2005, j'ai voté « oui » au traité établissant une Constitution pour l'Europe. J'avais 19 ans et étais jeune étudiant en droit. J'étais persuadé de me situer dans le camp de la raison et de l'intelligence. Valérie Giscard d'Estaing était venu en personne à l'université de Rouen pour nous présenter son « bébé ». J'avais été impressionné par l'éloquence et la vivacité d'esprit de cet ancien président de la République âgé alors de 79 ans. Sa démonstration m'apparaissait implacable : l'Europe était au milieu du gué, paralysé par des règles de fonctionnement trop strictes. Il fallait « moderniser » l'Union européenne pour la relancer. Autrement dit, plus d'abandon de souveraineté des États au profit de l'UE, plus de fédéralisme pour permettre le progrès, la prospérité économique et le bonheur pour tous. Au soir du vote où 55 % de Français avaient choisi de glisser un bulletin « non » dans l'urne, j'étais effaré, consterné. Comment tant de gens pouvaient-ils être à ce point ignorants pour décider de rejeter ce traité ? Comment pouvaient-ils ne pas savoir que ce traité était précisément celui qui permettrait de résoudre les dysfonctionnements de l'Union européenne ? Comment tant de gens pouvaient-ils être aussi stupides ? J'étais sûr de mon fait. Erreur de jeunesse, excès de confiance, ou aveuglement idéologique ? Certainement un peu des trois. Toujours est-il que l'ignorant et le stupide dans l'histoire, c'était moi.

a) Le rêve européen vire au cauchemar

La force de l'idée d'Europe tient à son récit devenu quasi mythologique. Elle a ses « pères fondateurs » – Jean Monnet, Robert Schuman, Konrad Adenauer, Alcide de Gasperi et Paul-Henri Spaak – portés aux nues, et ses valeurs humanistes. « L'Europe ». Quel beau et grand projet ! Les nations du Vieux Continent rassemblées autour d'une culture partagée et d'un idéal commun. La défense des principes de liberté et de démocratie. Pour la France, l'instrument permettant de projeter ses principes universels consacrés par sa devise nationale : Liberté, Égalité, Fraternité. La construction européenne doit créer les conditions de la solidarité entre les nations et les peuples pour préserver la paix. L'assurance que jamais plus la guerre ne surgisse sur notre continent. Le moyen d'en finir avec les incessants conflits meurtriers qui ont gangrené le destin des nations européennes au fil de l'Histoire. « Le nationalisme, c'est la guerre », avait proclamé François Mitterrand au Parlement de Strasbourg en 1995 pour exhorter les Européens à maintenir le cap de la construction européenne[1]. Combien de morts au nom et pour le compte de la patrie ? Le dernier épisode en date fut un tel traumatisme que rien ne doit être laissé au hasard : il faut éviter la guerre à tout prix. La Seconde Guerre mondiale doit être le dernier conflit armé sur le sol européen. L'Europe, c'est aussi le seul moyen de faire face à la concurrence mondiale. La France serait devenue trop petite

1. De Bresso H. et Scotto M., « "Le nationalisme, c'est la guerre", déclare François Mitterrand », *Le Monde*, 19 janvier 1995.

pour lutter toute seule dans un monde dangereux. Que faire face aux géants que sont les États-Unis et la Chine ? Il faut s'unir ! La France n'a pas le choix. Elle doit s'appuyer sur « l'Europe puissance » pour faire face à la mondialisation. Tous ces poncifs censés être à la base de la construction européenne sont répétés en boucle dans le débat public. Aucune critique n'est tolérée. Le délit de blasphème n'existe plus dans notre pays, à l'exception du statut protecteur extraordinaire dont bénéficie de fait la « Sainte Union européenne ». L'ardeur des européistes confine au fanatisme. L'Union européenne n'est plus une institution, elle est devenue une religion. L'Europe est là pour nous délivrer du mal. Les technocrates bruxellois de la Commission européenne en sont ses apôtres. Et nous devons tous être ses fidèles si nous ne souhaitons pas finir en enfer. Quiconque prétend le contraire est un dangereux hérétique qu'il faut brûler sur le bûcher médiatique.

Ces discours dogmatiques ont pour effet d'exclure la raison du débat public. Car, de manière plus ou moins consciente, les « élites » veulent imposer leur vision de l'Europe, ou plutôt leur Europe. C'est celle qui porte le nom d'Union européenne. Et c'est précisément là que se joue l'imposture. Tous les citoyens sont évidemment favorables à une Europe qui œuvre pour la paix et les protège de la mondialisation. Or, cette Europe-là n'existe pas. Cette Europe-là n'a rien à voir avec l'Union européenne. La globalisation de l'économie favorise la concurrence de tous contre tous : États contre États, entreprises contre entreprises, travailleurs contre travailleurs. Plutôt que d'amortir les effets négatifs de cette compétition économique mondiale, l'Union européenne fausse la concurrence entre ses États membres en les privant de toute capacité de protection contre le dumping fiscal et social. Elle n'organise aucune coopération entre les États-nations mais les livre au contraire sans aucune protection aux rapports de force économiques de la mondialisation. Elle institue une zone de libre-échange avec le marché unique européen sans chercher à harmoniser les législations fiscales et sociales, sans faire converger les niveaux de salaires entre les États membres. Les grandes entreprises sont aux anges. Elles peuvent librement « faire leur marché » : installer leur siège social en Irlande ou aux Pays-Bas pour bénéficier d'une fiscalité avantageuse et délocaliser leurs usines en Pologne pour baisser leurs coûts de production en profitant de salaires bas. L'euro fort mine la compétitivité économique des pays d'Europe du Sud, dont la France, et l'indépendance de la Banque centrale européenne accentue la soumission des États aux marchés financiers. Les « recommandations » de la Commission européenne ne cessent d'imposer aux États membres des cures d'austérité (baisse des dépenses publiques, destruction des systèmes de protection sociale) et des réformes libérales de flexibilisation du marché du travail visant à baisser les salaires. Privée de toute capacité d'action, la France subit. Elle est impuissante à influer sur le cours des choses. Elle ne peut ni adopter une politique de relance économique pour soutenir l'activité, ni orienter le crédit vers l'économie réelle et les secteurs d'avenir stratégiques, ni établir un plan de réindustrialisation. Au contraire, elle perd ses emplois, sa main-d'œuvre, ses savoir-faire, ses services publics et une bonne partie de ses recettes fiscales. L'Union européenne n'offre à la France qu'une seule alternative : choisir entre le chômage et la précarité. Poursuivre sur cette voie n'est pas une option. Ce n'est pas un destin pour un peuple. C'est un suicide collectif.

b) On la change ou on la quitte ?

L'Union européenne est dans une impasse. Pendant qu'elle multiple les sommets européens qui n'aboutissent à rien, les autres puissances continuent leur marche en avant. L'inertie de l'Union européenne accentue les écarts de compétitivité économiques entre États membres. La France ne peut plus poursuivre sa descente aux enfers sous peine de voir le niveau de vie de sa population continuer à se dégrader. Bien que ce constat soit partagé – au moins en partie – par la plupart des partis politiques français, ils peinent à en tirer les conséquences qui s'imposent. Il faut « changer l'Europe ! », comme si cela ne dépendait que de la

France[1]. Cela fait au moins quarante ans maintenant que les dirigeants politiques français promettent « l'Europe sociale ». Mais elle ne vient jamais. L'Europe sociale revient à attendre le retour du Messie. Vous aurez beau y croire très fort, il y a peu de chances pour que cela se produise. La période récente est très instructive pour quiconque souhaite apprécier la possibilité et les moyens de transformer l'Union européenne. Emmanuel Macron avait en effet un plan pour parvenir à convaincre ses homologues européens de faire évoluer les règles de l'Union européenne : procéder aux réformes structurelles attendues par l'Allemagne (politique d'austérité, privatisations, flexibilité du marché du travail, réforme des retraites et de l'assurance chômage, etc.) pour négocier en contrepartie un budget de la zone euro, un protectionnisme européen et l'abrogation de la directive des travailleurs détachés. En d'autres termes, la France devait appliquer avec zèle les directives de la Commission européenne puis prier ensuite très fort pour que ses vœux soient exaucés. Nul doute qu'une telle « stratégie » peut fonctionner dans les contes de fées. La réalité est malheureusement plus cruelle. Alors qu'un certain nombre de réformes sollicitées par Angela Merkel et l'UE ont été docilement réalisées sous l'impulsion d'Emmanuel Macron, qu'a-t-il obtenu en retour ? Rien ! Réponse systématique de la chancelière allemande à chacune des demandes de la France : « *Nein !* ». Pensez-vous que les « élites » du pays ont tiré un enseignement de cet épisode ? Que nenni ! Emmanuel Macron continue à chanter les louanges d'une « souveraineté européenne » fantasmée au moment où les États membres n'ont jamais été aussi soucieux de préserver leurs intérêts nationaux. La souveraineté européenne est une chimère car il n'existe pas de peuple européen. Un peuple ne peut exister qu'en acceptant le principe d'une solidarité inconditionnelle entre ses citoyens. Or, en raison de leur histoire et de leur culture, il n'y a en Europe que des peuples nationaux. La solidarité entre

1. L'article 48 du TFUE subordonne toute modification des traités européens à l'unanimité des États membres.

les nations est inexistante. Il serait temps pour les gouvernants d'accepter cette réalité et d'ouvrir les yeux. Le déni de nos politiciens n'est plus tolérable. Ils feraient bien de se souvenir de cette célèbre formule du général de Gaulle toujours d'actualité : « Il faut prendre les choses comme elles sont car on ne fait pas de politique autrement que sur des réalités. On peut sauter sur sa chaise comme un cabris en disant " L'Europe ! L'Europe ! L'Europe !", mais cela n'aboutit à rien. Et cela ne signifie rien ». Les moments difficiles appellent le courage politique. Les gouvernants doivent faire passer les intérêts de la France avant ceux de l'union Européenne. Il en va de l'intérêt des Français, mais aussi de celui de l'Union européenne elle-même qui mourra de son immobilisme. Selon un rapport publié en 2020, la Deutsche Bank elle-même prophétise la possible fin de l'Union européenne à l'horizon 2030 en anticipant un « âge du désordre »[1]. Les auteurs de l'étude sont formels : « La plus grosse erreur dans les années à venir serait de simplement poursuivre les tendances du passé ».

Si l'on devait illustrer la situation par une métaphore, on pourrait dire que la France et l'Union européenne sont à l'image d'un couple d'amoureux mal en point. Ils s'aiment, mais plus rien ne va. Chacun fait des efforts, mais l'autre ne les perçoit même plus. Ils sont en tout cas insuffisants. Ils ne se disputent plus, ils préfèrent se persuader que tout va pour le mieux. Au fil du temps, l'un a pris l'ascendant sur l'autre. Les compromis équilibrés du début ont fait place à la soumission de l'un par rapport à l'autre. La relation est devenue toxique. En matière de relations amoureuses qui échouent, le plus difficile est de réussir à se quitter au bon moment. Pas trop tôt pour ne pas nourrir de regrets, pas trop tard pour éviter les règlements de comptes et les tromperies. Se joue une lutte intense entre la tête qui veut arrêter, et le cœur qui veut continuer. Au stade où nous en sommes, deux adultes raisonnables considèreraient certainement qu'il est temps de tenter le

1. Ghisalberti M., « La Deutsche Bank prophétise la possible fin de la mondialisation et de l'Union européenne », *Putsch*, 14 septembre 2020.

« week-end de la dernière chance ». Se donner une ultime chance de renouer avec la passion des débuts. Et si l'escapade amoureuse tourne au vinaigre, mieux vaut en finir par un divorce à l'amiable plutôt que par un contentieux qui risquerait de virer au pugilat. Ni la France ni l'Europe ne méritent une fin tragique. Il appartient donc à la France de reprendre son destin en main. Elle sauvera l'Europe ou ne sauvera qu'elle-même. C'est toujours mieux que d'agoniser dans la douleur en attendant que survienne le coup de grâce.

En conclusion de ce deuxième chapitre, il faut retenir que le redressement de la situation économique du pays est impossible à réaliser dans le cadre des traités européens actuels. Pour enrayer son déclassement dans l'économie mondiale et l'appauvrissement d'une partie de sa population, la France doit rompre avec les principes économiques imposés par Bruxelles. Le pays semble pourtant à des années-lumière de s'engager sur cette voie. C'est que les verrous instaurés par le système sont extrêmement résistants. Alors qu'il faudrait s'évader de la prison idéologique et institutionnelle que constituent le néolibéralisme et l'Union européenne, certains maintiennent avec opiniâtreté la France en captivité. Ce sont les gardiens de prison.

CHAPITRE 3

Les gardiens de prison : le système garant de l'ordre établi

Le système néolibéral

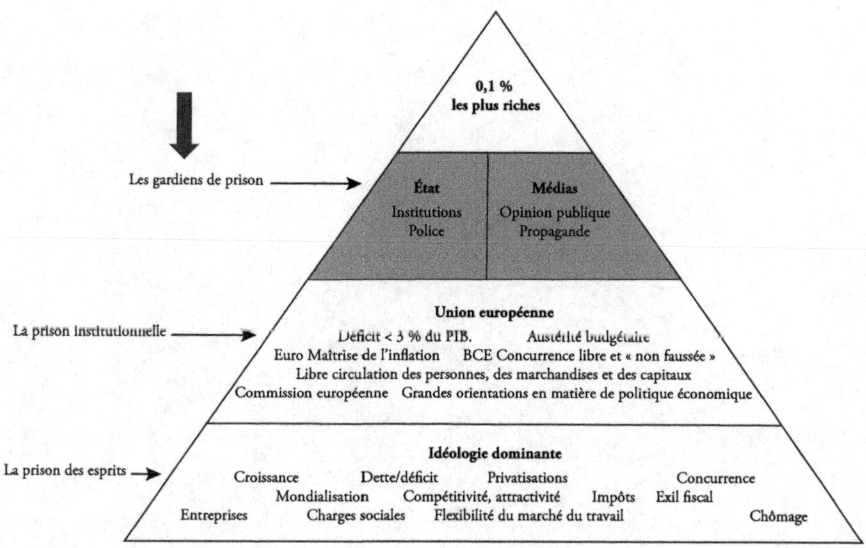

3.1
Les médias : propagande au service du pouvoir ?

> *« La propagande est à la démocratie ce que la matraque est à la dictature. »*
>
> Noam Chomsky

La mission du journaliste est un pilier de la démocratie. Les citoyens ne peuvent exercer effectivement leurs droits démocratiques s'ils ne disposent pas des informations nécessaires à leur prise de décision. Or, et depuis plusieurs années, les médias sont dans la tourmente. Ils sont l'objet de critiques venant de toutes parts : représentants politiques, citoyens, intellectuels, journalistes eux-mêmes. Ils sont accusés par les uns d'être de gauche et par les autres de droite, à la recherche du buzz et du profit maximal pour certains ou au service du pouvoir pour d'autres. Le sujet est aussi sensible qu'essentiel dans une société qui se veut démocratique. Dès lors que l'on touche à la politique, le système médiatique a pour rôle de garantir la contradiction dans le débat public et faire vivre les différents points de vue qui s'expriment dans la société. Autrement dit, les médias doivent permettre aux intérêts divergents de s'affronter pour permettre aux citoyens de se forger une opinion libre et éclairée. Ils sont un rouage essentiel à la tenue d'élections libres et équitables. Mais en France, sa fiabilité et son impartialité sont régulièrement mis en cause. Il faut dire que la 34e position de la France au classement de la liberté de la presse établi par Reporters Sans Frontières, derrière la Namibie ou encore la Slovaquie, pose sérieusement question. D'après un rapport établi en 2019 par l'institut Reuters, seulement 24 % des Français font confiance à l'information livrée par les médias[1]. Le lien de confiance entre les médias et les citoyens semble profondément altéré. Comment expliquer une telle défiance vis-à-vis des médias ? Est-elle justifiée ?

La crise que traversent les médias est à la fois le produit du développement de la société de consommation et du divertissement, mais aussi des difficultés des médias à comprendre le mécontentement qui monte au sein de la société. Si l'on porte un regard général sur le contenu proposé aujourd'hui par la télévision et la radio, on voit que l'espace médiatique est largement dominé par le divertissement et la publicité. D'un côté, les émissions culturelles de bon niveau se font de plus en plus rares et, de l'autre côté, les émissions récréatives non seulement pullulent, mais rivalisent d'inventivité pour mettre en scène la bêtise et l'ignorance. À cet égard, le phénomène de la télé-réalité où sont sélectionnés la plupart du temps des femmes refaites en plastique et des hommes adeptes de produits anabolisants dont le niveau de culture générale est en moyenne inférieur à des élèves de CE2 en est une formidable illustration. La raison principale tient à la volonté des médias de s'enrichir toujours plus. Selon cette logique, il faut gagner la course à l'Audimat pour maximiser les produits de la publicité. Comme l'a affirmé en son temps Patrick Le Lay, alors dirigeant de TF1, sa mission consistait à vendre du « temps de cerveau humain disponible » à Coca-Cola. Les citoyens ont largement accompagné ce mouvement en renonçant à l'acquisition de nouvelles connaissances pour céder aux sirènes du divertissement. L'analyse de fond a laissé place à l'immédiateté. L'émotion

1. Brulé F., « La confiance des Français dans les médias est-elle à son plus bas historique ? », *Libération*, CheckNews, 26 juin 2019.

a peu à peu pris le pas sur la raison. Les analyses méthodiques se sont effacées devant « le poids des mots et le choc des photos ». On n'apprend plus, on s'amuse. On ne lit plus, on zappe. Il n'est pas étonnant dans ces conditions que les ventes de la presse – qui par nature demeure le support le plus adapté à la réflexion de fond – se soient effondrées au fil des années[1]. S'il a amorti la chute, le développement des abonnements numériques n'a pas permis de compenser la perte des revenus de la presse. Alors que les recettes publicitaires de la presse quotidienne nationale représentaient 60 % des revenus (660 M€) en 2000, elles ne représentent plus que 34 % des revenus en 2018 (180 M€)[2]. Il est peu probable que la tendance vienne à s'inverser dans les années à venir. En somme, la progression du champ du divertissement dans les médias au détriment de la culture et du savoir tient autant à la logique marchande à laquelle ils sont soumis qu'à l'évolution des préférences des téléspectateurs et auditeurs. De ce point de vue, les citoyens sont en partie responsables des dérives consuméristes de la télévision et de la radio.

Il est vrai néanmoins que l'appétit grandissant des citoyens pour les programmes « pas prise de tête » peut aussi s'expliquer par l'indigence du débat politique et des émissions qui lui sont consacrées. Est essentiellement en cause la manière dont sont traités les sujets économiques et institutionnels, qui constituent le cœur du débat politique. La multiplication entre autres des chaînes de télévision avec l'arrivée de la TNT (télévision numérique terrestre en France) en 2005 aurait pourtant dû permettre de proposer à ceux qui sont intéressés des contenus de qualité en la matière, en particulier sur les chaînes d'information en continu, celles du service public, ou encore la chaîne parlementaire. Or, le débat public dans le domaine politique est souvent orienté, biaisé, ce qui est relativement difficile à appréhender même pour

1. « Presse : le papier s'effondre, le numérique s'envole », *L'Obs*, 15 novembre 2013.

2. Lehot M., « La chute vertigineuse de la presse française en chiffres », lareclame.fr, 13 juillet 2020.

les journalistes eux-mêmes. S'il est plutôt aisé de s'apercevoir que le champ médiatique des sujets politiques a tendance à se réduire au profit du divertissement, il est en effet beaucoup plus difficile de se rendre compte que le traitement en lui-même desdits sujets politiques est rarement impartial et équitable. Il n'est pas question d'affirmer que les médias ne propageraient que des « fake news ». Sauf rares exceptions, les informations qu'ils portent à la connaissance du public sont tout à fait fondées. Les travers du débat public sont bien plus subtils. Ils tiennent moins aux faits qui sont avancés qu'à leur interprétation ou aux effets de cadrage. Les faits sont souvent présentés d'une certaine manière qui influence les citoyens. La plupart des déformations de la réalité résultent moins de l'affirmation d'informations inexactes que de la dissimulation de celles qui sont essentielles. Toute la difficulté est là : le téléspectateur ou le lecteur ne peut pas savoir que l'information qui lui est livrée est orientée lorsque le biais est précisément induit par le fait que certains faits ou certaines interprétations lui sont cachés. Le phénomène est d'autant plus insidieux que le journaliste ignore bien souvent lui-même ces informations. C'est précisément là que se joue la tragédie : le débat public en matière économique et institutionnelle est atrophié, mais ceux qui l'organisent n'en ont bien souvent pas conscience. Un discours dominant s'est installé dans les esprits, une petite musique que tout le monde ou presque répète machinalement sans jamais la remettre en question. Or, la réalité économique de l'appauvrissement de la société française revient ces dernières années sur le devant de la scène. Le débat public fait de maximes entrepreneuriales et de sermons sur les sacrifices à consentir ne passe plus car il ignore les difficultés économiques que rencontrent des millions de Français. L'accumulation de non-dits, de formules ampoulées dénuées de sens et d'analyses orientées vers le statu quo, tout cela les Français le ressentent. S'ils ne sont pas toujours en mesure d'en expliquer les raisons, la plupart des Français constatent que le débat public ne répond plus à leurs aspirations, qu'il est déconnecté de leur quotidien et de la réalité. Pour réinstaurer la confiance entre médias et citoyens, une remise en question s'impose. En somme, si le journalisme est consubstantiel à la démocratie, la critique constructive des médias est un devoir et une nécessité.

Les développements qui vont suivre ne peuvent donc véritablement faire sens qu'à la condition de les relier avec les analyses exposées précédemment. On ne peut en effet voir les biais dans le traitement de l'information qu'en disposant d'un minimum de connaissances politiques, celles auxquelles il est difficile d'accéder si l'on s'en tient aux informations délivrées par les médias traditionnels dits « mainstream ».

a) Le mythe de l'objectivité

Nombre de journalistes sont prompts à se réfugier derrière le mythe de l'objectivité pour refuser d'entendre la moindre critique, si justifiée soit-elle. Comment pourrait-on critiquer tel article ou tel interview dès lors que le journaliste tait ses opinions politiques et s'en tient, selon lui, aux faits ? Dès lors, contester le travail du journaliste reviendrait ni plus ni moins à contester la vérité. Une telle argumentation n'est pas recevable. Penser que le journaliste est objectif est une idée reçue largement défendue dans les médias qu'il faut déconstruire. Il est illusoire de considérer que le journaliste ne ferait que relater des faits sans qu'à aucun moment ses propres biais psychologiques, culturels ou idéologiques n'altèrent, d'une manière ou d'une autre, les informations qu'il porte à notre connaissance. Croire à l'objectivité du journaliste est non seulement un leurre, mais aussi particulièrement dangereux pour la démocratie. Dans le domaine politique, tout est sujet à interprétation. Aussi honnêtes soient ses intentions, il est donc très difficile pour un journaliste de rapporter un ensemble de faits sans que sa présentation comporte en elle-même une certaine orientation. Pour prendre l'exemple de la dette publique, dire que celle-ci représente 98,4 % du PIB en 2019 est un fait. Préciser qu'elle est excessive ou encore qu'il faut la réduire relève d'une interprétation fondée sur une opinion politique. Il n'est pourtant pas rare que cette opinion soit présentée en toute bonne foi par les journalistes comme une évidence incontournable. Il est ainsi très fréquent que les journalistes présentent comme des vérités factuelles ce qui constitue en réalité des interprétations tout à fait discutables, en particulier sur le plan économique. La difficulté majeure tient à ce qu'ils ne se rendent pas du tout compte qu'ils sont en train de professer une opinion. C'est là le caractère le plus vicieux de l'idéologie dominante : bien qu'étant une pure idéologie, elle possède l'apparence du pragmatisme, du bon sens.

La subjectivité est inhérente et indissociable de toute réalisation humaine. Les journalistes devraient avoir conscience que leur subjectivité, pour partie, décide des sujets qu'ils vont traiter, des angles qu'ils sélectionnent ou encore des personnes qu'ils choisissent d'interroger. Plutôt que de nier cette réalité, il est préférable de l'accepter pour essayer de résoudre les difficultés qu'elles posent. À l'échelle individuelle, et s'il ne peut être objectif, le journaliste doit s'efforcer d'être honnête en s'assurant que les informations qu'il délivre sont exactes. Mais cela est insuffisant à produire un système d'information fiable. Il faut que, à l'échelle collective, la pluralité des informations soit assurée. C'est par la confrontation des informations délivrées par différents émetteurs sur un même sujet que l'on peut se rapprocher de l'objectivité. Un journaliste est par nature subjectif, un système d'information pluraliste l'est déjà beaucoup moins. Encore faut-il que les différents émetteurs de l'information nourrissent de vraies différences d'approches et d'orientations idéologiques. C'est malheureusement de moins en moins le cas dans notre pays.

b) Les biais affectant le traitement de l'information

Si l'on évalue le résultat qu'il produit, le système médiatique aboutit à faire accepter aux citoyens ce qui est, plutôt que de l'amener à réfléchir sur ce qui devrait être. Il ne permet pas de réfléchir aux moyens de sortir du cadre imposé, mais contraint les citoyens à raisonner à l'intérieur de ce cadre. C'est ainsi que toute idée alternative au néolibéralisme est systématiquement décrédibilisée, dénigrée ou rejetée. Bien qu'ils ne soient pas produits intentionnellement par leurs auteurs, les biais dans le traitement de l'information sont nombreux, de différentes natures, et produisent des effets incontestables dans l'opinion publique :

1) La diversion ou « effet de loupe », qui noie les citoyens dans des informations insignifiantes et les détourne des connaissances essentielles. Exemple : la multiplication de reportages relatifs à des situations individuelles (la famille X part en camping, monsieur Y a décidé de se rendre au travail à vélo, le restaurateur Z se plaint d'une baisse d'activité en raison du mauvais temps).

2) L'infantilisation, qui consiste à traiter le spectateur comme un enfant en bas âge pour affaiblir son esprit critique. Exemple : le rejet par une majorité des citoyens d'une réforme voulue par le pouvoir sera très souvent imputé à un manque de « pédagogie ». Le problème ne provient pas de la réforme en elle-même, mais de ce qu'elle n'a pas été comprise par les citoyens. Autrement dit, la réforme est formidable mais les citoyens sont trop « bêtes » pour s'en rendre compte.

3) L'hyperémotion, pour court-circuiter l'analyse rationnelle et l'esprit critique. Exemple : la mise en avant de faits divers dramatiques en interrogeant les témoins et leurs ressentis sans chercher à identifier de manière rationnelle les causes plus structurelles qui en sont à l'origine.

4) La hiérarchisation inversée ou « syndrome de la page 27 »[1], qui consiste à reléguer une information essentielle au débat public en fin de journal de sorte qu'elle passe inaperçue tout en permettant au média de prétendre l'avoir traitée.

5) La binarisation du débat ou « raisonnement par étiquette », qui exclut toute analyse nuancée pour faire s'affronter deux camps : droite contre gauche, conservateur contre progressiste,

1. L'expression est empruntée à Olivier Berruyer.

extrême contre républicain, climatosceptique contre écologiste, populiste contre démocrate, souverainiste contre libéral, etc. Il importe peu que les personnes interrogées ou les analyses développées ne rentrent pas dans les cases préconçues. On les y fait rentrer de force, ce qui déforme ou travestit la vérité.
6) L'invisibilisation, qui consiste à trier soigneusement les personnes s'exprimant dans le débat public. C'est ainsi que les personnes qui défendent des idées critiques du néolibéralisme sont très peu visibles dans l'espace d'expression, public alors que ses partisans monopolisent les ondes.
7) L'attaque ad personam, qui consiste à diaboliser un individu pour disqualifier son message plutôt que de répondre par des arguments. Exemple: on va rechercher d'anciennes déclarations, les sortir de leur contexte pour leur faire dire ce qu'elles ne disent pas et décrédibiliser ainsi la personne concernée.

Ces biais dans le traitement de l'information se retrouvent parfois cumulativement pour un même événement. L'exemple de la couverture médiatique en cas grève en est une illustration édifiante. Lorsqu'un mouvement social s'engage, les médias focalisent quasi systématiquement l'attention des citoyens sur les effets négatifs de la grève, tout en invisibilisant ses causes. Les interviews sur les quais de gare passent en boucle sur les chaînes d'information pour entendre madame ou monsieur Tout-le-monde se plaindre des annulations ou retards de train qui l'empêchent de se rendre à son travail. Les débats télévisuels s'appliquent à poser LA question essentielle aux yeux des journalistes: « les grévistes ne prennent-ils pas les usagers en otages? ». L'effet recherché est de susciter l'empathie des spectateurs envers les gentils usagers contre les méchants grévistes. Les motifs de la grève sont toujours présentés de manière laconique et secondaire. Les débats télévisuels sont souvent déséquilibrés: un représentant des grévistes face à trois, quatre ou cinq partisans de la réforme contestée, avec un présentateur qui lui-même oublie parfois son rôle d'arbitre et son devoir d'impartialité. Ledit présentateur oriente le débat en laissant les représentants du gouvernement dérouler leur raisonnement en toute liberté alors qu'il interrompt fréquemment l'opposant à la réforme dès que la réponse formulée devient trop bien argumentée. Il use et abuse du pronom « on » et de l'expression « les Français » pour introduire ses questions (« on a le sentiment que les Français... », « on peut penser que les Français ... », « est-ce qu'on n'en a pas trop fait finalement au point que les Français se disent... ? »). De cette manière, il véhicule ses opinions personnelles tout en se dissimulant sous le masque de l'opinion publique. Le message subliminal produit par les médias est limpide : les gens raisonnables sont favorables à la réforme. Seuls les idiots, les fainéants et les idéologues y sont opposés. Plutôt que de permettre d'instaurer un débat rationnel et apaisé permettant à chaque citoyen de se forger une opinion éclairée, les médias concourent largement à instituer une logique de camp souvent caricatural, avec en définitive un parti pris pour le pouvoir en place.

Le traitement médiatique du mouvement des Gilets jaunes est un autre exemple qui mérite l'attention, s'agissant en particulier des violences commises par les policiers. Pendant près de deux mois, il y a eu un silence assourdissant dans les médias. Ces faits d'une extrême gravité sont totalement passés sous les radars médiatiques, ne suscitant que quelques articles épars et isolés. Si des reportages et des documentaires ont été réalisés par la suite, les chaînes d'information en continu et les journaux télévisés du 20 heures ont très rarement fait état des faits de violence policière. Or, ce sont ces médias et ces émissions qui structurent l'actualité du pays. Ce sont eux qui sont en mesure d'imposer un certain récit plutôt qu'un autre à l'opinion publique. C'est pourquoi les Gilets jaunes se sont montrés aussi révoltés par le traitement médiatique du mouvement. Comment peut-il en être autrement lorsque, chaque samedi de manifestation, vous assistez à des scènes de violences policières ou que vous les visionnez sur Internet et que, dans le même temps, la télévision n'en dit pas un mot pour se concentrer sur une vitrine cassée ou une voiture brûlée ? Les médias ne sauraient se réfugier derrière la nécessité de procéder à des vérifications, car ils n'ont pas fait preuve de la même rigueur lorsqu'il s'agissait de relayer complaisamment les mensonges gouvernementaux. On peut prendre l'exemple de la prétendue « attaque » de l'hôpital de la Pitié-Salpêtrière à l'occasion de la manifestation du 1er mai 2019 invoquée par Christophe Castaner, alors ministre de l'Intérieur, avant que cette « fake news » ne soit finalement démentie grâce aux vidéos amateurs diffusées sur les réseaux sociaux[1]. Parallèlement, certains journalistes n'avaient de cesse de répéter sur les plateaux de télévision que les revendications des Gilets jaunes « partaient dans tous les sens », ce qui ne pouvait être que de nature à les discréditer dans l'opinion publique. En revendiquant la justice fiscale et sociale, et la démocratie par l'instauration du référendum d'initiative citoyenne, les Gilets jaunes ne pouvaient pourtant pas être plus clairs sur leurs prétentions. Qu'attendre de plus de la part de citoyens en colère ? Des mesures techniques et juridiques ? Un programme électoral ? En feignant d'ignorer qu'ils ne s'adressaient pas à des professionnels de la politique, certains journalistes n'ont cessé de décrédibiliser les Gilets jaunes pour les présenter en définitive comme des gens inconséquents, déraisonnables, et violents. Comment croire dans ces conditions à un traitement impartial de l'information ? Parmi les nombreux effets qu'il aura dans le futur, le mouvement des Gilets jaunes est un évènement majeur en ce qu'il a durablement altéré le lien de confiance entre les médias et les citoyens qui s'y sont engagés ou l'ont soutenu.

Au-delà du traitement médiatique des mouvements sociaux, les émissions de débat politique sont bien souvent d'une grande médiocrité. Pour les raisons expliquées précédemment, les invités sont tous d'accord, à quelques nuances accessoires près, sur le sujet qui fait l'objet du débat. Si d'aventure une personne en rupture avec le consensus qui se dégage du plateau de télévision a été invitée, les programmateurs en auront choisi une défendant

1. Bouchez Y. et Chapuis N., « La Pitié-Salpêtrière : la thèse de l'"attaque" s'effondre, les gardes à vue levées », *Le Monde*, 3 mai 2019 ; Leboucq F., « Attaque de la Pitié-Salpêtrière à Paris : le mensonge de Castaner », *Libération*, 30 décembre 2019.

des idées extrêmes ou fantaisistes afin de caricaturer toute opposition. Il n'est pas rare non plus que des invités soient totalement incompétents pour se prononcer sur le sujet considéré. L'une des spécialités de la télévision consiste également à faire débattre des invités sur des sujets tout à fait secondaires. Avez-vous déjà assisté à un débat sérieux sur les sujets évoqués dans les chapitres 1 et 2 ? Avez-vous souvenir d'un débat contradictoire sur l'euro ? Sur la libre concurrence instituée par les traités européens ? Sur l'évasion fiscale ? Sur les privatisations des biens publics ? La plupart du temps, sont organisés des débats orientés pour évoquer la « lourdeur des charges sociales », la « rigidité du Code du travail » ou encore « l'ouverture des commerces le dimanche ». Les rares fois où, malgré tout, un argument solide surgit dans le débat public pour percuter l'un des principes du néolibéralisme, il y a de grandes chances pour que le contrevenant s'attire le regard réprobateur et une moue non dissimulée du présentateur. Les émissions de bon niveau permettant des débats réellement contradictoires sur les sujets politiques fondamentaux ont tendance à disparaître. C'est le cas par exemple de l'émission « Ce soir (ou jamais !) » animée par Frédéric Taddeï qui a été déprogrammée en 2016. La seule chaîne qui ait accepté de permettre à ce journaliste de continuer à faire ce qu'il a réalisé sur la chaîne du service public (France 3 puis France 2) pendant dix ans est Russia Today France avec l'émission « Interdit d'interdire ». Il est regrettable que la plupart des autres émissions de débat politique n'aient pas le même niveau d'exigence. Les débats politiques de qualité sont si rares que nous devrions tous collectivement nous inquiéter sur l'état de de notre démocratie. La remise en question est pourtant totalement inexistante, tout particulièrement au sein des rédactions journalistiques. Comment l'expliquer ?

c) Un asservissement financier et idéologique

Il faut savoir qu'environ 90 % des médias français nationaux traditionnels (dits « mainstream ») sont détenus par 8 milliardaires.

Sans que cette liste soit exhaustive, les médias français nationaux les plus influents à la télévision, radio et presse écrite sont tous la propriété de quelques-unes des plus grandes fortunes françaises :

1) Bernard Arnaud (LVMH, 1re fortune française) : *Le Parisien*, *Les Échos*, Radio classique ;

2) François Pinault (6e fortune française) : *Le Point* ;

3) La famille Dassault (7e fortune française) : *Le Figaro* ;

4) Vincent Bolloré (11e fortune française) : Canal +, CNews, C 8 ;

5) Patrick Drahi (12e fortune française) : BFM-TV, RMC, *Libération* et *L'Express* ;

6) Xavier Niel (Free, 13e fortune française) : *Le Monde*, *L'Obs* et *Télérama* ;

7) La famille Bouygues (28e fortune française) : TF1, LCI, TMC ;

8) Arnaud Lagardère (361e fortune française) : Europe 1, *Paris Match* et le *Journal du Dimanche* ;

Il est un fait acquis que ces médias, largement subventionnés pour la plupart par l'argent public, sont déficitaires. C'est donc pour le pouvoir d'influence qu'un média procure que leur propriété est convoitée. Le risque de conflits d'intérêts est pourtant évident. Imaginez un instant que LVMH ou Free soit mis en cause dans une procédure pénale ? Il est plus que probable que le propriétaire de l'entreprise concernée utilisera « son » média pour préserver les intérêts et l'image de celle-ci, au risque de sacrifier le devoir d'information des citoyens. Ce risque de dérive, si grave soit-il, ne représente néanmoins qu'une part négligeable comparé aux effets structurels produits par les conditions de propriété actuelles des médias français. Par ailleurs, le fait que la plupart des médias influents soit détenue par quelques milliardaires participe à ce que les recrutements et promotions au sein des rédactions journalistiques soient orientés et biaisés. L'actionnaire majoritaire d'un média nomme des personnes de confiance aux fonctions de direction qui partagent logiquement les mêmes orientations idéologiques. Ces dernières se chargeront de recruter et promouvoir des salariés remplissant les mêmes critères. Bien que l'intensité du devoir de loyauté vis-à-vis de l'actionnaire majoritaire s'affaiblisse jusqu'à n'être plus ressenti à mesure que l'on descend dans la structure hiérarchique, le contrôle de la ligne éditoriale est bien assuré sur l'essentiel. L'exemple de l'éviction de l'humouriste Sébastien Thoen par la chaîne Canal + pour avoir participé à un sketch qui parodiait l'émission « L'heure des pros » animée par Pascal Praud sur CNews, est à cet égard révélateur[1]. Il l'est d'autant plus que, quelques jours plus tard, Stéphane Guy, commentateur star de la chaîne et salarié depuis vingt-quatre ans, a lui aussi été licencié pour avoir eu l'audace d'adresser un salut amical à Sébastien Thoen à l'antenne[2]. Il demeure néanmoins relativement rare que des méthodes aussi brutales, arbitraires et spectaculaires soient utilisées. La plupart des procédés de contrôle et de censure sont bien plus insidieux et se déroulent dans l'intimité des salles de rédaction. Une simple remarque anodine de la part d'un rédacteur en chef devant des collègues de travail peut parfois suffire à dissuader un journaliste d'enquêter ou de rédiger un article sur un sujet. Il faut comprendre que la propriété des médias par quelques milliardaires produit des conditionnements psychologiques et sociaux susceptibles de générer de la censure ou même de l'auto-censure. Que le service public de l'information ne soit pas plus impartial que les médias privés ne permet pas d'invalider le raisonnement. Il est établi que les candidats politiques qui parviennent aux plus hautes marches du pouvoir ont systématiquement été soutenus financièrement par certains des Français les plus riches qui ont le plus à gagner à voir poursuivre les politiques néolibérales. Pas étonnant dans ces

1. « Sébastien Thoen licencié pour avoir "légitimé" des "dénigrements" constants, selon Canal + », *Le Parisien*, 9 décembre 2020.

2. « Stéphane Guy licencié par Canal+ », *L'Équipe*, 24 décembre 2020 ; « Le premier syndicat du groupe Canal + s'indigne du licenciement de Stéphane Guy », *L'Équipe*, 28 décembre 2020.

conditions que les dirigeants politiques élus nomment à la tête des médias du service public des personnes elles-mêmes acquises à l'idéologie néolibérale. Il faut encore ajouter que la valse des présentateurs, journalistes et éditorialistes entre médias privés et médias publics, est permanente, si bien que les membres de la caste médiatique sont aujourd'hui largement devenus interchangeables. S'ils sont capables de se diviser, voire de s'écharper sur tout ce qui est vain et secondaire, ils se rejoignent sur l'essentiel.

Émettre ces critiques publiquement à l'endroit des journalistes est de nature à susciter une levée de boucliers. Nombre des professionnels de l'information sont prompts à proclamer leur indépendance d'esprit et une liberté totale dans l'exercice de leur profession. C'est peut-être là l'un des effets les plus redoutables de la perversion du système médiatique : les journalistes qui se comportent comme les chiens de garde du néolibéralisme n'en ont pour la plupart pas même conscience. Comment le pourraient-ils ? Ils ont été précisément sélectionnés ou promus en raison de leur aliénation à l'idéologie dominante. Autrement dit, ils n'auraient jamais accédé à des postes aussi influents s'ils avaient eu ou défendu des idées en rupture avec le néolibéralisme. Il faut dire aussi que cela arrange bien les présentateurs ou journalistes vedettes. Bénéficiant de rémunérations extrêmement confortables (un présentateur de télévision ou éditorialiste peut percevoir une rémunération mensuelle de l'ordre de 5 000 jusqu'à 50 000 euros), et de positions socialement reconnues, ils n'ont strictement aucun intérêt à voir modifier les règles du fonctionnement de la société. Certains journalistes échappent bien sûr à la règle, en particulier ceux qui se situent en bas de la pyramide et dont le statut est particulièrement précaire. Il ne s'agit pas de mettre tout le monde dans le même panier. On peut d'ailleurs préciser que le niveau d'alinéation au néolibéralisme et de contrôle de la ligne éditoriale est proportionnel à l'influence de l'émission ou du média considéré. Et même parmi les émissions relativement populaires ou les journaux de référence, il se trouve des journalistes qui remettent en cause le modèle néolibéral. L'exception ne doit toutefois pas masquer le principe général. S'il existe des journalistes exempts de toute critique, le système médiatique dans son ensemble est très largement défaillant.

En l'état actuel, le plus problématique est que ceux qui occupent les places les plus influentes dans le système médiatique apparaissent imperméables à toute remise en question. L'entre-soi politico-médiatique qui règne aujourd'hui permet à chacun de ceux qui font partie du cercle restreint des privilégiés de conforter leurs justifications idéologiques. Ils se cooptent les uns les autres, vivent entre eux, et se tiennent bien à l'écart des autres classes sociales. La déconnexion qui en résulte avec le reste de la société française est patente. La remise en question est d'autant plus difficile pour eux que l'aveuglement idéologique dont ils font preuve sert leurs petits intérêts personnels. Ils ne veulent pas voir les problèmes de la société pour une raison simple : ce ne sont pas les leurs. Pourquoi réfléchir à changer les règles du jeu lorsqu'elles vous profitent ? Il est plus facile de se réfugier dans le déni que d'essayer d'identifier ses propres biais cognitifs pour tenter d'analyser le monde de manière plus rationnel. D'un certain point de vue, la caste médiatique est un peu à l'image de la classe moyenne supérieure de la société française dans son ensemble. Bardée de diplômes supérieurs délivrés par des écoles souvent prestigieuses, elle est sûre de sa supériorité intellectuelle et bénéficie de conditions de vie trop avantageuses pour renoncer à la légèreté de l'âme et l'insouciance de l'esprit. C'est certainement là l'un des blocages majeurs de la société française. La classe moyenne supérieure vit manifestement bien trop confortablement pour renoncer à ses illusions.

d) L'émergence des médias indépendants sur Internet

L'indigence du traitement de l'information par les médias traditionnels n'est pas restée sans réaction. La nature a horreur du vide. Les citoyens n'arrivant plus à s'informer correctement sur le plan politique ont choisi soit d'y renoncer purement et simplement, soit de s'orienter vers les médias indépendants qui ont fleuri sur Internet ces dernières années. Il ne faut pas nier la difficulté de trouver des médias fiables, car sur Internet on trouve tout et n'importe quoi. Des analyses très sérieuses et sourcées côtoient des inepties et autres révélations sensationnelles totalement mensongères ou absurdes. Parmi les nombreux sites ou chaînes d'information du Web, il faut savoir faire le tri.

Il n'en demeure pas moins qu'un certain nombre de médias indépendants ont réussi à émerger par un traitement de l'information et des sujets politiques radicalement différents des médias « mainstream ». Par exemple, Thinkerview a connu une croissance exponentielle grâce à un parti pris à l'opposé des médias traditionnels avec un panel d'invités extrêmement varié et une durée d'entretien assez longue pour permettre aux invités de développer leurs analyses. La liste des médias indépendants dont l'audience a explosé ces dernières années est impressionnante : Arrêt sur images, Le Média, Quartier Général, Le Vent Se Lève, Là-bas si j'y suis, Hors-série, Le Comptoir, Osons causer, etc. Cela signifie que l'intérêt pour la chose publique demeure très intense pour une partie des citoyens et que le système médiatique traditionnel ne remplit plus sa mission de manière satisfaisante. Les médias « mainstream » devraient y prendre garde, car leur influence sur l'opinion publique ne cesse de décroître par l'effet du renouvellement des générations, les jeunes se détournant massivement de la télévision et presse écrite au profit d'Internet. Si les médias traditionnels continuent à défendre coûte que coûte l'idéologie dominante, ils finiront par se discréditer une bonne fois pour toutes. Ont-ils vraiment envie de connaître le même sort que la *Pravda* sous le régime de l'URSS ?

3.2.
L'État : institution mise au service du capital

3.2.1. L'illusion démocratique : « On est en DÉ-MO-CRA-TIE ! »

> *« On ne peut pas parler sérieusement de la démocratie si l'on n'est pas capable d'envisager que d'autres modèles politiques que ceux de la démocratie sont possibles. »*
>
> Bernard Stiegler

La France est une démocratie. Pour la plupart de ceux qui s'expriment dans le débat public, le doute n'est pas permis. À chaque fois qu'ils identifient un danger qui la menace, les injonctions fleurissent d'ailleurs aussitôt : « Il faut sauver notre démocratie ! ». C'est que le raisonnement en la matière est souvent binaire : c'est soit la démocratie, soit la dictature. L'entre-deux n'existe pas. Il n'est pas étonnant dans ces conditions que la plupart des citoyens soient persuadés que le système dans lequel nous vivons constitue une pure et authentique démocratie. Pour ceux-là, il n'est pas rare qu'une critique formulée contre la politique du gouvernement soit considérée comme illégitime, anti-démocratique. Le raisonnement est audible. Un gouvernement élu démocratiquement doit avoir toute liberté pour agir puisqu'il a reçu l'onction du suffrage universel. Et si d'aventure les citoyens ne sont pas satisfaits de son action, ils pourront le sanctionner lors des prochaines élections. Il se pourrait néanmoins que cette manière d'appréhender la politique et la notion de démocratie soit assez réductrice. Il se pourrait même que la démocratie pose en réalité des questions bien plus profondes qu'il n'y paraisse à première vue. Et si nous n'étions pas en démocratie, ou du moins pas tout à fait?

a) Pas de démocratie sans élections libres et équitables

Il faut commencer par dissiper une confusion entre démocratie et principe de majorité. Les démocraties modernes fonctionnent suivant un principe de majorité pour ce qui concerne la prise de décision collective, que ce soit dans les assemblées représentatives ou dans l'algorithme électoral pour la désignation des représentants politiques. Il ne faut néanmoins pas faire l'amalgame entre le principe de majorité en tant que règle de décision collective et la démocratie comme forme de gouvernement. Au sens étymologique, la démocratie signifie le « pouvoir du peuple » (*demos* = peuple; *cratos* = pouvoir). Ces deux notions sont indissociables. En pratique, les sociétés modernes fonctionnent toutes suivant un mécanisme de représentation. Celui qui est très largement pratiqué est fondé sur l'élection. Le processus électoral est censé permettre la confrontation des points de vue divergents, voire opposés au sein de la société afin de dégager une majorité idéologique ou programmatique. Les représentants élus ont pour mission d'agir conformément au mandat qu'ils ont reçu de leurs électeurs. Ces derniers délèguent ainsi le pouvoir politique qu'ils détiennent individuellement aux représentants qu'ils estiment dignes de leur confiance et en adéquation avec leurs opinions.

En théorie, la « démocratie » au sens étymologique est respectée. Mais la théorie et la pratique sont parfois difficiles à accorder. Le transfert de pouvoir qui s'opère lors des élections entre le peuple et les représentants qu'il se choisit dépend directement des moyens qui sont donnés à chaque électeur pour faire son choix de vote. Dès lors, les conditions dans lesquelles s'opère le processus électoral sont essentielles. Celui-ci doit être intègre, loyal et sincère pour permettre aux citoyens de faire leur choix en toute connaissance de cause. Il est extrêmement périlleux de réunir ces conditions en pratique. C'est pourquoi les risques d'altération de la démocratie sont inhérents à la délégation de pouvoir consentie lors des élections. Pour bien comprendre les limites que pose le système de l'élection des représentants, il faut raisonner par l'absurde. La démocratie représentative pourrait être parfaite si chaque citoyen disposait d'une sérieuse éducation politique (esprit critique, capacités d'analyse, culture historique, etc.) et d'une information complète sur l'ensemble des enjeux de la vie de la cité. Or, tel n'est évidemment pas le cas. Personne n'est omniscient, chaque citoyen fait son choix de vote selon ses propres connaissances, en fonction de ses moyens du moment. Il en résulte que la démocratie dans un système représentatif n'est jamais absolue et ne peut l'être. Elle est nécessairement relative. Cela ne condamne pas pour autant le système de la démocratie représentative. Mais cela oblige à poser des exigences maximales pour garantir la qualité du débat public et le plus haut niveau d'intégrité du processus électoral. À sa façon, Winston Churchill l'avait parfaitement exprimé : « La démocratie est le pire des régimes, à l'exclusion de tous les autres ».

Des citoyens éclairés : mythe ou réalité ?

Les niveaux d'éducation et d'information d'un citoyen sont les conditions essentielles de l'expression d'un vote libre et éclairé. Or, une première illusion consiste à présupposer que toutes les opinions se valent – puisque chaque personne compte pour une voix – alors que, à l'évidence, le niveau de conscience politique des citoyens est très hétérogène. Ce serait une erreur de lier cette disparité en matière de niveau d'éducation politique au sein de la société au statut social des citoyens. Autrement dit, appartenir à la classe moyenne supérieure ne garantit nullement d'être un expert en analyse politique. *A contrario*, les citoyens appartenant à la classe ouvrière sont capables de posséder un très haut niveau de culture politique. En somme, le niveau de conscience politique d'un citoyen a aujourd'hui bien moins à voir avec son statut social ou le niveau de ses diplômes qu'avec le temps qu'il a consacré à s'intéresser à la matière politique. Cela tient essentiellement à l'affaissement du niveau du débat public, en sorte que les citoyens les plus éclairés sont ceux qui ont consacré du temps à se forger une opinion en se confrontant à des analyses développées en dehors du champ des médias traditionnels. Ils ne sont pas légion. Dans la société de consommation telle que nous la connaissons, il est un fait que la plupart des citoyens se détournent massivement des enjeux politiques pour y préférer, en dehors de leur temps de travail, le divertissement ou le repos en famille. Comment ne pas s'apercevoir que nombre de citoyens sont capables d'atteindre un niveau de connaissances et de technicité très élevé lorsqu'il s'agit d'acheter un bien de consommation mais sont incapables de produire le dixième de cet effort pour faire leur choix de vote ?

Le constat est qu'une grande partie de la population dispose de connaissances insuffisantes en politique. Il ne s'agit pas de culpabiliser les citoyens, car la responsabilité incombe plutôt aux « élites » politiques et médiatiques du pays qui sont promptes à dénoncer les lacunes intellectuelles de la population alors qu'elles en sont directement à l'origine. Comme le disait John Milton : « Ceux qui ont crevé les yeux du peuple lui reprochent d'être aveugle ». Toujours est-il que la plupart des citoyens ne disposent pas de clés de compréhension nécessaires pour exprimer des choix éclairés lors des élections. Nombreuses sont les personnes qui essaient de remplir leur devoir de citoyen en s'intéressant aux programmes des différents candidats aux élections. Le résultat est souvent peu probant : tous les programmes politiques sont construits pour séduire les électeurs, tous multiplient les promesses enthousiasmantes. Malgré la meilleure volonté du monde, les programmes politiques ne permettent pas aux électeurs de progresser dans leur choix. En définitive, la sélection du candidat s'opère plutôt sur l'image qu'ils perçoivent de tel ou tel représentant politique. C'est moins sur les idées qu'il défend que sur la projection qu'ils se font de sa personnalité et des qualités morales qu'ils lui prêtent. Or, dresser un portrait psychologique d'une personne à travers des apparitions médiatiques relève plus d'un jeu de hasard que d'une analyse rationnelle. En définitive, le seul moyen pour analyser avec justesse les candidats à une élection et leur programme politique est de disposer d'une grille de lecture fondée sur des critères pertinents, cohérents et construits en amont de l'élection. C'est ce qui permet de déceler derrière les belles promesses, les annonces théâtrales et les déclarations fracassantes, les véritables orientations idéologiques et les réelles intentions politiques des candidats. En clair, il faut savoir pour ne plus se faire avoir. Cette grille d'analyse a bien sûr vocation à être améliorée et perfectionnée tout au long de sa vie de citoyen. L'essentiel réside dans le fait d'adopter une méthode d'analyse rationnelle pour ne plus se reposer sur de simples ressentis ou interprétations hasardeuses.

Les nombreuses failles du processus électoral

Au-delà du niveau d'éducation politique de la population, les règles du jeu du processus électoral constituent l'un des piliers d'un régime démocratique. Sous la Ve République, l'élection déterminante est celle du président de la République. Le président élu emportant systématiquement la majorité à l'Assemblée nationale, c'est elle qui conditionne les orientations de la politique nationale. Cela est d'autant plus vrai depuis la réforme substituant au septennat le quinquennat et l'inversion du calendrier des élections (élection présidentielle suivie des élections législatives). Or, comment sont choisis les candidats à l'élection présidentielle ? Le critère déterminant pour chaque parti politique est de choisir le candidat qui aura le plus de chances d'engranger le maximum de voix, voire de gagner l'élection. De nombreux paramètres rentrent en considération. Mais il en est dont l'importance est supérieure à tous les autres : la visibilité médiatique. C'est avant tout parce que telle ou telle personnalité politique aura bénéficié de nombreux passages à la télévision ou à la radio, et suivant la popularité de telle ou telle émission, qu'elle se sera fait connaître d'un maximum de citoyens et sera en mesure d'être « présidentiable »[1]. S'il apparaît difficile, voire impossible, d'établir des critères objectifs de sélection, il est fort problématique que les invitations dépendent plus aujourd'hui de la course à l'audience ou de petites faveurs entre amis que de la volonté d'élever le niveau du débat public. Le résultat est que les candidats en mesure de se présenter à l'élection présidentielle – avec de véritables chances de la gagner – sont choisis par quelques personnes influentes dans le milieu médiatique. Si leur déconnexion avec la société française a engendré un affaissement du niveau du débat publique, elle explique aussi que les personnalités politiques mises en lumière soient massivement rejetées par les citoyens. On comprend dans ces conditions les raisons pour lesquelles nombre de citoyens expriment la plupart du temps, et de plus en plus, un choix par défaut. Un choix qui tient moins à une adhésion pour tel candidat et son programme qu'au rejet de tous les autres.

Il faut également souligner le rôle prépondérant des sondages dans l'élection. Ces mesures de l'opinion publique qui sont abondantes dans le cadre de l'élection permettent à chacun de se faire une idée sur les forces en présence et d'anticiper le résultat de l'élection. Dès lors, intervient dans le choix des citoyens une dimension stratégique : on ne vote plus pour le candidat qui nous paraît le plus proche de nos convictions, mais pour celui qui possède de véritables chances de gagner face à celui qui est le plus éloigné de nos idées. C'est le fameux « vote utile ». Les sondages constituent ainsi un formidable moyen d'influencer le résultat des élections. Dès le début de la campagne électorale, il vaut mieux se lancer avec un score élevé dans les sondages sous peine d'être relégué au rang de faire-valoir. C'est ainsi qu'un candidat qui serait en mesure de bénéficier d'un très large soutien compte tenu des idées qu'il défend ne sera pas pris au sérieux

1. Étude de l'institut de sondage Kantar publiée le 5 juin 2007 qui établit grâce à l'outil de mesure UBM (Unité de bruit média) que les candidats les plus présents dans les médias sont également ceux qui arrivent en tête des suffrages exprimés.

s'il n'obtient pas au moins un score à deux chiffres dans les sondages. Le mécanisme pernicieux qui joue l'est d'autant plus que les règles de temps de parole accordés dans les médias sont fixées pendant la majeure partie de la campagne électorale sur la base desdits sondages. Il en résulte que les « gros candidats » du début sont, sauf invraisemblable retournement, assurés de le rester, et qu'à l'inverse les « petits candidats » sont quasiment condamnés au rôle de figurant.

Une autre faille affecte le processus électoral : les règles de financement des campagnes électorales. Les candidats sont soumis à un plafond de dépenses qu'ils ne doivent pas dépasser sous peine de ne pas obtenir le remboursement de leurs frais de campagne[1]. Mais pour obtenir le remboursement desdits frais, ils doivent obtenir un score d'au moins 5 % lors du premier tour de l'élection. Il en ressort que les « petits candidats » ont tout intérêt à être prudents s'ils ne souhaitent pas se retrouver endettés jusqu'au cou. Au-delà de la question du remboursement des frais engagés, il est intéressant de s'interroger sur les moyens dont disposent les candidats pour financer leurs campagnes électorales. Il existe deux possibilités : l'emprunt bancaire et les dons des citoyens. Il est bien évident que plus un candidat est assuré d'obtenir au moins 5 % des suffrages, plus les banques seront disposées à lui accorder un crédit pour avancer ses frais de campagne. Il y a là une première rupture d'égalité patente, puisque selon que le candidat est perçu comme fort ou faible – sur la base des sondages qui eux-mêmes sont le reflet de la visibilité médiatique dont chacun a bénéficié – il obtiendra ou non un emprunt. La situation n'est guère plus équitable pour ce qui concerne les dons des citoyens. Il est beaucoup plus accessible pour les personnes fortunées de réaliser des dons pour soutenir leur candidat que pour des personnes modestes. Et il est évident qu'un riche sera plus naturellement disposé à soutenir un candidat qui défend les intérêts des privilégiés plutôt

1. Cette règle est celle qui vaut à Nicolas Sarkozy des poursuites judiciaires dans l'affaire « Bygmalion » relative à l'élection présidentielle de 2012.

que celui qui promet une plus grande redistribution des richesses en faveur des plus pauvres de la société. Or, il faut savoir que les dons aux candidats politiques font l'objet d'un crédit d'impôt à proportion des deux tiers. Il en résulte que chaque don réalisé est *in fine* financé pour deux tiers par l'ensemble des contribuables. En somme, le système électoral aboutit à ce que seuls les riches qui disposent d'une surface financière suffisamment confortable soient en position d'opérer des dons conséquents au candidat de leur choix, lesquels dons sont remboursés à 66,67 % par l'ensemble de la collectivité. En somme, les modalités de financement des campagnes électorales contribuent à favoriser l'influence des plus riches de la société sur le résultat des élections.

Ignorance des citoyens, personnalités politiques imposées par les médias, sondages comme outil d'influence sur l'opinion publique et mode de financement inéquitable des campagnes électorales sont autant de raisons qui entament profondément la légitimité du processus électoral. Il ne s'agit pas d'un réquisitoire anti-élections mais de critiques argumentées qui devraient nous conduire à admettre les limites de notre système actuel afin de refonder son intégrité. Parmi les nombreuses améliorations à apporter, il faudrait commencer par introduire le vote blanc associé à un pouvoir de sanction. Selon ce mécanisme, les élections sont annulées si le vote blanc arrive en tête des suffrages ou dépassent la majorité absolue (50 %), avec interdiction pour tous les candidats de se présenter lors de la nouvelle élection. Ce serait un moyen de contrôler indirectement l'influence des médias sur le choix des personnalités politiques rendues visibles dans le débat public. Il faut également réformer le mode de financement des partis politiques. L'économiste Julia Cagé propose par exemple que l'État attribue chaque année à tous les citoyens un « bon » de 7 euros que chacun pourrait décider d'allouer au parti politique de son choix. De cette manière, on s'assure que le financement des partis politiques repose sur leur poids électoral plutôt que sur le choix discrétionnaire des plus riches de la société. Ce ne sont là que quelques pistes de réflexion qui mériteraient d'être très largement enrichies.

En définitive, l'élection ne saurait en aucun cas octroyer une légitimité absolue au pouvoir élu. Certes, l'élection confère une légitimité à ceux des représentants qui en sont issus. Mais celle-ci est proportionnellement liée à l'intégrité du processus électoral. Un président « mal élu » aura une légitimité relativement précaire, voire contestable. Les failles de notre processus électoral aboutissent aujourd'hui à ce que le président de la République élu en la personne d'Emmanuel Macron soit minoritaire dans l'électorat du pays[1]. Ce premier constat doit nous conduire à un second d'ordre plus général : aucun système ne peut garantir l'intégrité parfaite du processus électoral, en sorte que la « démocratie » ne saurait se limiter à la désignation des représentants.

b) Pas de démocratie sans libertés publiques

Si les élections suffisaient en soi à instaurer la démocratie, il faudrait considérer que la Russie ou la Chine sont des démocraties aussi authentiques que celle de la France. Or, si ces pays sont à juste titre considérés comme autoritaires, voire dictatoriaux, cela ne tient pas à l'absence d'élections – puisqu'ils en ont – mais au défaut d'alternative politique. Les régimes à parti unique ont tous ce point commun incontournable : les libertés fondamentales que sont la liberté d'expression, la liberté de manifestation, le droit de grève, la liberté de la presse ou encore le droit à un procès équitable ne sont ni garanties ni assurées. Le respect de l'ensemble de ces libertés est la condition sine qua non pour garantir l'effectivité d'un système démocratique. Quelle démocratie si les opposants politiques au pouvoir sont arbitrairement arrêtés et mis en prison, voire exécutés ? Quelle démocratie si les médias relaient servilement la propagande du pouvoir en place sans avoir aucun droit de le critiquer ? Quelle démocratie si les citoyens sont interdits d'exprimer publiquement leur opposition

1. Les sondages établissent qu'en moyenne 70 % des Français rejettent la politique d'Emmanuel Macron.

au pouvoir élu ? Par définition, la démocratie est le système qui permet la résolution des désaccords et des conflits dans la société par des moyens pacifiques. Les libertés fondamentales ont pour rôle de permettre à tout moment de faire surgir publiquement les désaccords au sein de la société inhérents aux intérêts contradictoires poursuivis par les individus. Le respect de ces libertés constitue l'une des garanties essentielles de l'intégrité du processus électoral. Pour faire un choix éclairé, les citoyens doivent avoir connaissance des opinions contradictoires qui s'affrontent au sein de la société. Tel ne peut être le cas si la liberté d'expression et la liberté de la presse ne sont pas garanties.

La démocratie ne se limite pas non plus à la garantie donnée au peuple de choisir parmi différents candidats et programmes politiques. L'exercice des libertés publiques fait parfois surgir un conflit de légitimité en cours de mandat entre la volonté des représentants élus et celles des représentés. Tant que les représentés opposés au gouvernement ou à l'une de ses réformes sont minoritaires dans la société, le principe de la majorité attribue la légitimité aux représentants. Mais que se passe-t-il lorsque les sondages montrent qu'une majorité de la population est opposée à telle ou telle réforme voulue par le gouvernement ? Plus encore lorsque cette opposition majoritaire des citoyens s'exprime dans le cadre de grèves et de manifestations dans le pays ? Il y a dans ces hypothèses un conflit de légitimité entre, d'un côté, la représentation élue du peuple qui a obtenu la majorité aux dernières élections et, de l'autre côté, le peuple lui-même qui se retrouve majoritaire sur un sujet donné. Sauf à nier toute valeur aux mesures de l'opinion publique, l'un et l'autre peuvent revendiquer l'application du principe de majorité. Comment dénouer cette opposition ? Deux hypothèses sont à envisager.

1re hypothèse : Si la réforme contestée ne figurait pas dans le programme politique du pouvoir élu, aucune légitimité ne peut être tirée de l'élection. La seule solution ne peut être que l'organisation d'un référendum permettant au peuple, à l'issue d'un débat contradictoire, d'avoir le dernier mot. À titre d'exemple,

François Hollande a fait tout l'inverse en 2016 pour la « loi El Khomri » réformant le Code du travail en utilisant l'article 49-3 de la Constitution permettant de « passer en force » à l'Assemblée nationale.

2e hypothèse : Si la réforme contestée figurait dans le programme politique du pouvoir élu, le conflit est difficile à résoudre. D'un côté, les partisans de la majorité électorale du moment sont disposés à soutenir que la légitimité de la réforme est incontestable. De l'autre côté, les opposants à la réforme ne manquent pas d'arguments à faire valoir. Ils peuvent arguer que le processus électoral est en grande partie défaillant en sorte que les citoyens sont susceptibles de voter contre leurs propres intérêts par ignorance, ou bien se faire purement et simplement berner par des présentations avantageuses et trompeuses du candidat et de sa politique. Ils peuvent également avancer que, à supposer même que les électeurs aient fait leur choix en parfaite connaissance de cause, un vote pour un candidat ne vaut pas approbation de l'intégralité des mesures préconisées dans son programme politique. Ils peuvent encore justifier le fait que les citoyens sont libres de changer d'avis et que les représentants ne sauraient se prévaloir d'une légitimité obtenue antérieurement pour outrepasser la volonté majoritaire du moment. En somme, aucune vérité absolue ne permet de trancher la difficulté.

Il faut surtout comprendre que ce type de conflits de légitimité révèle la crise démocratique qui traverse la société, avec une représentation politique qui est de plus en plus rejetée par les citoyens et un pouvoir institutionnel ultra-minoritaire dans le pays. Plutôt que d'en tirer la conclusion que le pays serait de moins en moins « gouvernable », les dirigeants politiques devraient comprendre que la liberté d'expression et la liberté de manifestation ne sont pas seulement là pour le folklore. Si ces libertés sont garanties, c'est certes pour que les citoyens puissent s'exprimer, mais c'est aussi et surtout pour qu'ils soient écoutés par leurs représentants. Il impératif que les dirigeants politiques en reviennent à la lettre et l'esprit de la Constitution de la ve République qui prévoit en son article 3 que

« la souveraineté nationale appartient au peuple qui l'exerce par ses représentants et par la voie du référendum ». Or, il est un fait acquis que depuis le référendum organisé sur la Constitution européenne de 2005 et le « non » de 55 % des Français, les gouvernants se sont prudemment abstenus de consulter directement le peuple. Pire encore, ils ont décidé, Nicolas Sarkozy étant à la manœuvre à l'époque, de faire ratifier le traité de Lisbonne – qui n'était que la reprise quasi identique de la Constitution européenne de 2005 – par le Parlement en 2008. La démocratie paie encore aujourd'hui le prix de cette trahison. On ne gouverne pas impunément contre le peuple. À force de le mépriser, le peuple demande légitimement des comptes à ceux qui ont bafoué sa volonté souveraine.

c) Pas de démocratie sans souveraineté

Il faut émettre une dernière critique contre le fonctionnement actuel de notre « démocratie ». Il ressort en effet qu'il existe une raison plus profonde qui vide de sa substance la démocratie représentative. Peut-on considérer vivre en démocratie si les dirigeants élus n'ont en réalité pas la capacité d'agir ? Par capacité d'agir, il faut entendre la possibilité de modifier, jusqu'à 180° si le peuple le décide, la politique poursuivie. Si, quel que soit le résultat des élections, les représentants élus n'ont pas la possibilité de conduire une autre politique, en particulier en matière économique et sociale, cela signifie que le choix du vote n'est qu'une illusion. Autrement dit, la démocratie suppose qu'un véritable changement de politique puisse advenir en fonction de la volonté exprimée par les citoyens aux élections. Or, la France a perdu sa souveraineté budgétaire, monétaire et commerciale par l'effet des délégations de pouvoir consenties à l'Union européenne[1]. Dans le cadre des traités européens actuels, le président de la République et son gouvernement se retrouvent dans l'impossibilité absolue de conduire une autre politique économique que celle que nous

1. Cf. Chapitre 2, L'Union européenne : la prison institutionnelle.

connaissons depuis tant d'années[1]. Jean-Claude Juncker, président de la Commission européenne de 2014 à 2019, l'avait exprimé en une formule devenue célèbre lorsque l'Union européenne était en train de soumettre la Grèce à une nouvelle cure d'austérité, et ce contre l'avis majoritaire de la population[2] : « Il ne peut y avoir de choix démocratiques contre les traités européens »[3].

Comment s'étonner dans ces conditions que les niveaux d'abstention aux élections aient atteint des records ? Pourquoi nombre de citoyens se détournent-ils des élections si ce n'est parce qu'ils ne croient plus ni en la sincérité du processus électoral ni en la capacité des dirigeants d'agir pour améliorer leur vie quotidienne ? Les débats sans fin sur la « crise démocratique » que connaît notre pays passent très souvent totalement à côté des raisons profondes qui en sont à l'origine. Des invités prétendument experts se lamentent en boucle des « dangers qui menacent notre démocratie » sans en apercevoir les racines. Les mêmes défendront les élections telles qu'elles sont, le mode de financement des partis politiques tel qu'il est, les sondages tels qu'ils sont pratiqués, la légitimité prétendument absolue conférée aux représentants politiques, et l'Union européenne telle qu'elle est. Comme le disait Bossuet, « Dieu se rit des hommes qui déplorent les effets dont ils chérissent les causes ».

3.2.2. L'homme politique : le comédien pathétique

> *« Il est du devoir des hommes politiques de parler : quand ils ne parlent pas, on s'imagine qu'ils pensent. »*
>
> André Frossard

La description de l'homme politique qui va suivre ne prétend pas s'appliquer à tous les hommes politiques. Il s'agit de tirer un

1. Cf. Chapitre 1, L'idéologie dominante : la prison des esprits.

2. « Référendum grec : le non l'emporte à 61,31 %, Tsipras veut renégocier la dette », *Le Parisien*, 5 juillet 2015.

3. Mevel J.-J., « Jean-Claude Juncker : "La Grèce doit respecter l'Europe" », *Le Figaro*, 28 janvier 2015.

portrait à grands traits pour dégager des tendances. Il est fort probable que la pertinence de l'analyse augmente à mesure que l'homme politique gravit les échelons sur l'échelle du pouvoir. Les élus locaux – maires des petites et moyennes villes, conseillers municipaux, conseillers régionaux, etc. – dans leur très large majorité ne sont pas concernés. Ce ne sont pas eux qui sont responsables du marasme dans lequel la France s'est engluée. Il faut au contraire saluer leur dévouement. Il faut avoir un vrai sens de l'intérêt général pour s'investir autant dans des missions difficiles pour un retour sur investissement souvent symbolique. Il sera question dans cette partie des hommes politiques influents, de ceux qui font la vie politique nationale. Ils sont députés, leaders et cadres des partis politiques de gouvernement ou d'opposition, ministres, Premiers ministres et présidents de la République. Parce qu'ils sont les acteurs d'un système politicien devenu incapable de servir l'intérêt général, il faut analyser où se jouent les incompréhensions et les manipulations pour comprendre l'engrenage infernal dans lequel ils se sont eux-mêmes enfermés.

a) Un désintérêt pour le bien commun

Victime du triomphe de l'hyper-individualisme dans nos sociétés occidentales, l'homme politique agit moins pour le bien commun qu'au service de ses intérêts particuliers. Ses vices ne sont pas difficiles à identifier puisqu'ils ont le mérite de ne pas être originaux : obtenir de la reconnaissance via le statut social que lui procure son mandat, propulser sa carrière professionnelle, acquérir de la notoriété et du pouvoir. Si ces motivations inavouables conditionnent bien souvent les décisions qu'il prend, il n'en a pas toujours parfaitement conscience. Il s'évertue en tout cas à clamer haut et fort qu'il agit pour le bien des citoyens, qu'il œuvre pour servir son pays. Or, les belles déclarations d'intention sonnent de plus en plus creux à mesure qu'il monte dans la hiérarchie du pouvoir. C'est que l'ascension implique souvent certains accommodements et autres compromissions. Elle génère aussi une certaine déconnexion avec le réel liée à la lumière des projecteurs et la courtisanerie qui en est l'une des conséquences inévitables. Il n'est finalement pas étonnant que l'homme politique influent soit sujet à être victime de son égo dans une société qui passe son temps à exalter le narcissisme et la superficialité. Au fil du temps, les comportements individualistes sont devenus suffisamment nombreux pour produire une dynamique collective qui oscille entre médiocrité et auto-satisfaction. À l'échelle du système politicien pris dans son ensemble, le sens de l'État n'existe plus. L'intérêt général n'est plus qu'une formule. Dans cette course à l'opportunisme, l'intelligence et le savoir ne comptent plus vraiment. Il faut séduire les gens importants et embobiner les électeurs. Les places s'obtiennent moins par le mérite que par le réseau que l'on tisse dans les cercles de pouvoir. Les idées audacieuses permettent rarement de faire carrière. Le copinage et les petites faveurs sont bien plus efficaces pour atteindre les sommets. L'important n'est pas de mériter sa place, mais de l'occuper. La fin justifie les moyens. Ceci génère une explosion des situations de conflits d'intérêts entre les sphères politiques, médiatiques et économiques qui sont quasi-systématiquement minimisées ou niées. Cela est logique puisqu'il ne peut y avoir de conflit d'intérêts lorsque l'intérêt général n'existe plus. C'est la République des privilèges que le peuple ne supporte plus. Et parmi les plus habiles à se hisser en haut du pouvoir, les mandats électoraux se disputent à celui qui aura réussi la meilleure performance d'acteur.

L'homme politique ne considère pas les citoyens comme des êtres humains doués d'une conscience mais comme des parts de marché. Il s'agit de leur vendre un produit comme on vend de la lessive plutôt que de les convaincre sur des idées. Au jeu du marketing, une image vaut bien plus qu'un discours et un slogan bien plus qu'un argument. Il est plus efficace de faire appel aux plus bas instincts qu'à la raison des citoyens. Les communicants s'en donnent à cœur joie pour créer de toutes pièces de belles histoires censées mettre en avant les traits de caractère exceptionnels de leurs poulains. Un storytelling mettant en scène une famille formidable et quelques anecdotes personnelles largement romancées pour révéler les prétendues vertus morales du candidat politique. Les projecteurs sont braqués sur ce que représente la personne du candidat pour dissimuler qu'il n'a pas d'idées. Cet enfumage où la superficialité est devenue la norme s'accompagne d'une stratégie de communication fondée sur des mots-clés soigneusement sélectionnés qui flatteront les différents électorats ciblés : vive « l'ordre » pour séduire les retraités ou le « multiculturalisme » pour attirer les minorités ethniques, à bas « les assistés » pour flatter les travailleurs ou le « sexisme » pour cajoler les femmes. Règne de l'apparence. Misère de la pensée. Dans ce contexte où le faux prime sur la vérité, les belles promesses n'engagent que ceux qui y croient. La politique sans les idées, c'est un concours de beauté.

L'homme politique communique, parle, se montre à son avantage pour ne pas avoir à gouverner, ni décider, ni assumer ses responsabilités. Cela fait de toute façon bien longtemps qu'il a délégué ses responsabilités à une haute fonction publique – qu'elle soit française ou européenne – qui ne répond de rien devant les citoyens et qui semble plus motivée par le pantouflage[1] que par les intérêts de la nation. Celui qui accède au pouvoir est parfois convaincu de pouvoir réaliser de grandes choses alors qu'il ne cesse d'alimenter sa propre impuissance. L'homme politique en responsabilité est en pleine dissonance cognitive. Persuadé qu'il peut changer l'ordre des choses, il travaille à le perpétuer. Certain de pouvoir agir sur la marche du monde, il l'accompagne servilement. Les ultra-riches ne paient plus d'impôts ? Il faut leur faire des cadeaux fiscaux. Les inégalités explosent ? Il faut baisser les salaires pour être plus compétitifs. Le marché et la finance ont pris le pouvoir ? Il faut vendre la France ! Si l'on tire jusqu'au bout le fil du raisonnement de l'homme politique au pouvoir, il faudrait se suicider pour se sauver. Il semble curieusement lui échapper que si l'on se suicide, il n'y aura plus rien à sauver.

1. Le pantouflage désigne le fait pour un haut fonctionnaire de travailler au service d'une entreprise privée plutôt que dans la fonction publique ; Hausalter L., « Hauts fonctionnaires : "Le pantouflage a pris une ampleur inédite depuis que Macron est au pouvoir" », *Marianne*, 6 février 2020.

b) Une incapacité à la remise en question

L'homme politique ne comprend pas que, agissant de la sorte, il ne peut que susciter l'ire des citoyens. Il est en effet difficile d'être apprécié du grand nombre lorsque l'on agit comme le gardien d'un système injuste et de plus en plus largement rejeté. C'est que l'homme politique s'applique depuis des décennies à défendre ce qui est plutôt que d'essayer de faire advenir ce qui devrait être. Ne disposant plus des leviers de souveraineté essentiels tels que la monnaie ou les barrières commerciales, il ne peut pas travailler à réindustrialiser le pays, ni lutter contre le chômage ou la précarité, ni préserver les services publics ou le système de protection sociale. Il applique docilement les directives de l'Union européenne et accompagne plus généralement la dynamique mondiale qui détruit les États-nations au profit du libre marché. Puisqu'il ne peut plus prendre de vraies décisions, il passe son temps à mentir, à dissimuler, à déformer la réalité pour imposer au peuple des mesures décidées par d'autres que lui. L'homme politique se sabote lui-même. Et le plus dramatique, c'est qu'il semble ne pas en avoir conscience. Il serait permis d'en rire si cette autodestruction n'emportait pas de conséquences aussi dramatiques pour les millions de citoyens qui en subissent de plein fouet les effets.

Ignorant bien souvent tout du mauvais rôle qu'il endosse, l'homme politique est prompt à se lamenter du rejet massif qu'il subit au sein de la société. S'il est détesté, c'est parce qu'il trahit les électeurs et l'intérêt général. Le courroux qu'il subit des citoyens qui confine parfois à la haine ne fait qu'alimenter le fossé qui les sépare. Pour ne pas sombrer face aux critiques incessantes, l'homme politique se renferme sur lui-même. Il n'a d'autre choix que de développer des mécanismes de déni qui l'éloignent toujours plus de la réalité. Or, c'est précisément cette déconnexion avec le réel qui lui vaut d'être voué aux gémonies. Le cercle vicieux ne semble pas pouvoir être rompu. Qu'il ait fait ou non les grandes écoles, l'ENA en tête, l'absence de remise en question semble être la norme unanimement partagée. L'entre-soi du milieu et la courtisanerie agissent comme des remparts à toute autocritique. Débarrassé de toute exigence intellectuelle et morale, l'homme politique est libre de se complaire dans sa médiocrité. Il est incompétent mais il n'a plus aucune boussole pour le lui signifier, puisqu'il considère les citoyens comme étant trop ignorants pour appréhender la complexité du monde. Enfermé dans ses dogmes, sa prétendue supériorité intellectuelle n'est plus qu'un mythe auquel il s'accroche désespérément. La clé serait qu'il parvienne à l'admettre. Il faudrait faire preuve de courage et d'humilité, autant de qualités qui se font malheureusement rares de nos jours.

L'homme politique moderne est finalement à l'image de notre société. Dans une société juste et harmonieuse, il serait certainement le meilleur d'entre nous. Dans une société décadente comme la nôtre, il se révèle être le pire.

3.2.3. La police : l'instrumentalisation du pouvoir de la force

« La faiblesse de la force est de ne croire qu'à la force. »
Paul Valéry

Pour préserver le statu quo, le système se repose avant tout sur la propagande chargée de diffuser et faire accepter aux citoyens l'idéologie dominante, dont les relais essentiels sont les médias influents et la classe politique dite de gouvernement. Il arrive néanmoins des moments où le discours du pouvoir ne passe plus dans la société, ou du moins une partie d'entre elles. Il n'imprime plus, ne fonctionne plus. La mèche peut tout aussi bien s'allumer en réaction à une réforme d'envergure qu'à une mesure forte sur le plan symbolique. Quoi qu'il en soit, c'est l'annonce publique de trop, l'attaque supplémentaire contre certains droits qu'on ne peut tolérer, « la goutte d'eau qui fait déborder le vase ». Et voilà que des citoyens hier dociles et inoffensifs décident subitement de manifester leur colère en protestant dans la rue. En fonction de leur ampleur, ces mouvements sociaux sont plus ou moins contrôlables.

Et plus ils sont puissants, plus ils effraient les classes dominantes, car ils remettent directement en cause leurs décisions et leurs privilèges. C'est précisément à ce moment-là que, sous l'impulsion du pouvoir politique, la police entre en scène malgré elle. Puisque les dirigeants politiques ont décidé de gouverner contre le peuple, ils envoient les forces de l'ordre en première ligne pour réfréner les ardeurs des manifestants, peu importe que le mouvement social soit soutenu par une majorité de l'opinion publique. Dans une société réellement démocratique, les gouvernants reculeraient face à la protestation lorsqu'elle est majoritaire dans le pays pour tenter de trouver un compromis acceptable. Or, cet état d'esprit a totalement disparu ces dernières années pour laisser place à une logique de confrontation. Le passage en force est devenu la voie ordinaire. Et sous l'autorité du pouvoir politique, la police en est le bras armé. Alors que la mission première de la police est de garantir la sécurité dans la société en luttant contre la délinquance et la criminalité, les gouvernants l'utilisent désormais comme un bouclier pour protéger les institutions en place et garantir l'ordre établi.

a) La répression policière en manifestation : une stratégie du pouvoir

Des violences policières encouragées

Toute société qui a choisi de se donner des règles collectives pour résoudre les conflits de manière pacifique n'a d'autre choix que de disposer d'une force de publique pour prévenir et lutter contre les infractions à loi. La police est l'institution qui reçoit de la société une délégation de pouvoir pour assurer sa fonction de protection[1]. C'est la raison pour laquelle on dit que l'État dispose du monopole de la violence légitime. Cela ne signifie pas pour autant que les forces de l'ordre ont droit d'user de la force sans

1. Art. 12 de la Déclaration des droits de l'Homme et du Citoyen : « La garantie des droits de l'Homme et du Citoyen nécessite une force publique : cette force est donc instituée pour l'avantage de tous, et non pour l'utilité particulière de ceux auxquels elle est confiée ».

limite ou motif légitime. La loi dispose que l'usage de la force doit être justifié et proportionné. En principe, personne n'est au-dessus de la loi, et certainement pas ceux qui ont pour mission de la faire respecter. Selon un rapport de l'ONG ACAT France[1], l'utilisation de la force par la police doit remplir quatre conditions au regard du droit international :

1) la légitimité : tout recours à la force doit avoir un fondement juridique et poursuivre un objectif légitime (faire cesser une infraction à la loi) ;

2) la nécessité : le recours à la force doit être inévitable pour atteindre l'objectif poursuivi et cesser dès que l'objectif est atteint (rien ne justifie le recours à la force une fois l'individu maîtrisé) ;

3) la proportionnalité : le préjudice susceptible d'être causé par l'emploi de la force ne doit pas être excessif par rapport à l'avantage tiré de l'objectif à atteindre (la force létale ne peut être utilisée que pour protéger la vie) ;

4) la précaution : les opérations des forces de sécurité doivent être planifiées, préparées et conduites de manière à réduire au minimum le recours à la force et, lorsque cela devient inévitable, à causer le moins de dommages possible (les opérations doivent être préparées de manière à réduire l'escalade de la violence).

Or, l'évolution récente en France des pratiques du maintien de l'ordre en manifestation s'éloignent ostensiblement des principes posés par le droit international. Depuis 1968, la doctrine du maintien de l'ordre à la française visait à limiter au maximum les contacts entre manifestants et policiers afin de limiter les atteintes aux personnes. Les policiers se tenaient éloignés et utilisaient principalement des grenades lacrymogènes pour disperser les rassemblements lorsque cela était jugé nécessaire. Le choix était assumé de préférer la casse matérielle aux blessures infligées aux manifestants. Or, ces dernières années ont vu le niveau de radicalité progresser dans les manifestations en réaction à un système politique de plus en plus inique et sourd à toute remise en question. Aux

1. Rapport ACAT France « Recours à la force par la police : quelles limites ? ».

manifestants traditionnellement syndiqués déambulant pacifiquement dans les rues se sont ajoutés progressivement des individus nommés « casseurs » par les médias (membres du black bloc par exemple) dont la pratique consiste à s'attaquer aux symboles du capitalisme et à s'affronter, s'il le faut, avec les policiers. Plutôt que de rechercher l'apaisement en écoutant les revendications des manifestants, le pouvoir politique s'est au contraire montré de plus en plus inflexible. C'est ainsi que la doctrine du maintien de l'ordre a progressivement évolué avec l'objectif affiché d'interpeller les individus violents[1]. Les techniques utilisées par le pouvoir sont simples : elles visent à encourager les policiers à utiliser la violence. Pour favoriser la montée des tensions, les instructions sont données aux policiers de se placer au plus près des manifestants. Le même schéma se répète inlassablement : les charges aléatoires et arbitraires des policiers combinées aux jets de gaz lacrymogènes font monter la peur et l'énervement au sein du cortège des manifestants. Aux jets de pierre lancés par certains manifestants en réaction, les policiers répliquent par des tirs de LBD et des grenades de désencerclement. Il est très important de comprendre que l'utilisation de tels moyens à l'encontre de foule conduit nécessairement à blesser des innocents. Il faut ajouter à cela la pratique de la nasse ou « encagement » qui consiste à encercler les manifestants pour les empêcher de quitter la manifestation tout en les inondant bien souvent de gaz lacrymogènes. C'est le moyen le plus sûr d'obtenir une situation de panique généralisée conduisant au chaos.

Le résultat obtenu est que les manifestations donnent lieu à un déchaînement de violences entre policiers et manifestants. Les blessures graves se multiplient d'un côté comme de l'autre, même s'il faut préciser que les manifestants moins protégés et moins armés sont de très loin les plus durement touchés. Un cercle

1. Le nouveau schéma du maintien de l'ordre adopté en septembre 2020 est venu valider le changement de doctrine initié pendant le mouvement des Gilets jaunes : https://www.interieur.gouv.fr/Le-ministre/Actualites/Schema-national-du-maintien-de-l-ordre.

vicieux s'est installé dont chacun des deux camps se retrouve prisonnier. Policiers et manifestants sont perdants. Les gouvernants, eux, sont satisfaits. Ils peuvent dénoncer sur un ton martial les violences commises et en appeler à l'ordre républicain. Les honnêtes gens venus manifester auront pour une large partie d'entre eux peur de revenir manifester au risque de perdre une main ou un œil. D'autres auront subi garde à vue et condamnation judiciaire de nature à les décourager au moins pour un moment.

Une impunité organisée

Dans ce contexte, le pouvoir s'applique à ce que les violences policières ne soient pas sanctionnées. Encourager l'usage de la violence par la police implique de lui garantir une certaine impunité. C'est ainsi que la pratique se généralise parmi les policiers chargés du maintien de l'ordre en manifestation de ne pas porter leur RIO (référentiel des identités et de l'organisation) et de se vêtir d'une cagoule afin de ne pas pouvoir être identifiés. Or, ces deux pratiques rigoureusement interdites ne sont jamais sanctionnées. D'une manière générale, les policiers peuvent agir en toute impunité en maintien de l'ordre car l'IGPN (Inspection générale de la police nationale) est totalement défaillante dans l'exécution de sa mission. Plutôt que de veiller au bon respect de la loi par le corps policier dans l'usage de la force, elle s'applique au contraire à disculper les fonctionnaires de police qui en usent abusivement. L'IGPN devrait être le contrôleur vigilant de l'institution policière, elle en est la lessiveuse. La meilleure preuve est le nombre infinitésimal de condamnations prononcées contre les policiers dans le cadre des manifestations des Gilets jaunes alors que les images de violence policières constituant manifestement des infractions à la loi ont été innombrables. Il faut se rendre à l'évidence : l'IGPN est structurellement inefficiente. Des policiers ne peuvent juger d'autres policiers. Le risque de complaisance et d'esprit corporatiste est bien trop grand. Cette institution doit être réformée pour devenir indépendante de l'institution policière. Par ailleurs, et eu égard à leur dangerosité avérée, il est évident que les armes LBD et grenades de désencerclement devaient être remplacées par des armes de type marquage ou canon à eau qui permettraient d'éviter les blessures graves tout en permettant la préservation de l'ordre public. Il faudrait enfin impérativement que les BAC (Brigades anticriminalité) soient interdites de participer aux opérations de maintien de l'ordre, car, par leur absence de formation, elles constituent de véritables dangers publics. Cela supposerait bien entendu de renforcer les effectifs de CRS et de gendarmes mobiles, ce qui implique de rompre là encore avec les politiques d'austérité dictées par l'Union européenne. Loin de prendre ces mesures de bon sens, les gouvernants s'appliquent soigneusement à éviter toute réforme pour ne pas subir un tollé de la part de l'institution policière et de ses syndicats les plus radicaux. Cette lâcheté du pouvoir est irresponsable et produit des conséquences effroyables : le lien de confiance entre les forces de l'ordre et une partie de la population est aujourd'hui totalement brisé. Si la réalité des violences policières est niée par le pouvoir, les médias y compris « mainstream » dénoncent désormais régulièrement le problème majeur qu'elles posent pour notre démocratie et l'État de droit[1].

La violence institutionnelle mère de toutes les autres

Il est essentiel de comprendre que la violence ne surgit pas sans raison au sein d'une société. C'est parce que le système est vécu comme injuste par un nombre croissant de citoyens que la tension monte. C'est parce que les gouvernants ne font rien pour améliorer la vie quotidienne des citoyens et qu'ils l'aggravent au contraire en poursuivant des politiques inégalitaires que la colère finit par exploser. Hélder Câmara, évêque catholique brésilien connu pour sa lutte contre la pauvreté, l'avait brillamment expliqué en son temps :

1. Chapuy N., « "Gilets jaunes" : les violences policières, le tabou du gouvernement », *Le Monde*, 19 avril 2019 ; « Enquête ouverte après l'agression filmée d'un manifestant "gilet jaune" par un policier », *Le Monde*, 19 janvier 2020 ; Pilorget-Rezzouk C., Delouche-Bertolazi C., Donada E., « Gilets jaunes : violences policières, la preuve par l'image », *Libération*, 18 novembre 2019.

> « Il y a trois sortes de violence. La première, mère de toutes les autres, est la violence institutionnelle, celle qui légalise et perpétue les dominations, les oppressions et les exploitations, celle qui écrase et lamine des millions d'hommes dans ses rouages silencieux et bien huilés.
> La seconde est la violence révolutionnaire, qui naît de la volonté d'abolir la première.
> La troisième est la violence répressive, qui a pour objet d'étouffer la seconde en se faisant l'auxiliaire et la complice de la première violence, celle qui engendre toutes les autres.
> Il n'y a pas de pire hypocrisie de n'appeler violence que la seconde, en feignant d'oublier la première, qui la fait naître, et la troisième qui la tue. »

Le mépris des représentants politiques aux aspirations exprimées pacifiquement par le peuple explique la montée de la violence en manifestation. Le rapport à la violence est néanmoins loin d'être homogène parmi les manifestants. Certains la rejettent, d'autres la comprennent ou la tolèrent, d'autres encore l'encouragent ou en sont les acteurs. Pour ces derniers, la violence se justifie par le fait qu'elle seule permet d'être véritablement entendu par les « élites » politiques et médiatiques du pays, ce conformément à la formule « Pas de casseurs, pas de 20 heures ». Pour eux, le sentiment d'injustice est devenu si insoutenable qu'ils sont prêts à tout sacrifier pour briser l'ordre établi. Ils considèrent que la seule stratégie efficace consiste désormais à s'attaquer aux symboles du pouvoir, quitte à s'affronter avec les forces de l'ordre lors des manifestations. « S'ils ne veulent pas écouter nos slogans, ils nous entendront par la force », finissent-ils par se dire. Il est vrai que cela fait longtemps que les défilés paisibles dans les rues parisiennes ne produisent plus aucun résultat sur la scène politique nonobstant des mobilisations de très grande ampleur, comme celle de 2010 contre la réforme des retraites. On a d'ailleurs peine à se souvenir dans l'histoire d'une manifestation pacifique qui aurait abouti à la conquête de nouveaux droits pour les manifestants… Les Français ne l'ont malheureusement que trop bien compris. Le constat d'impuissance devient de moins en moins tolérable. Or, la situation ne fait qu'empirer, car le pouvoir n'a de cesse de se durcir pour devenir plus brutal que jamais. Sûr de sa supériorité intellectuelle sur le peuple, il refuse désormais d'accorder quelque légitimité démocratique que ce soit aux manifestants. Il donne les consignes aux forces de l'ordre pour créer les conditions d'une explosion des violences. Il manipule l'opinion publique pour qu'elle se désolidarise des mouvements de protestation. Son seul objectif consiste à tuer la contestation, peu importe que des innocents soient brutalisés. En vertu de son devoir d'obéissance au pouvoir politique, la police s'érige alors contre une partie du peuple. Elle use et abuse de la force sur ordre, pourvu que les gouvernants sauvent leur peau.

b) Le véritable adversaire : policiers ou gouvernants ?

Il est vain et stérile d'opposer policiers et manifestants. Une telle lecture des événements ne peut que conduire dans une impasse. Il faut sur ce sujet particulièrement sensible et complexe essayer d'être le plus précis possible. Le débat public en matière de violences policières est malheureusement souvent caricatural. Deux camps s'affrontent : ceux qui condamnent tous les policiers sans exception et ceux qui à l'inverse les exonèrent de tout en toutes circonstances (principalement les gouvernants et certains syndicats de policiers tels qu'Alliance). L'un et l'autre sont très dangereux pour l'équilibre et la cohésion de la société. La raison commande de se situer dans le troisième camp, le seul qui vaille, celui de la justice et de la paix.

Les policiers : des précaires comme les autres

Pour les manifestants qui sont témoins ou victimes de violences policières, le réflexe consiste parfois à rediriger la colère qu'ils ressentaient initialement à l'égard des gouvernants vers les policiers.

Bien qu'une telle réaction soit compréhensible, car ce sont les policiers qui leur font face physiquement lors des manifestations, il ne faut pas se tromper sur les véritables responsabilités. Le rapport de force politique doit toujours être mené contre les gouvernants et non contre la police. Sans excuser les comportements brutaux et honteux de certains policiers, la plupart d'entre eux sont soumis à des logiques institutionnelles dont ils sont les premières victimes (manque de moyens, manque d'effectifs, heures supplémentaires non payées…). Les policiers et gendarmes sont pour certains en grande souffrance ainsi qu'en témoigne le nombre anormalement élevé de suicides qui les touchent[1]. La loi du silence règne au sein de l'institution policière qui veut que personne ne dénonce les dérives et autres comportements illégaux ou non déontologiques de ses collègues. S'attaquer frontalement aux policiers est le meilleur moyen de renforcer l'esprit corporatiste de l'institution qui constitue un obstacle majeur à toute remise en question. Il faut toujours garder à l'esprit que les policiers et gendarmes ne sont pas beaucoup mieux traités que les autres citoyens. Ils sont mal payés, mal considérés, et traités comme de la chair à canon par les représentants politiques. Il faudrait les aider à en prendre conscience plutôt que de rechercher l'affrontement avec eux. Si l'institution des forces de l'ordre peut être amenée à se comporter en manifestation comme la milice du capital, ce sont les gouvernants qui en portent l'entière responsabilité.

Une institution policière en crise

Pour les policiers qui ont à encadrer les manifestations incluant des individus violents, il est inexcusable que certains d'entre eux abusent de la force pour décourager les manifestants. Outre que pareille attitude est illégale et attentatoire à la liberté de manifester, ils devraient se rappeler à leur devoir d'humanité et imaginer un

1. Leboucq F., « Combien de policiers et de gendarmes se sont suicidés au cours des dernières années ? », *Libération*, CheckNews, 21 octobre 2019.

instant que le même traitement soit réservé à leurs proches. Ils doivent également avoir à l'esprit que de telles réactions peuvent initier un engrenage particulièrement dangereux pour eux-mêmes. Si le fait de brutaliser les manifestants peut s'avérer efficace à court terme, le risque est grand de susciter à plus long terme une colère légitime qui ne se manifestera par des actions violentes encore plus menaçantes de la part de certains manifestants. S'engager sur le chemin de la violence est systématiquement une erreur. Les policiers doivent avoir pleinement conscience que le recours à la violence est un échec car il ne fait que reporter, sinon aggraver, le problème sans jamais le résoudre. La force doit être l'ultime recours et elle doit en tout état de cause être proportionnée. Chaque usage excessif doit être systématiquement dénoncé. Les policiers, leur hiérarchie en tête, doivent faire le ménage au sein de leur corporation pour sauvegarder l'honneur de leur institution. S'ils sont prompts à refuser le terme de « violence systémique », il ne s'agit pas non plus seulement de « dérapages » ou de « faits isolés ». Les policiers violents ou racistes sont suffisamment nombreux aujourd'hui pour avoir instauré l'omerta au sein de l'institution. Sauf les cas où les images de violences policières sont captées, accablantes pour leurs auteurs, et largement diffusées publiquement, un policier est en effet couvert par ses collègues, par sa hiérarchie, par l'IGPN, par le ministre de l'Intérieur et par le président de la République. À l'inverse, les rares policiers courageux qui dénoncent les dysfonctionnements au sein de l'institution policière, les usages excessifs de la force et autres pratiques non déontologiques ou illégales, sont les plus susceptibles d'être sanctionnés disciplinairement. Le cas d'Alexandre Langlois, membre du syndicat policier VIGI et qui a tenu des propos certes critiques mais toujours mesurés et constructifs, est symptomatique. Après avoir été sanctionné par une exclusion temporaire de douze mois, dont six avec sursis, en 2019 par le conseil de discipline[1], il a décidé de quitter définitivement

1. Fechner B., « Un syndicaliste policier suspendu pour avoir offensé sa hiérarchie », *L'Express*, 3 juillet 2019.

la police en 2020[1]. Une autre observation permet de prendre la mesure de l'ampleur des dysfonctionnements qui touchent l'institution policière : les syndicalistes policiers qui nient systématiquement toutes violences policières, même dans les cas évidents et incontestables, s'expriment toujours à visage découvert, alors que les quelques policiers qui osent témoigner sur les violences ou les actes racistes de leurs collègues et la complicité de la hiérarchie le font souvent sous couvert d'anonymat. C'est le signe que quelque chose ne tourne décidément pas rond. Si la honte et la peur se situent dans le camp des gens bien, c'est que l'institution est gravement malade. Il est urgent de la soigner. Et comme pour la plupart des autres institutions ou secteurs de la société en difficulté, l'une des conditions les plus déterminantes est de rompre avec les politiques néolibérales à l'œuvre, car ce sont elles qui sont essentiellement à la racine du mal.

En conclusion de ce troisième chapitre, il faut retenir que l'idéologie dominante au service des ultra-riches s'appuie sur de solides défenseurs que sont les gardiens de prison. Il est toutefois important de comprendre que la plupart d'entre eux n'ont pas conscience de la dynamique générale dans laquelle ils s'inscrivent. Chacun à sa place croit remplir son rôle conformément à ce que l'on attend de lui : le journaliste pense informer les citoyens, l'homme politique servir le pays, et le policier de préserver l'ordre public. Et c'est bien parce que le mouvement d'ensemble échappe à la conscience des individus qu'aucune remise en question n'intervient. Chacun est enfermé dans sa logique, chacun dans son propre couloir. Et tant que nul ne change de trajectoire, la société tout entière continue de dévaler la pente. En raison de l'incapacité croissante à résoudre les conflits de manière pacifique et consensuelle, les antagonismes et la colère se répandent, concourant à une escalade de la violence. Or, la stratégie de l'affrontement mise en œuvre par les classes dominantes ne peut produire que des

1. « Police : un responsable syndical excédé envoie sa lettre de démission à Darmanin », *Le Télégramme*, 27 novembre 2020.

victoires à la Pyrrhus. Si le passage en force constitue un moyen efficace de « gagner » dans l'instant, les conséquences produites sur le long terme sont ravageuses pour la démocratie et la cohésion de la société. Étouffer la colère des citoyens en reposant de force le couvercle sur la marmite ne fait qu'augmenter la température… jusqu'à la prochaine explosion.

CHAPITRE 4

La spirale infernale de la dérive autoritaire

« La dictature parfaite aura l'apparence de la démocratie, une prison sans murs dans laquelle les prisonniers ne rêveront jamais de fuir. Un système d'esclavage où, grâce à la consommation et au plaisir, les esclaves vont adorer leur esclavage. »

Aldous Huxley

Les gouvernants mènent depuis plusieurs décennies les politiques économiques analysées dans le chapitre 1. Or, la mise en œuvre de cette idéologie néolibérale conduit inexorablement à creuser les inégalités au profit des 0,1 % les plus riches et suscite le rejet d'une part toujours plus importante de la population à mesure qu'elle vit une baisse de son niveau de vie. Les crises systémiques s'accélèrent autant qu'elles s'intensifient (crise des *subprimes* de 2008, Nuit debout en 2016, mouvement des Gilets jaunes en 2018, grève contre la réforme des retraites en 2019...). La rupture politique qu'il faudrait réaliser est impossible puisque nous avons vu au terme du chapitre 2 que la construction européenne a privé la France des leviers essentiels de la souveraineté économique. Enfermé dans le carcan des traités européens par la volonté de ses gouvernants successifs, le pays fonce dans le ravin sans que nous ne puissions ni ralentir ni changer de direction puisque la voiture France n'a plus ni freins ni volant. Se rendent-ils seulement compte que mettre la ceinture de sécurité – puisque c'est le seul type de mesures qu'ils nous proposent – n'empêchera pas la chute? Celle-ci apparaît d'autant plus inéluctable que l'action des représentants politiques est cadenassée par l'influence déterminante qu'exercent les ultra-riches sur le processus électoral et incidemment sur les décisions institutionnelles, ainsi que nous l'avons analysé au chapitre 3.

Cette dynamique mortifère a pu prospérer pendant des décennies sous l'égide d'un consensus largement partagé au sein de la société et d'une opposition entre droite et gauche qui parvenait à faire illusion. C'était le calme avant le temps des tempêtes. La fin du cycle n'a jamais semblée aussi proche. La propagande médiatique perd en efficacité à mesure que le discours lissé et feutré de l'officialité se fracasse sur le mur de la réalité. Les violences économiques et psychologiques que le système exerce sur les individus les sort peu à peu du coma politique dans lequel on les a plongés depuis la naissance. Cette prise de conscience est celle de tous les dangers pour le système et les classes dominantes (économiques, politiques et médiatiques) qui le défendent. Une fois la vérité mise à nu, l'inacceptable apparaît dans sa réalité la plus crue. La conscience de l'individu est transformée en profondeur. Éduqué à devenir consommateur, il devient soudainement citoyen. Il n'achète plus, il réfléchit désormais au monde qui l'entoure. Le processus est irréversible. Il y a un avant et un après. Une telle émancipation produit mécaniquement une volonté extrêmement puissante de changement. Tout ce qui n'était pas vu hier l'est désormais aujourd'hui. Et voir la logique néolibérale à l'œuvre, c'est immédiatement vouloir en sortir pour se libérer de la soumission aux puissances de l'argent. Mais c'est au moment précis où les individus deviennent citoyens qu'ils prennent conscience d'être dans une impasse, car le système les a privés de tout pouvoir de décision.

Les élections ne sont plus qu'une mauvaise pièce de théâtre qui dupent de moins en moins les Français et les mouvements de protestation encadrés par les structures syndicales traditionnelles ont eux aussi perdu toute efficacité. La dernière victoire en date fut celle obtenue en 2006 contre le CPE (« contrat première embauche ») voulu par le Premier ministre de l'époque, Dominique de Villepin. Succès qu'il convient néanmoins de relativiser puisque aucun droit nouveau n'a été obtenu. Tous les autres mouvements de contestation postérieurs se sont soldés par des échecs. La lucidité politique s'accompagne ainsi d'un terrible constat d'impuissance. C'est l'ultime violence infligée par le système : lorsque vous comprenez qu'il est insupportable, vous vous confrontez à l'idée qu'il est pratiquement impossible d'en changer. La réaction des citoyens est nécessairement radicale. L'abstention et le vote « contestataire » explosent tout comme les violences en manifestation. La pression se fait de plus intense sur le système. Ceux qui ont confisqué le pouvoir au peuple ne veulent pas le lui rendre. Et ils sont prêts à tous les mensonges, toutes les manœuvres et toutes les tricheries pour le conserver. Lorsque le peuple n'accepte plus les règles du jeu iniques que les puissants lui ont imposées, ces derniers n'hésitent pas à les modifier encore plus à leur avantage. Ces changements normatifs s'opèrent toujours en une seule et même direction : la restriction des libertés. En somme, l'autoritarisme du pouvoir progresse à mesure qu'il perd en légitimité.

a) La restriction des libertés par le pouvoir

Le musellement de la liberté d'expression

La première victime de ces restrictions est la liberté d'expression[1]. Si les citoyens éclairés parlent trop, il faut les discréditer.

1. Art. 10 de la Convention européenne des droits de l'Homme : « Toute personne a droit à la liberté d'expression. Ce droit comprend la liberté d'opinion et la liberté de recevoir ou de communiquer des informations ou des idées sans qu'il puisse y avoir ingérence d'autorités publiques et sans considération de frontière. Le présent article n'empêche pas les États de soumettre les entreprises de radiodiffusion, de cinéma ou de télévision à un régime d'autorisations. L'exercice de ces libertés comportant des devoirs et des responsabilités peut être soumis à certaines formalités, conditions, restrictions ou sanctions prévues par la loi, qui constituent des mesures nécessaires, dans une société démocratique, à la sécurité nationale, à

S'ils développent des idées un peu trop révolutionnaires, il faut les invisibiliser. Les gouvernants tentent ainsi d'accroître leur emprise sur l'expression publique. La perte d'influence des médias traditionnels s'est faite au profit de l'émergence des nouveaux espaces d'expression offerts par les réseaux sociaux. Contrairement à la télévision, la radio ou la presse écrite, les réseaux sociaux n'opèrent aucun filtre ni aucun tri. Chaque individu peut publier ce qu'il veut (pour le meilleur ou pour le pire) et cette publication peut, sous l'effet des algorithmes de ces plateformes, bénéficier d'une audience de plusieurs millions de personnes. Pour les gouvernants, ces espaces d'expression sont particulièrement inquiétants puisqu'ils permettent à certains citoyens et intellectuels de diffuser des idées subversives qui ne passent pas le filtre des médias traditionnels. Il y a bien sûr à boire et à manger. Des analyses rigoureuses et argumentées qui mériteraient de rencontrer un large écho dans le débat public cohabitent avec des thèses tout à fait fantaisistes, voire complotistes. Et c'est au prétexte de lutter contre les secondes que les gouvernants tentent de restreindre la liberté d'expression, au risque d'interdire les premières.

C'est ainsi que le gouvernement a fait adopter la loi contre la manipulation de l'information dite « loi fake news »[1] en 2018 qui prévoit trois catégories de mesures : la possibilité pendant une période de trois mois précédant la tenue d'un scrutin national d'agir en référé devant le juge judiciaire pour faire interrompre la publication d'une fausse information[2], une obligation de contrôle

l'intégrité territoriale ou à la sûreté publique, à la défense de l'ordre et à la prévention du crime, à la protection de la santé ou de la morale, à la protection de la réputation ou des droits d'autrui, pour empêcher la divulgation d'informations confidentielles ou pour garantir l'autorité et l'impartialité du pouvoir judiciaire ».

Art. 11 de la Déclaration des Droits de l'Homme et du Citoyen : « La libre communication des pensées et des opinions est un des droits les plus précieux de l'Homme : tout Citoyen peut donc parler, écrire, imprimer librement, sauf à répondre de l'abus de cette liberté dans les cas déterminés par la Loi ».

1. Loi n° 2018-1202 du 22 décembre 2018.

2. Article L.163-2.-I du Code électoral : « Pendant les trois mois précédant le premier jour du mois d'élections générales et jusqu'à la date du tour de scrutin où celles-ci

des informations diffusées à la charge des plateformes numériques, et un renforcement des pouvoirs du Conseil supérieur de l'audiovisuel. Cette loi porte une atteinte particulièrement dangereuse à la liberté d'expression pour au moins deux raisons. D'une part, la définition de ce qui constitue une fausse nouvelle est relativement floue en sorte que la tâche du juge judiciaire qui devra se prononcer dans un délai de 48 heures sera fort périlleuse. Comment distinguer une opinion ou une analyse politique d'une information objectivement fausse ? La frontière peut être très difficile à tracer, ce qui emporte le risque d'une censure judiciaire illégitime en pleine campagne électorale. Dans cette hypothèse, ce ne serait pas l'information en elle-même qui porterait atteinte à la sincérité du scrutin mais la censure décidée par le juge judiciaire. D'autre part, l'obligation de contrôle imposée à des opérateurs privés ouvre la voie à ce que les plateformes orientent le scrutin en faveur de tel ou tel candidat en fonction de leurs propres intérêts. Le risque de partialité est évident.

Il est saisissant de constater qu'il ne vient nullement à l'esprit de nos « élites » que les fausses nouvelles et les thèses complotistes prospèrent en raison de la perte de crédibilité du discours officiel. Or, le discrédit de la parole institutionnelle est exclusivement imputable à l'inconséquence et aux mensonges répétés de ceux qui en ont la charge. Limiter l'expression sur les réseaux sociaux ne fera qu'amplifier la prolifération des thèses complotistes puisque l'attraction qu'elles suscitent repose précisément sur le postulat que les institutions officielles ont des choses à cacher. Plus les citoyens seront empêchés de s'exprimer, plus ils auront des raisons de penser que les autorités leur mentent. Le seul et unique moyen de combattre

sont acquises, lorsque des allégations ou imputations inexactes ou trompeuses d'un fait de nature à altérer la sincérité du scrutin à venir sont diffusées de manière délibérée, artificielle ou automatisée et massive par le biais d'un service de communication au public en ligne, le juge des référés peut, à la demande du ministère public, de tout candidat, de tout parti ou groupement politique ou de toute personne ayant intérêt à agir, et sans préjudice de la réparation du dommage subi, prescrire [...] toutes mesures proportionnées et nécessaires pour faire cesser cette diffusion ».

efficacement les « fake news » et autres thèses fantaisistes est de restaurer la confiance des citoyens dans la parole publique. Encore faudrait-il que politiques et médias prennent la mesure de leur responsabilité et élèvent significativement leur niveau d'exigence.

Dans le même registre, le gouvernement a fait adopter une loi visant à « lutter contre les contenus haineux sur Internet » le 24 juin 2020, dite « loi Avia »[1], dont la mesure principale consistait à obliger les opérateurs de plateforme en ligne et les moteurs de recherche, sous peine d'amende pouvant aller jusqu'à 250 000 euros, à retirer dans un délai de 24 heures, après notification par une ou plusieurs personnes, des contenus manifestement illicites tels que les incitations à la haine, les injures à caractère raciste ou anti-religieuses. Les citoyens soucieux du respect de la liberté d'expression n'avaient pas manqué de dénoncer le caractère liberticide de cette loi. Était en effet confié aux plateformes numériques privées, en dehors de toute intervention préalable du juge judiciaire, le pouvoir de censurer les contenus manifestement illicites alors même que les éléments constitutifs des infractions retenues par le législateur étaient susceptibles de présenter une technicité juridique ou, s'agissant notamment de délits de presse, d'appeler une appréciation au regard du contexte d'énonciation ou de diffusion des contenus en cause. Face à la difficulté d'apprécier le caractère illicite des contenus signalés et au délai extrêmement court imparti aux opérateurs privés pour opérer les vérifications, le risque était grand de les voir censurer massivement les publications signalées pour éviter de subir des sanctions financières. Malgré les nombreuses voix qui se sont élevées contre ce projet de loi, le gouvernement et la majorité parlementaire ont foncé tête baissée, ce qui confirme que le pouvoir privilégie le contrôle de l'expression dans le débat public au détriment de la protection de la liberté d'expression. Le Conseil constitutionnel a fort heureusement déclaré les dispositions de cette loi contraires à la Constitution[2] en justifiant sa décision en

1. Loi n° 2020-766 du 24 juin 2020.
2. Décision n° 2020-801 DC du 18 juin 2020.

ces termes: «[…] compte tenu des difficultés d'appréciation du caractère manifestement illicite des contenus signalés dans le délai imparti, de la peine encourue dès le premier manquement et de l'absence de cause spécifique d'exonération de responsabilité, les dispositions contestées ne peuvent qu'inciter les opérateurs de plateforme en ligne à retirer les contenus qui leur sont signalés, qu'ils soient ou non manifestement illicites. Elles portent donc une atteinte à l'exercice de la liberté d'expression et de communication qui n'est pas nécessaire, adaptée et proportionnée». Que le Conseil constitutionnel soit désormais obligé d'énoncer de telles évidences pour faire obstacle aux velléités liberticides des gouvernants témoigne d'un franchissement de seuil. Hier, les gouvernants se montraient eux-mêmes soucieux du respect de la liberté d'expression. Que celle-ci ne doive plus son salut désormais qu'à l'intervention du Conseil constitutionnel constitue l'un des premiers signaux d'une dérive autoritaire.

La liberté de la presse en danger

Les atteintes répétées à la liberté de la presse[1] constituent un autre signal particulièrement préoccupant. Depuis son élection, le président de la République a instauré un rapport tout à fait inédit avec les médias. Nombreux sont ceux parmi ces derniers à s'être indignés par exemple que le président de la République sélectionne désormais lui-même les journalistes recevant une habilitation pour le suivre lors de ses déplacements. De la même manière, les services de l'Élysée s'octroient le droit de refuser arbitrairement l'accréditation de tel ou tel journaliste à l'occasion d'une conférence de presse ou d'une allocution du président de la République. Comment éviter dans ces conditions que les citoyens soupçonnent le chef de l'État de privilégier les journalistes qui lui sont favorables au détriment de ceux qui se montrent plus critiques quant à son action politique? La relation qu'entretient Emmanuel Macron avec les médias pose d'autant plus question qu'il ne s'est

1. Article 10 de la CEDH et article 11 de la DDHC.

pas privé de leur adresser publiquement des critiques répétées et cinglantes[1]. Jamais un président de la République ne s'était autorisé à exprimer ses avis de manière aussi véhémente à l'endroit des médias. Compte tenu des pouvoirs exorbitants que la Constitution de la Ve République confère à la fonction, ses prédécesseurs s'était spontanément astreints à un devoir de réserve salutaire pour ne pas entraver la liberté des journalistes. Il n'est pas anodin que cette digue soit franchie dans la période. Plus graves encore sont les pressions subies par certains journalistes portant directement atteinte au principe du secret des sources[2]. Tel est le cas de la tentative de perquisition dans les locaux de Mediapart dans le cadre de l'affaire Benalla le 4 février 2019[3], de la convocation de certains journalistes, dont Ariane Chemin (salariée du Monde) en mai 2019 par

1. Exemples : il fustige « la recherche incessante du scandale, cette chasse à l'homme où parfois des réputations sont détruites » lors du discours devant le Parlement réuni en Congrès à Versailles le 3 juillet 2017 ; il critique sévèrement le traitement médiatique des Gilets jaunes qui ont été surexposés selon lui en raison d'une manipulation des réseaux sociaux par la fachosphère, la gauchosphère et la russosphère en février 2019 ; il rabroue en direct le journaliste Georges Malbrunot qui a rédigé un article qui lui a déplu à l'occasion d'un déplacement au Liban le 1er septembre 2020 ; il dénonce le « *kamasutra* de l'ensauvagement » des médias en septembre 2020.

2. Article 2 de la loi du 29 juillet 1881 relative à la liberté de la presse modifiée, introduit par la loi n° 2010-1 du 4 janvier 2010 relative à la protection du secret des sources des journalistes : « Le secret des sources des journalistes est protégé dans l'exercice de leur mission d'information du public. [...] Il ne peut être porté atteinte directement ou indirectement au secret des sources que si un impératif prépondérant d'intérêt public le justifie et si les mesures envisagées sont strictement nécessaires et proportionnées au but légitime poursuivi. Cette atteinte ne peut en aucun cas consister en une obligation pour le journaliste de révéler ses sources. Est considéré comme une atteinte indirecte au secret des sources au sens du troisième alinéa le fait de chercher à découvrir les sources d'un journaliste au moyen d'investigations portant sur toute personne qui, en raison de ses relations habituelles avec un journaliste, peut détenir des renseignements permettant d'identifier ces sources ».

3. Bouchez A., Bougon F. et Piquard A., « À " Mediapart ", une perquisition avortée et contestée », *Le Monde*, 5 février 2019 : Mediapart dénonce une mesure d'instruction décidée par le procureur de la République pour investiguer sur la source à l'origine des écoutes téléphoniques établissant la volonté d'Alexandre Benalla et de Vincent Crase de détruire des preuves dans l'enquête les concernant relative à des faits de violences commis lors de la manifestation du 1er mai 2018.

la DGSI (Direction générale de la sécurité intérieure) dans le cadre d'une enquête réalisée sur la vente d'armes par la France à l'Arabie Saoudite et utilisées dans la guerre au Yémen[1], ou encore de l'audition comme suspect du journaliste Willy Le Devin (chef adjoint du service Enquêtes de *Libération*) par l'IGPN à la suite de la publication d'un article sur l'attentat de Conflans-Sainte-Honorine dans lequel était citée une note du service du renseignement territorial des Yvelines[2]. Il faut également souligner le traitement particulier réservé aux journalistes placés au cœur des manifestations des Gilets jaunes, dont certains ont vu leurs matériels de protection confisqués[3], d'autres être interpellés[4] ou mis en garde à vue[5] sans aucun motif, d'autres encore être visés ou blessés par les forces de l'ordre[6]. Il est pour le moins inquiétant de constater que le pouvoir n'est jamais intervenu pour rappeler les protections particulières dont bénéficient les journalistes et l'importance capitale du respect du principe de la liberté de la presse.

La liberté de manifester en état de mort cérébrale

Les gouvernants n'ont de cesse de renforcer l'arsenal répressif pour le maintien de l'ordre en manifestation, quitte à violer les principes essentiels de l'État de droit. En introduisant en 2010 le délit de participation à un groupement en vue de la préparation de violences volontaires contre les personnes ou de destructions ou

1. Cassini S. et Berteau A., « Les questions que posent les convocations de journalistes par la DGSI », *Le Monde*, 28 mai 2019.

2. Alfon D., « Journaliste de "Libé" mis en cause par l'IGPN : une atteinte à la liberté de la presse », *Libération*, 8 novembre 2020.

3. Kucinskas A., « Gilets jaunes : " La police m'a pris mon matériel de reporter" », 10 décembre 2018.

4. « Manifestation : le journaliste de Brut, Rémy Buisine, arrêté à Paris », *Le Parisien*, 9 janvier 2020.

5. Andraca R., « Pourquoi le journaliste Gaspard Glanz a-t-il été placé en garde à vue jeudi ? », *Libération*, CheckNews, 21 septembre 2020.

6. Auffret S., « "Gilets jaunes" : vingt-quatre photographes et journalistes veulent porter plainte pour violences policières », 14 décembre 2018 ; « Violences policières : 13 journalistes et Reporters sans frontières portent plainte », *Le Parisien*, 20 décembre 2019.

dégradations de biens[1], les gouvernants ont mis à mal le principe de légalité des délits et des peines qui dispose qu'on ne peut être condamné pénalement qu'en vertu d'un texte pénal précis et clair. Or, la définition de ce délit est particulièrement floue en ce que les individus peuvent être poursuivis pénalement sans aucun passage à l'acte, mais uniquement parce que l'on considère que telle était leur intention. La justice préventive que la science-fiction a pu imaginer dans le film *Minority Report* n'est plus très loin. Cette logique a été appliquée dans le cadre du mouvement des Gilets jaunes pour placer en garde à vue des milliers de manifestants au motif qu'ils portaient des lunettes de piscine (pour se protéger d'éventuels gaz lacrymogènes), ou simplement parce qu'on retrouvait un gilet jaune dans leur voiture... Ces milliers d'arrestations préventives[2] étaient totalement illégales en ce qu'elles portaient atteinte à la liberté de manifester sans aucun fondement juridique. Il est permis de l'affirmer sans ambiguïté, puisque la plupart des personnes ayant subi ces mesures privatives de liberté n'étaient par la suite nullement poursuivies judiciairement. Le mouvement des Gilets jaunes a donné lieu à une nouvelle modification de la législation aux fins de « garantir le maintien de l'ordre public lors des manifestations », dite « loi anti-casseurs »[3]. Le texte initial de la loi en dit long sur l'état d'esprit de nos gouvernants qui n'ont aucun scrupule à sacrifier les libertés sur l'autel de la sécurité. L'article 3 de la proposition de loi[4] prévoyait en effet la

1. L'article 222-14-2 du Code pénal issu de la loi n° 2010-201 du 2 mars 2010 sanctionne « le fait pour une personne de participer sciemment à un groupement, même formé de façon temporaire, en vue de la préparation, caractérisée par un ou plusieurs faits matériels, de violences volontaires contre les personnes ou de destructions ou dégradations de biens ».

2. Hourdeaux J., Lindgaard J., Israel D. et Suc M., « Les "arrestations préventives" ou la fin du droit de manifester », Mediapart, 10 décembre 2018 ; Vantighem V., « Gilets jaunes : "Nous ne pouvons pas accepter les arrestations préventives", tonne l'avocat Henri Leclerc », *20 Minutes* 10 décembre 2018.

3. Loi n°2019-290 du 10 avril 2019.

4. Extrait de l'article 3 de la proposition de loi : « Art. L. 211-4-1. – Lorsque, par ses agissements à l'occasion de manifestations sur la voie publique ayant donné lieu à des atteintes graves à l'intégrité physique des personnes ainsi qu'à des dommages

possibilité pour le préfet, sous certaines conditions, d'interdire à une personne de participer à une manifestation sur la voie publique et, dans certains cas, de prendre part à toute manifestation sur l'ensemble du territoire national pour une durée d'un mois. Dans sa décision du 4 avril 2019, le Conseil constitutionnel a fort heureusement censuré ces dispositions en considérant qu'elles portaient une atteinte ni adaptée, ni nécessaire, ni proportionnée au droit d'expression collective des idées et des opinions[1]. Il faut néanmoins relever que la motivation de cette décision est particulièrement prudente et que la possibilité pour une autorité administrative d'émettre de manière préventive des interdictions individuelles de manifester n'a pas été écartée sur le principe. Or, une telle restriction apportée à la liberté de manifester ne devrait pouvoir émaner que de l'autorité judiciaire qui elle seule est en mesure de garantir le respect de la présomption d'innocence et des droits de la défense.

Au-delà des restrictions légales apportées à la liberté de manifester, les innombrables violences commises par les forces de l'ordre sur les manifestants dans le cadre du mouvement des Gilets jaunes constituent un tournant historique en matière de dérive autoritaire. Selon Amnesty International, 2500 manifestants ont été blessés, et parmi les centaines de blessés graves, on compte 24 éborgnés et 5 personnes dont la main a été arrachée[2]. Pas un seul de ces mutilés n'a fait l'objet de poursuite ou de condamnation judiciaire, ce qui signifie qu'ils étaient tous innocents[3]. Il

importants aux biens ou par la commission d'un acte violent à l'occasion de l'une de ces manifestations, une personne constitue une menace d'une particulière gravité pour l'ordre public, le représentant de l'État dans le département ou, à Paris, le préfet de police peut, par arrêté motivé, lui interdire de participer à une manifestation sur la voie publique ayant fait l'objet d'une déclaration ou dont il a connaissance».

1. Conseil constitutionnel, décision n°2019-780 DC du 4 avril 2019.

2. Amnesty.fr, «Gilets jaunes en France: un bilan inquiétant», publié le 19 novembre 2019.

3. Plusieurs scènes de violences policières ont été filmées qui montrent que les manifestants blessés étaient pacifiques et ne représentaient strictement aucun danger. C'est notamment le cas de Jérôme Rodrigues blessé place de la bastille le 26 janvier

faut consulter la page Internet du « mur jaune » qui publie des centaines et des centaines de photographies des victimes de violences policières pour être saisi d'effroi à la vision du spectacle de toutes ces « gueules cassées »[1]. Les Nations unies, le Défenseur des droits ou le Conseil de l'Europe se sont tous inquiétés de l'usage excessif de la force en France et des restrictions que cela entraîne sur le droit pour les personnes de manifester pacifiquement. La réaction des autorités a été radicalement différente. Elles n'ont cessé de nier l'existence des violences policières, laissant se développer un sentiment d'impunité dans les rangs des forces de l'ordre. Alors que les manifestations des Gilets jaunes étaient encore très suivies, Christophe Castaner, ministre de l'Intérieur, tenait le 14 janvier 2019 les propos suivants : « Moi, je ne connais aucun policier, aucun gendarme qui ait attaqué des Gilets jaunes. Par contre, je connais des policiers et des gendarmes qui utilisent des moyens de défense de la République, de l'ordre public ». Le jeudi 7 mars 2019, c'était au tour d'Emmanuel Macron, lors d'une réunion du Grand Débat national à Gréoux-les-Bains dans les Alpes-de-Haute-Provence, de nier les violences policières : « Ne parlez pas de "répression" ou de "violences policières", ces mots sont inacceptables dans un État de droit ». Le président de la République feint d'ignorer que ce qui est inacceptable dans État de droit, c'est l'existence de violences policières impunies, certainement pas le fait de les dénoncer. Il agit ainsi parce qu'au vu des sacrifices qui ont été demandés aux forces l'ordre pour assurer l'ordre public tous les week-ends pendant plusieurs mois, il n'a pas eu d'autre choix que de couvrir toutes les infractions pénales qui ont pu être commises par eux pour ne pas perdre leur soutien. Un tel glissement est particulièrement dangereux pour l'État de droit et la démocratie. Frédéric Lordon l'a parfaitement exprimé : « Car évidemment, propre de tous les pouvoirs aux abois, le rapport de force hiérarchique interne s'est

2019 ou encore de Manu C. blessé place d'Italie le 16 novembre 2019 (enquête *Le Monde* « Comment la police a grièvement blessé un "Gilet jaune" le 16 novembre sur la place d'Italie à Paris » par Arthur Carpentier publié le 11 décembre 2019).

1. Cf. http://lemurjaune.fr.

complètement renversé. Un gouvernement qui ne se maintient plus que par elle tombe nécessairement dans la main de sa police »[1]. D'un côté le pouvoir est prêt à couvrir tous les usages excessifs de la force pour se maintenir en place et, de l'autre, certains policiers – une minorité qui n'en fait pas moins des dégâts considérables dans les rapports entre l'institution et les citoyens – s'appuient sur l'impunité dont ils jouissent pour user et abuser de leur pouvoir. Si carte blanche leur est donnée par les représentants politiques, ils peuvent également compter sur la complicité de certains procureurs de la République – dont il faut rappeler qu'ils ne sont pas indépendants du pouvoir exécutif selon la Cour européenne des droits de l'homme[2] – peu scrupuleux du respect de l'État de droit, comme celui de Nice qui a publiquement reconnu avoir sciemment menti dans l'affaire Legay (manifestante pacifique gravement blessée par les forces de l'ordre à Nice) pour « éviter de mettre le président de la République en difficulté »[3] (sic !). On doit aussi à la justice, et non seulement à l'IGPN, le peu de condamnations judiciaires prononcé contre les violences policières, alors que près de 11 000 condamnations ont été prononcées contre les manifestants. La répression policière et judiciaire a produit des conséquences redoutables. Aujourd'hui, la plus grande restriction à la liberté de manifester en France ne provient plus de la loi mais de la peur qu'ont désormais les citoyens d'exercer leur droit d'expression collective au risque de perdre un œil ou une main. De fait, l'État de droit n'existe plus en manifestation.

La lutte contre le terrorisme : prétexte à l'empilement des lois sécuritaires

Il faut enfin faire observer que l'État profite ces dernières années des attentats qui ont traumatisé notre pays pour faire passer des

1. Lordon F., « Où est Steve ? (et où va la police ?) », Les blogs du diplo / La pompe à phynance, publié le 15 juillet 2019.

2. Arrêt CEDH, Affaire Moulin c/ France, 23 novembre 2010.

3. Fischer S., « Affaire Legay : le procureur de Nice a disculpé la police… pour ne pas embarrasser Emmanuel Macron », *Le Monde*, 24 juillet 2019.

législations toujours plus répressives. Or, les atteintes portées aux libertés n'ont parfois strictement rien à voir avec la nécessaire et impérieuse lutte contre le terrorisme, en particulier islamiste. C'est ainsi qu'après une période de deux ans où l'état d'urgence a été sans cesse renouvelé, une nouvelle loi dite « antiterroriste » a été adoptée le 30 octobre 2017[1], qui a intégré dans le droit commun un certain nombre de dispositions jusqu'alors exceptionnelles. À l'occasion de la délibération de cette loi, la Rapporteuse spéciale des Nations unies sur la protection des droits de l'homme, Fionnuala Ní Aoláin, et le Rapporteur spécial sur les défenseurs des droits de l'homme, Michel Forst, s'étaient inquiétés de l'instauration d'un état d'urgence permanent. Les deux experts de l'ONU avaient exprimé leur préoccupation quant au libellé vague de certaines dispositions de la loi, en particulier celles se référant aux notions de terrorisme et de menaces pour la sécurité nationale. Ils pointaient du doigt le risque que les pouvoirs ainsi donnés aux autorités puissent être utilisés de manière arbitraire. De fait, et comme certains l'avaient anticipé, la législation antiterroriste est utilisée contre les militants politiques, notamment les militants écologistes « décrocheurs de portraits » ou ceux de Greenpeace[2]. La guerre contre le terrorisme a le dos large. Dernier exemple en date ? À la suite de la décapitation de l'enseignant Samuel Paty par un fanatique islamiste le 16 octobre 2020, une proposition de loi[3] soutenue par le ministre de l'intérieur vise notamment en son article 24 à introduire un nouveau délit dans le Code pénal portant interdiction de filmer le « visage ou tout autre élément d'identification » des forces de l'ordre[4]. Cette disposition n'a strictement

1. Loi n° 2017-1510 du 30 octobre 2017 renforçant la sécurité intérieure et la lutte contre le terrorisme.

2. Interview de Vanessa Codaccioni dans *Libération* : « On assiste à une radicalisation de la répression politique », publiée le 29 octobre 2019 : « On recourt de plus en plus à des dispositifs préventifs relevant de la lutte antiterroriste pour contrer le militantisme ».

3. Proposition de loi n 3452 relative à la sécurité globale du 20 octobre 2020.

4. « Art. 35 quinquies. – Est puni d'un an d'emprisonnement et de 45 000 euros d'amende le fait de diffuser, par quelque moyen que ce soit et quel qu'en soit le

rien à voir avec la lutte contre le terrorisme ! Avez-vous déjà vu qu'une difficulté de cette nature se pose lorsqu'il s'agit de neutraliser un terroriste ? Cette modification de la loi vise uniquement à interdire les journalistes et citoyens de filmer les policiers dans le cadre de leurs interventions, et notamment pendant les manifestations. Il s'agissait pourtant du seul moyen pour les victimes de violences policières pour tenter de faire valoir leurs droits. On pense notamment au cas de Cédric Chouviat décédé le 3 janvier 2020 à la suite d'une violente interpellation policière et dont les vidéos amateurs ont eu une importance déterminante pour déterminer les circonstances réelles de sa mort[1]. La volonté des gouvernants est d'empêcher que les images de violences policières puissent être diffusées sur les réseaux sociaux, comme ce fut le cas lors des manifestations des Gilets jaunes. S'agissant de diffusion en live, ils savent fort bien qu'interdire de filmer le visage ou « tout autre élément d'identification » du policier revient purement et simplement à interdire de filmer tout court. Le pouvoir a trouvé le moyen idéal pour couvrir toutes les violences policières : si vous ne pouvez plus prouver leur existence, c'est qu'elles n'existent plus. Comment considérez-vous un pays dans lequel la force publique ne répond plus de rien devant la loi ? Fait rarissime, le Conseil des droits de l'homme de l'ONU – ainsi que le Conseil de l'Europe[2] – a interpellé le gouvernement français au sujet de cette loi qui place la France en contradiction avec la Déclaration universelle des droits de l'homme, le Pacte international relatif aux droits civils et politiques et la Convention européenne des droits de l'homme[3]. Il

support, dans le but qu'il soit porté atteinte à son intégrité physique ou psychique, l'image du visage ou tout autre élément d'identification d'un fonctionnaire de la police nationale ou d'un militaire de la gendarmerie nationale lorsqu'il agit dans le cadre d'une opération de police. »

1. « Mort de Cédric Chouviat : les policiers auraient menti avec la bénédiction de leur hiérarchie », *Le Parisien*, 21 juillet 2020.

2. « Loi Sécurité globale : pour le Conseil de l'Europe, l'article 24 est "une atteinte à la liberté d'expression" », Europe 1, 18 décembre 2020.

3. « Le Conseil des droits de l'homme de l'ONU s'inquiète du contenu de la proposition de loi "pour une sécurité globale" », *Le Monde*, Chapuy N., 16 novembre 2020.

considère que « l'information du public et la publication d'images et d'enregistrements relatifs à des interventions de police sont non seulement essentielles pour le respect du droit à l'information, mais elles sont en outre légitimes dans le cadre du contrôle démocratique des institutions publiques. Son absence pourrait notamment empêcher que soient documentés d'éventuels abus d'usage excessif de la force par les forces de l'ordre lors de rassemblements ». Hier montrée en exemple pour le respect des droits humains et des libertés publiques, la France est désormais pointée du doigt par les plus hautes instances internationales.

d) Les citoyens complices de la dérive autoritaire ?

Une demande d'autorité provenant de la société elle-même

Le pouvoir parvient avec une déconcertante facilité à restreindre les libertés parce qu'il peut s'appuyer sur l'apathie d'une large majorité de la population. L'honnêteté commande de dire qu'une partie de la population est elle-même en demande d'ordre et d'autorité, car elle ne supporte plus le climat de violence qui monte au sein de la société. À cet égard, il y a une complicité objective entre l'appétit autoritaire du pouvoir et l'inertie générale de la population. Les intentions ne sont néanmoins pas du tout comparables, en sorte que les aspirations légitimes des uns ne justifient pas les actions liberticides des autres.

Il est compréhensible que les citoyens veuillent vivre en sécurité et jouir sans risque pour eux-mêmes de leurs libertés individuelles. Là où ils se trompent – au moins pour ceux qui se sentent suffisamment à l'abri du besoin –, c'est lorsque qu'ils ne comprennent pas que l'ordre social ne peut exclusivement reposer sur l'autorité. Dans une société qui n'est plus tenue par aucun ordre religieux ni aucune structure collective suffisamment puissante pour imposer le maintien de positions sociales héritées, l'aspiration au progrès est partagée par tous. C'est d'ailleurs une promesse de la République consacrée par sa devise « Liberté, Égalité, Fraternité ». Il faut donc admettre des réalités simples. Le pauvre n'accepte plus de le rester. Le modeste aspire à la sécurité financière et au confort psychologique qu'elle procure. Il se trouve en outre que les moyens de communication modernes permettent à chacun de comparer sa situation économique avec celle des autres. Dans ce contexte, il ne peut y avoir d'ordre social sans justice, car il ne peut y avoir de consentement à la loi commune sans un sentiment d'équité largement partagé. Appeler de ses vœux des pouvoirs qui promettent l'autorité et l'ordre mais qui n'ont aucune intention de réduire les inégalités et la pauvreté au sein de la société ne résoudra rien. Il faut que les classes moyennes et moyennes supérieures aient à l'esprit un principe simple : plus d'inégalités, c'est plus d'insécurité. Notre pays souffre d'une montée de l'insécurité avant tout parce que les inégalités ne cessent de progresser par une concentration des richesses au profit des 0,1 % les plus riches et une augmentation du taux de pauvreté[1]. Les classes moyennes et moyennes supérieures devraient être d'autant plus sensibles à la nécessité de changer de modèle économique qu'elles pourraient être bientôt concernées par la baisse du niveau de vie, si elles ne le sont pas déjà pour certaines d'entre elles. À leurs préoccupations légitimes de sécurité pourrait bien venir s'ajouter le sentiment d'injustice, et ce plus tôt qu'elles ne le croient.

La liberté d'expression menacée par la polarisation du débat public

Au-delà de cette aspiration à l'ordre, force est de constater que les citoyens participent eux-mêmes à ce mouvement de restriction des libertés, en particulier de la liberté d'expression, comme l'a analysé François Sureau dans son essai intitulé *Sans la liberté*. Que ce soit sur les médias officiels ou les réseaux sociaux, le débat public est marqué par une montée de l'intolérance aux opinions contraires et de l'agressivité entre interlocuteurs. On ne recherche plus ce qu'a précisément voulu dire son contradicteur, on s'indigne au moindre mot-clé qui heurte sa propre sensibilité. La nuance est

1. Cf. La France : état des lieux.

interdite. On raisonne camp contre camp. Ce phénomène transcende l'ensemble des clivages idéologiques, dont celui de la droite et de la gauche, même s'il trouve peut-être sa traduction la plus concrète dans l'émergence de groupes militants qui défendent bien souvent des causes tout à fait légitimes (l'égalité des origines ethniques, l'égalité des sexes, la liberté en matière d'orientation sexuelle, la liberté de pratiquer un culte, etc.). Or, les méthodes brutales et radicales de certains d'entre eux aboutissent à des actes de censure, d'humiliation publique ou de cyberharcèlement, qui concourent notamment au développement du phénomène de la « cancel culture »[1]. De tels agissements alimentent aussi de manière plus insidieuse l'autocensure pour quiconque aurait peur de s'attirer les foudres de ces groupes d'individus capables de réactions intolérantes et belliqueuses. La liberté d'expression s'en retrouve grandement affaiblie. Certains évoquent même une tyrannie des minorités, d'autres y voient l'émergence d'une nouvelle forme de totalitarisme. Ce n'est peut-être ni l'un ni l'autre. La tyrannie, s'il devait y en avoir une, ne peut émaner que de ceux qui détiennent le pouvoir. Or, c'est tout l'inverse des groupes militants concernés dont la hargne provient bien plus d'un sentiment d'impuissance[2] que d'une position de toute-puissance. D'une manière générale, il faut voir dans le refus grandissant de la contradiction au sein de la société l'un des produits du néolibéralisme. Une composante essentielle de l'idéologie dominante tient au caractère exclusif qu'elle confère à l'existence de l'individu et à la négation du collectif. Cela produit chez les individus une vision du monde autocentrée (ou égocentrée) qui ne peut aboutir qu'à un vide de sens et un manque de compréhension du monde qui les entoure. Toutes les conditions sont réunies pour que le malheur s'autoalimente.

1. Tribune collective publiée dans *Marianne*, « La "cancel culture" a assez duré », le 24 août 2020 : « La cancel culture consiste à essayer de détruire l'existence d'une personnalité dans le débat d'idées, dans la vie professionnelle, dans la vie sociale, et le cas échéant dans la vie académique ou artistique ».

2. Tribune par Laure Murat publiée dans *Le Monde* : « La "cancel culture", dernier recours d'une population sans autre voix que l'Internet », le 1er août 2020.

Les difficultés rencontrées par les individus génèrent en effet d'autant plus de souffrances qu'elles ne parviennent pas à être apaisées par une compréhension des causes profondes qui sont à l'œuvre. La souffrance est telle qu'entendre l'opinion contraire d'autrui devient insupportable. L'offense n'est plus tolérée. Le débat contradictoire n'est plus possible, car les capacités d'empathie et de compréhension mutuelle sont neutralisées par un trop-plein d'émotions négatives. Dans ce schéma, « la » liberté se trouve réduite à « ma » liberté, et celle d'autrui n'existe plus. Il ne semble pas pour autant que ces comportements attentatoires à la liberté soient susceptibles de faire naître un « néo-totalitarisme ». Le plus certain en revanche est que l'individualisme qui en est la cause profonde nous condamne à l'impuissance. Ce refus absolu de la contradiction empêche de progresser. L'exigence de pureté idéologique isole et fait obstacle à tout compromis qui permettrait de se fédérer sur l'essentiel. Or, il ne peut y avoir de changement de grande ampleur qu'au travers d'une œuvre collective. À force de restreindre le champ du débat par refus de la nuance et de la contradiction, nous organisons nous-mêmes les conditions de notre incapacité à faire advenir, ensemble, un monde meilleur.

e) Vers le totalitarisme ?

Le pays des droits de l'homme n'est décidément plus ce qu'il était. Il serait temps d'en prendre conscience. La dynamique intrinsèque au néolibéralisme conduit, tôt ou tard, les institutions à dériver naturellement vers l'autoritarisme. Nous y sommes. La période récente devrait conduire tous les amoureux de la démocratie et de la liberté à s'inquiéter. Les « élites » qui se cachent derrière les formules creuses de « démocratie » et de « République » sans autre objectif en tête que de défendre le statu quo sont inconséquentes et irresponsables. Ce sont elles qui, refusant le changement que la société appelle de ses vœux, font avancer l'autoritarisme à grands pas. L'arrivée d'Emmanuel Macron au pouvoir à laquelle elles ont largement contribué a abouti à la création d'un parti unique dont toute alternative est par avance considérée par les mêmes comme un danger pour la démocratie. En s'obstinant à discréditer toute critique de l'idéologie néolibérale, elles empêchent l'émergence de nouvelles forces politiques qui pourraient produire un changement salvateur et libérateur. Ne voient-elles pas le paradoxe ? La démocratie suppose en principe la liberté de choisir ses représentants. Or, à suivre le discours des classes dominantes, les citoyens n'ont plus le choix aujourd'hui que de voter pour le parti unique (aujourd'hui LREM, demain tout autre parti prônant le néolibéralisme et la soumission à l'Union européenne)... pour « sauver la démocratie » ! Accablante contradiction. Confondante hypocrisie. Il serait plus honnête d'avouer qu'elles n'ont que faire de sauver la démocratie mais que tout ce qui compte pour elles est de sauver leurs privilèges. Et qu'elles sont prêtes pour cela à sacrifier toutes nos libertés. Le parti unique n'est-il pas le propre des régimes totalitaires ? Une citation attribuée à Noam Chomsky décrit avec une redoutable efficacité le lien entre néolibéralisme et autoritarisme : « Il me semble que, au moins dans les sociétés occidentales riches, la démocratie et le marché libre déclinent à mesure que le pouvoir se concentre, chaque jour davantage, dans les mains d'une élite privilégiée ».

Le danger qui menace se pose avec d'autant plus d'acuité que les moyens technologiques permettant le contrôle des populations se développent de manière exponentielle ces dernières années. On assiste à la prolifération des caméras et des drones de surveillance dans l'espace public[1]. Si la reconnaissance faciale en temps réel n'est pas encore autorisée en France, des expérimentations ont déjà eu lieu[2]. Combien de temps résistera-t-on avant d'autoriser cette nouvelle technologie au motif de lutter contre le terrorisme ? Par ailleurs, les outils numériques permettent d'ores et déjà de collecter un nombre considérable d'informations sur chaque citoyen : géolocalisation, opinions politiques et religieuses,

1. Silbert N., « Vidéoprotection : jusqu'où iront les villes », *Les Échos*, 9 janvier 2019.
2. Reltien P. et Cellule investigation, « Quand la reconnaissance faciale en France avance masquée », France Culture, 4 septembre 2020.

orientation sexuelle, cercles d'amis, etc. Autrement dit, la technologie permet aujourd'hui à l'État qui le voudrait de surveiller en permanence chaque faits et gestes des citoyens. La Chine expérimente d'ailleurs dans certaines provinces la mise en œuvre d'un programme de « crédit social » basé sur la collecte d'informations sur les réseaux sociaux et via les caméras de surveillance intelligentes. Chaque comportement des citoyens est noté : fumer une cigarette dans un espace public interdit, commettre une infraction routière ou critiquer le gouvernement chinois génèrent de mauvaises notes avec des sanctions pouvant aller de l'interdiction de prendre l'avion jusqu'à l'impossibilité de contracter un crédit pour acheter un appartement ou créer une entreprise[1]. La société de surveillance terrifiante décrite dans le roman *1984* de George Orwell est à portée de technologie en 2020. Si la culture occidentale, qui confère une valeur cardinale à la liberté individuelle, semble nous protéger d'un tel scénario, il serait bien naïf de nous croire totalement à l'abri. La protection des libertés publiques repose avant tout sur le bon vouloir des gouvernants. Or, la perte de légitimité des institutions que l'on constate en France et ailleurs dans le monde les conduit inéluctablement à privilégier la sécurité au détriment de la liberté[2]. Tant qu'ils s'accrocheront au néolibéralisme qui mine leur légitimité, les dirigeants politiques n'auront d'autre choix que de sacrifier les libertés pour se maintenir au pouvoir. C'est cette dynamique qui rend possible l'avènement d'un nouveau totalitarisme en France et plus largement dans les pays occidentaux. Il n'aurait certainement rien à voir avec les formes de totalitarisme du passé. Le totalitarisme du XXIe siècle ne se caractériserait pas par les bruits de bottes et les exécutions

1. Guedj L., « La Chine distribue des bons et des mauvais points à ses citoyens », France Inter, 7 février 2019.

2. Dernier exemple en date : l'extension du fichier de renseignement par trois décrets du ministre de l'Intérieur du 4 décembre 2020 ; Untersinger M., « Le gouvernement élargit par décret les possibilités de fichage », *Le Monde*, 7 décembre 2020 ; « La police va pouvoir ficher les convictions politiques, religieuses et syndicales », Huffingtonpost, 4 janvier 2021.

sommaires du fascisme du XXᵉ siècle, il se manifesterait plutôt par une surveillance généralisée de la population qui engendrerait l'ostracisation sociale de tous ceux qui refuseraient de suivre « le droit chemin ».

Il serait abusif d'affirmer que nous avons d'ores et déjà basculé dans le totalitarisme. Mais il serait naïf et inconscient de nier que nous dérivons vers un autoritarisme dont on ne connaît pas les limites. Le reconnaître n'a pas pour but de faire advenir un quelconque totalitarisme. Au contraire, affronter la réalité de la dérive autoritaire qui est à l'œuvre doit nous permettre d'inverser le processus en cours pour restaurer pleinement les libertés. C'est pourquoi chaque décision affectant les libertés doit être mise en perspective avec la dynamique d'ensemble qui est à l'œuvre. Le défi est grand car l'évolution de nos sociétés, en particulier sur le plan technologique, nous oblige à combattre un monstre que nous ne connaissons pas encore. Il est important de comprendre que les régimes totalitaires n'apparaissent pas du jour au lendemain. Françoise Giroud l'avait exprimé en des mots aussi simples que percutants : « Ainsi commence le fascisme. Il ne dit jamais son nom, il rampe, il flotte, quand il montre le bout de son nez, on dit : c'est lui ? Vous croyez ? Il ne faut rien exagérer ! Et puis un jour on le prend dans la gueule et il est trop tard pour l'expulser ». Au point où nous en sommes, il n'a jamais semblé aussi urgent de rompre avec le néolibéralisme pour sauver la liberté.

CHAPITRE 5
La souveraineté

> *« Citoyens, quoi qu'il arrive aujourd'hui, par notre défaite aussi bien que par notre victoire, c'est une révolution que nous allons faire. De même que les incendies éclairent toute la ville, les révolutions éclairent tout le genre humain. Et quelle révolution ferons-nous ? Je viens de le dire, la révolution du Vrai. Au point de vue politique, il n'y a qu'un seul principe, la souveraineté de l'homme sur lui-même. »*
>
> Victor Hugo

La France et plus largement le monde occidental sont certainement à un tournant de l'Histoire. Les prochaines années seront marquées par une multiplication et une intensification des crises (institutionnelles, économiques, environnementales, etc.). C'est l'aboutissement d'un long processus au cours duquel les classes dominantes ont peu à peu accaparé tous les pouvoirs de décision avec l'objectif de mettre fin à l'ère de l'État providence initiée en France à l'issue de la Seconde Guerre mondiale. De fait, la démocratie est en lambeaux. Le peuple français n'a plus son destin en main. La période de désordre et d'incertitude qui s'avance ouvrira une nouvelle ère. Elle promet malheureusement d'être bien sombre si le peuple ne parvient pas à reconquérir sa souveraineté.

Tout le monde porte une part de responsabilité dans la crise que connaît notre pays. Il est néanmoins évident que le degré de responsabilité n'est pas le même selon la place que l'on occupe dans la société. Les classes dominantes (économiques, politiques et médiatiques) sont les premières et les principales responsables. Ce sont elles qui ont affaibli la place de la France dans le monde. Ce sont elles qui sont responsables de la baisse du niveau de vie dans le pays. Ce sont elles qui plutôt que d'assumer leurs erreurs ont décidé de les faire payer à tous ceux d'en dessous. Le plus dramatique est qu'elles semblent pour l'heure loin d'une possible remise en question. Si elles ne veulent pas céder, il faudra donc leur forcer la main.

Le reste de la société se subdivise en deux grandes catégories que l'on pourrait nommer les « endormis » et les « résistants ». La première est composée d'une masse d'individus centrés sur la consommation et le divertissement, dépolitisés et encore insouciants. La seconde catégorie, en expansion, représente les citoyens aspirant au changement : ils sont plus ou moins éveillés politiquement, plus ou moins en colère, plus ou moins radicaux dans leurs modes d'actions et de protestation. Elle est composée des Gilets jaunes, de militants syndicaux traditionnels, de militants politiques et associatifs, et de différentes catégories professionnelles (personnels hospitaliers, enseignants, avocats, pompiers, policiers, etc.). S'il est difficile de déterminer la proportion respective des « endormis » et des « résistants », il semble inéluctable que ceux appartenant à la première catégorie ont vocation à rejoindre progressivement la seconde. Les crises sanitaires et économiques liées au coronavirus devraient d'ailleurs accélérer ce mouvement. Si l'on se base sur le soutien majoritaire de l'opinion publique aux derniers mouvements sociaux (Gilets jaunes et grève contre la réforme des retraites), il apparaît que la catégorie des résistants n'est plus très loin de la taille critique permettant de faire basculer le rapport de force vis-à-vis des classes dominantes. Peut-être l'a-t-elle-même d'ores et déjà atteinte ? Toujours est-il que le nombre n'est rien s'il est désorganisé, désarticulé, divisé. Les développements du présent chapitre ont pour objet de réfléchir aux moyens de répondre à ce défi majeur : comment unir les « résistants » ? Une partie non négligeable d'entre eux accordent une place prépondérante à la réflexion sur la réforme des institutions. Si indispensable soit-elle, elle n'en demeure pas moins insuffisante. L'émancipation des individus et la constitution d'une force politique puissante sont les préalables indispensables à la transformation de grande ampleur que la période appelle.

a) Les institutions et la conscience politique

Parmi les aspirants au changement, le débat institutionnel fait rage. Certains militent pour une refonte intégrale de la Constitution par la convocation d'une Assemblée constituante composée de citoyens tirés au sort, d'autres aspirent uniquement à modifier certaines dispositions de l'actuelle Constitution. Il y a les partisans d'un passage à la VIe République et ceux qui restent attachés à la Ve République. Certains ne jurent que par le référendum d'initiative citoyenne, d'autres estiment que l'essentiel est que les représentés (les citoyens) écrivent les règles de la représentation en lieu et place des représentants (les élus). Malgré toutes les bonnes volontés et les meilleures intentions du monde, les excès, approximations ou facilités de raisonnement sont malheureusement fréquents. Parce que le sujet est éminemment sérieux et essentiel, la rigueur doit être de mise. Une certaine forme de prudence aussi tant la matière constitutionnelle est complexe.

La Constitution : outil d'asservissement ou garant de la souveraineté du peuple ?

La constitution a pour objet de définir les règles de la représentation politique. Dans une démocratie, elle a pour objectif de garantir la souveraineté du peuple. Elle organise le fonctionnement des institutions et doit permettre en particulier d'instaurer un difficile équilibre entre les pouvoirs exécutifs, législatifs et judiciaires. C'est pourquoi toute modification même d'apparence mineure apportée à une Constitution menace de déséquilibrer l'ensemble de l'édifice. Les modifications successives apportées à la Constitution de la ve République ont par exemple radicalement modifié le fonctionnement des institutions par rapport au texte originel de 1958. Celle qui a le plus profondément bouleversé l'équilibre des pouvoirs est certainement le passage au quinquennat, c'est-à-dire l'élection du président de la République pour une durée de cinq ans au lieu de sept ans. Avec l'inversion du calendrier des élections, la seule élection qui compte au niveau national est celle du président de la République qui est (presque[1]) assuré de remporter la majorité aux élections législatives qui suivent un mois plus tard. De fait, il est devenu le chef de la majorité et non plus la « clé de voûte des institutions ». La fonction du Premier ministre a été reléguée au rang de « premier collaborateur du président ». Une autre conséquence majeure est qu'aucune élection législative n'intervient au cours du mandat du président de la République. Il s'ensuit que les citoyens n'ont plus la possibilité de sanctionner purement et simplement la politique conduite par le pouvoir comme ils le faisaient auparavant en imposant au président une cohabitation. L'élection présidentielle est « la rencontre d'un homme et d'un pays, d'un homme et d'un peuple ». C'est une élection centrée sur la personne des candidats, car celui qui est élu a la charge d'incarner la nation. Dans ce cadre, le débat d'idées et la confrontation des programmes politiques sont relégués au second plan. En supprimant les élections législatives en cours de mandat présidentiel, la réforme du quinquennat a accentué la personnalisation et la *peopolisation* de la politique, avec pour corollaires l'appauvrissement du débat de fond et la dépolitisation du corps électoral. C'est à cette étape du raisonnement qu'il faut s'arrêter pour comprendre le point névralgique du débat institutionnel qui nous occupe. Aujourd'hui, les citoyens

1. Compte tenu de la crise institutionnelle actuelle, le candidat élu en 2022 pourrait ne pas réussir à emporter une majorité aux élections législatives, ce qui constituerait une première dans l'histoire de la ve République.

(en particulier les « endormis ») ne votent plus pour des idées, ils votent pour des hommes ou des femmes. Au lieu de fonder leurs votes sur les programmes politiques des candidats, ils font leurs choix sur la base d'impressions et de ressentis. Ils sont en proie à toutes les manipulations, à tous les artifices de communication. La superficialité s'est substituée à l'analyse rationnelle. Les actes et les écrits ne comptent plus. Ce sont les « petites phrases » et les bons mots qui orientent le choix des électeurs. Les requins nagent avec aisance dans cet océan d'ignorance politique. Les glissements insidieux et les petites compromissions successives des gouvernants peuvent librement s'accumuler au fil du temps. Et sans que personne ne s'en aperçoive, le résultat final est que la lettre même de la Constitution française n'est plus respectée. En son article 2, elle définit le principe de la République comme étant celui du « gouvernement du peuple, par le peuple, et pour le peuple ». Qui peut prétendre aujourd'hui que ce principe est toujours effectif dans la réalité ? Il faut en tirer une conclusion : la souveraineté du peuple ne tient pas dans l'acte écrit de la Constitution mais dans la conscience qu'il a de lui-même, des règles qu'il se donne et qu'il s'applique. Quelles que soient les normes écrites qu'un peuple adopte pour assurer le fonctionnement des institutions, elles seront toujours soumises dans la pratique à des tensions inhérentes aux contradictions d'intérêts au sein de la société. Il n'existe pas de système institutionnel parfait. Il existe en revanche des systèmes institutionnels qui satisfont le grand nombre et ceux qui servent les intérêts du petit nombre. Il n'est pas rare que, sans crier gare, le petit nombre parvienne à dévoyer les institutions démocratiques pour les mettre à son service. La plus grande difficulté est pour le grand nombre de s'en apercevoir. Car le petit nombre fait tout pour le lui cacher. La seule et unique arme dont disposent les citoyens pour se défendre est le savoir. La souveraineté du peuple est proportionnelle à son niveau de conscience politique.

Le référendum d'invitative citoyenne : la voie de la réflexion institutionnelle

La crise institutionnelle que la France traverse est le produit des multiples facteurs analysés dans les chapitres précédents qui ont tous contribué à abaisser le niveau de conscience des citoyens. La solution ne viendra donc pas d'une simple réforme institutionnelle, si ambitieuse soit-elle. D'une part, parce que la classe dominante n'entend pas se laisser faire. Elle fait tout pour empêcher des modifications constitutionnelles visant à démocratiser les institutions ou à transférer plus de pouvoir au peuple. Elle a bien compris que de telles mesures menaceraient immédiatement ses intérêts. C'est pourquoi elle s'applique en premier lieu à empêcher toute force politique qui voudrait agir en ce sens d'accéder au pouvoir. D'autre part, car on ne résout pas une crise aussi profonde dont les racines remontent à plusieurs décennies en un claquement de doigts. Il faudra du temps. Ces deux principaux obstacles sont de nature à créer toutes sortes de divisions parmi ceux qui aspirent au renouveau démocratique. Si les grands principes et les idéaux doivent servir de boussole à la réflexion institutionnelle, ils ne doivent pas conduire à l'inefficacité politique. Il faut que les aspirants au changement se fédèrent sur l'essentiel. Dans cet état d'esprit, le débat entre le maintien de la Ve République ou le passage à la VIe République est accessoire. Plutôt que de se diviser sur les slogans et les mots d'ordre, il apparaît préférable de se concentrer sur les mesures concrètes qui permettraient de rendre le pouvoir au peuple. À cet égard, le référendum d'initiative citoyenne (RIC) est certainement la voie d'entrée dans la réflexion institutionnelle la plus pertinente et fédératrice pour les citoyens. Le principe de ce dispositif institutionnel est de permettre à une fraction du peuple de déclencher par lui-même un référendum. Celui-ci peut avoir pour objet de modifier la Constitution, de proposer une loi ou d'en abroger une, ou enfin de révoquer un élu. En cela, le RIC a le mérite de poser d'emblée le doigt sur le sujet qui fâche : l'action des gouvernants. L'idée sous-jacente de tout citoyen qui s'ouvre à l'idée du

RIC est la suivante : « Vu le résultat de la politique de nos gouvernants, ne serait-il pas temps que nous prenions certaines décisions nous-mêmes ? ». Le simple fait de se poser cette question est susceptible de modifier le rapport du citoyen à la politique : d'une position passive où il vote par défaut pour un candidat qu'il n'a initialement pas choisi, le citoyen se voit désormais en acteur des décisions institutionnelles. L'objection des classes dominantes ne tarde pas à fuser. Les citoyens sont bien trop ignorants pour prendre des décisions sur des sujets aussi complexes et techniques que ceux traités par les gouvernants. L'argument ne peut être balayé d'un revers de la main, car il s'appuie sur une réalité. Il ne peut néanmoins justifier le statu quo et la mainmise des technocrates sur le processus décisionnel de l'État. Si le faible esprit critique et l'insuffisance du niveau d'information des citoyens constituent effectivement un problème en l'état, la solution consiste précisément à agir sur ces leviers. On pourrait d'ailleurs rétorquer aux « élites » que, au vu des résultats que leurs décisions ont produits, le peuple a peu de chances de faire pire qu'eux ! Il faut aussi observer que les citoyens sont d'autant plus encouragés à se désintéresser de la chose publique qu'on les a privés de tout pouvoir de décision. Nul doute qu'en leur faisant à nouveau confiance les citoyens seraient incités par le pouvoir qui leur serait confié à se responsabiliser pour prendre des décisions sérieuses et raisonnables. Le RIC constituerait donc un excellent moyen de lutter contre la dépolitisation du corps électoral. L'autre mérite du RIC est d'amener les citoyens qui essaient de le penser à aborder l'ensemble des sujets essentiels de la politique. Pour élaborer un RIC, il faut penser l'équilibre des pouvoirs entre le peuple et ses représentants. Il faut réfléchir aux moyens de garantir un débat public contradictoire de qualité pour permettre à chacun de se forger une opinion éclairée. Il faut s'interroger sur les moyens permettant de donner à chaque citoyen un accès égal à l'utilisation du RIC pour empêcher les lobbys et autres groupes de pression de se l'accaparer. Penser le RIC, c'est penser toute la politique. C'est en ce sens que la réflexion institutionnelle doit se poursuivre[1]. Tout ce travail doit avant tout servir d'instrument pour repolitiser les citoyens.

b) L'émancipation individuelle

L'une des principales forces du néolibéralisme est d'isoler les individus pour les rendre impuissants. Il est important de comprendre que cet isolement n'est pas seulement social mais avant tout psychologique. L'hyperindividualisme que l'idéologie dominante véhicule atteint jusqu'aux dispositions psychologiques des individus et leur manière de voir le monde, de se penser dans l'espace et dans le temps. Il produit une vision étriquée qui génère de la souffrance et de l'incompréhension, une incapacité à écouter et à dialoguer avec les autres. Personne n'échappe à ce conditionnement psychologique de nos sociétés modernes occidentales. Il est pourtant indispensable de s'en émanciper, ce qui n'est pas chose aisée. La logique de la concurrence et du « chacun pour soi » a peu à peu détruit les liens de confiance au sein de la société. Chaque individu a de très bonnes raisons de se sentir menacé : perte de son emploi, trahison amoureuse, atteinte à la réputation professionnelle ou personnelle… Les

1. Pour nourrir le débat, vous pouvez lire une récente note de l'Institut Rousseau écrite par Benjamin Morel, maître de conférences en droit public à l'université Paris-II Panthéon-Assas et docteur en science politique à l'École normale supérieure de Paris-Saclay, qui a le mérite de développer toute une série de propositions cohérentes destinées à rénover les institutions, parmi lesquelles l'élection de l'Assemblée nationale au scrutin proportionnel intégral, l'élection du président de la République au jugement majoritaire ou encore l'instauration d'un RIC dont le dispositif est précisément défini. Il s'agit d'une excellente base de discussion pour penser les institutions de demain. La conclusion de cette note est intéressante en ce qu'elle donne sa juste place au sujet de la réforme des institutions : « Changer les institutions, ce n'est pas résoudre tous les problèmes qui la parcourent. Changer les institutions, c'est se donner des instruments plus adéquats pour permettre au peuple d'agir sur son destin. Par ses institutions politiques, le peuple peut agir sur ses institutions civiles. Il peut alors engager une dynamique vertueuse de prospérité et d'émancipation. Les meilleures institutions ne sont pas celles qui se conforment le mieux aux modèles théoriques des philosophes et des juristes. Ce sont celles que le Peuple s'approprie et qui permettent d'enclencher cette dynamique vertueuse. De même que les manuels de poésie sont généralement écrits en prose, c'est dans l'aridité des textes constitutionnels que s'écrit en vers notre destin collectif ».

inquiétudes et les angoisses nombreuses sont d'autant plus intenses que la confiance en autrui a disparu. Pour répondre à cette fragilité psychologique, le cerveau humain met en place des mécanismes d'autodéfense. Le déni, le refus d'entendre la contradiction, le refus du doute, et l'enfermement dans des fausses certitudes en sont les principales manifestations. Dans ce contexte, la plus grande difficulté que les individus rencontrent aujourd'hui est de réussir à construire des relations saines et fructueuses avec leurs semblables. Le chemin de l'émancipation est long, sinueux et laborieux. Les erreurs, les rechutes et les doutes sont inévitables. Personne n'est épargné. Il faut apprendre à avancer avec honnêteté et bienveillance, envers soi-même et plus encore envers les autres. Nous devons sans cesse rechercher à nous améliorer, à penser contre nous-mêmes pour réussir à progresser. Encore faut-il avoir conscience des axes de progrès permettant d'élever son niveau de conscience. Pour réinstaurer la confiance et développer une dynamique vertueuse au sein de la société, il semble que chacun devrait s'efforcer de suivre trois lignes de conduite : une éthique du savoir, une éthique de la bienveillance et une éthique du bien commun.

L'éthique du savoir

L'éthique du savoir consiste à s'inscrire dans une démarche d'apprentissage. Le niveau de connaissances importe peu en tant que tel, car ce qui compte est la volonté de progresser. Cela implique une capacité à remettre en question ses convictions personnelles. Il faut cultiver l'art du doute. Qu'il s'agisse de faire sa propre introspection ou d'écouter les contradictions portées par autrui, il faut beaucoup d'humilité pour y parvenir. L'humilité n'est pas une qualité naturelle, c'est un effort sur soi. Comme tout changement, le plus difficile est de réussir à réaliser le premier pas pour rompre avec ses schémas habituels et ses réflexes. L'un des moyens les plus efficaces pour évaluer notre capacité à acquérir du savoir consiste à nous interroger sur tout ce que nous ne savons pas. Si nous estimons tout savoir sur un sujet donné, c'est très mauvais signe. Nous surévaluons très probablement le niveau de nos connaissances. Il ne faut jamais perdre de vue que la connaissance est infinie et qu'il est pratiquement impossible pour quiconque d'avoir une maîtrise parfaite de quelque domaine que ce soit. En 1999, les psychologues David Dunning et Justin Kruger ont mis en évidence un biais cognitif selon lequel les moins qualifiés dans un domaine surestiment leur compétence. L'effet Dunning-Kruger est lié à des difficultés à prendre du recul pour évaluer son propre comportement et ses capacités comme un observateur extérieur. Chacun n'est capable de s'autoévaluer que de son propre point de vue, par définition limité et subjectif. De sa propre perspective limitée, chacun tend à se voir hautement qualifié, compétent et parfois même supérieur aux autres. Ces recherches scientifiques ont permis d'élaborer un schéma illustrant l'autoévaluation d'un individu au cours de l'acquisition d'une compétence. Cette courbe montre que la personne qui emmagasine seulement quelques connaissances éprouve très rapidement une sur-confiance en ses capacités avec un sentiment de supériorité illusoire. En poursuivant son processus d'apprentissage, sa confiance chutera brutalement pour atteindre la « vallée de l'humilité ». Arrivé à ce stade, il aura l'impression qu'il est nul et qu'il ne s'en sortira jamais. Il ne doit pas s'arrêter là car la remontée est devant lui. Ce n'est qu'après avoir franchi ces étapes qu'il devient possible d'évaluer de manière réaliste ses propres compétences.

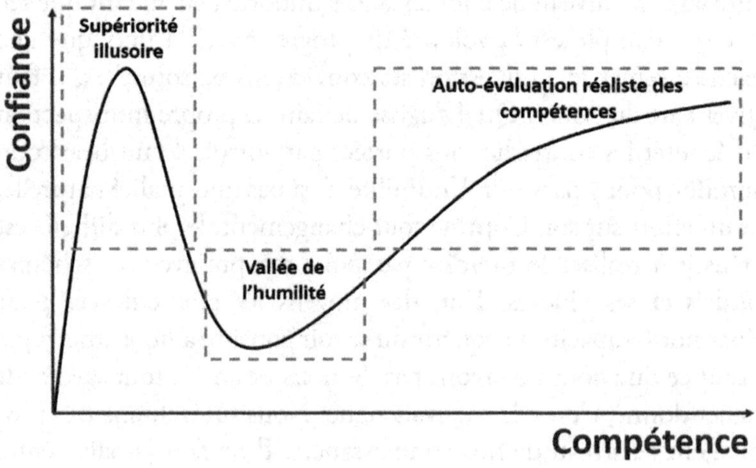

La leçon à retenir est que si, sur un sujet donné, nous n'avons jamais atteint la « vallée de l'humilité », il est fort probable que nous soyons bien plus ignorants que compétents. Dès lors que nous pensons que la solution est simple, c'est certainement que nous faisons partie du problème.

L'éthique de la bienveillance

L'éthique de la bienveillance consiste à faire preuve de tolérance et de compréhension envers les autres. En cas de désaccord, qu'il s'agisse d'un proche ou d'un étranger, il faut s'efforcer de faire preuve d'empathie. Cela consiste à reconnaître et à comprendre les sentiments et les émotions de son interlocuteur. Même s'il a rationnellement tort sur le fond, il existe très certainement toute une série de raisons qui l'ont amené à penser et à ressentir les choses d'une certaine manière. Bien que ces raisons puissent heurter notre propre sensibilité ou nos valeurs, s'évertuer à les comprendre est la première étape pour instaurer un dialogue serein et apaisé. Il est frappant de constater que notre société n'admet plus du tout le droit à l'erreur de nos jours. Dans le débat public, la moindre maladresse ou approximation est susceptible de faire le beurre des médias et des réseaux sociaux. Un revirement de position est immédiatement raillé, parfois aussi bien par son propre « camp » que par le « camp » opposé. Rares sont les personnes qui cherchent à comprendre précisément les intentions et le sens des paroles de celui qui se retrouve alors lynché en place publique. Il faut pourtant refuser les jugements à l'emporte-pièce et les condamnations morales qui donnent bonne conscience. On ne peut pas non plus accepter le « deux poids, deux mesures » dont le système médiatique est coutumier, certains bénéficiant d'une incompréhensible mansuétude quand d'autres se retrouvent cloués au pilori sans autre forme de procès. Il doit être permis à « l'accusé » de préciser sa pensée, de s'expliquer sur « son revirement » ou « la polémique » (il faudrait commencer par arrêter d'employer ce type d'expressions à tort et à travers qui n'ont pour autre objet que d'alimenter le sensationnalisme). Le « mis en cause » devrait toujours avoir l'opportunité de justifier, dans un cadre équitable et loyal, de sa bonne foi. Notre capacité à renouer un véritable dialogue pour élever le niveau du débat public est ici en jeu. L'intolérance, voire la violence, qui règne actuellement éloigne les personnes sincères qui souhaitent développer des idées nuancées et utiles pour favoriser au contraire les opportunistes qui n'ont rien à dire d'autre que des banalités consensuelles ou provocatrices. La médiocrité attire les médiocres. La bienveillance permet d'élever significativement le niveau intellectuel des échanges, en particulier dans le débat public. Existe-t-il des limites à la bienveillance ? Il est bien évidemment difficile d'adopter une attitude bienveillante face à un individu agressif ou de mauvaise foi. Si la discussion cordiale, respectueuse et intellectuellement honnête est impossible à établir, il est préférable de mettre un terme à l'échange ou de l'éviter plutôt que de répondre sur le même ton hostile que l'interlocuteur. Si nous ne pouvons agir dans le sens du bien, abstenons-nous d'agir. Il y a trop à faire pour perdre inutilement son énergie.

L'éthique du bien commun

L'éthique du bien commun consiste à sacrifier ses intérêts personnels lorsqu'ils sont contraires à l'intérêt général. Il est bien sûr très difficile d'identifier nos aspirations personnelles, autant qu'il l'est de définir ce qu'est l'intérêt général. Notre capacité à le faire sera néanmoins d'autant plus grande que nous aurons réussi à faire progresser notre éthique du savoir et celle de la bienveillance. Cet examen de conscience est primordial. Les personnes exerçant un pouvoir au sein de la société sont bien entendu les premières concernées : gouvernants, actionnaires et entrepreneurs, journalistes, élus locaux, militants politiques et syndicaux. Mais, en définitive, cet effort d'introspection personnelle pour arbitrer entre le bien commun et ses envies personnelles nous concerne tous à différents échelons. Prenons un exemple relatif au vote des citoyens lors d'une élection. Supposons qu'un candidat promette une baisse d'impôt pour les avocats. Le devoir de ces derniers serait de s'interroger sur le moyen de financer cette mesure.

Imaginons toutefois que le candidat s'est bien gardé d'expliquer clairement quelle serait cette source de financement. Seule une compréhension fine et globale de son programme politique permettrait d'anticiper que l'octroi de cet avantage fiscal serait compensé par une baisse des dépenses pour l'hôpital public ou une augmentation des impôts pour les plus pauvres. L'intérêt général commanderait alors aux avocats de ne pas voter pour ce candidat, quitte à sacrifier leurs intérêts personnels. Encore faut-il néanmoins qu'ils aient réussi à prendre conscience de l'ensemble des enjeux ! Par conséquent, si l'éthique du bien commun est ce qui doit conduire les citoyens à prendre leurs décisions pour les meilleures raisons possible, cela suppose au préalable qu'ils le fassent en toute connaissance de cause. C'est pourquoi l'éthique du bien commun se nourrit de celles du savoir et de la bienveillance, et inversement.

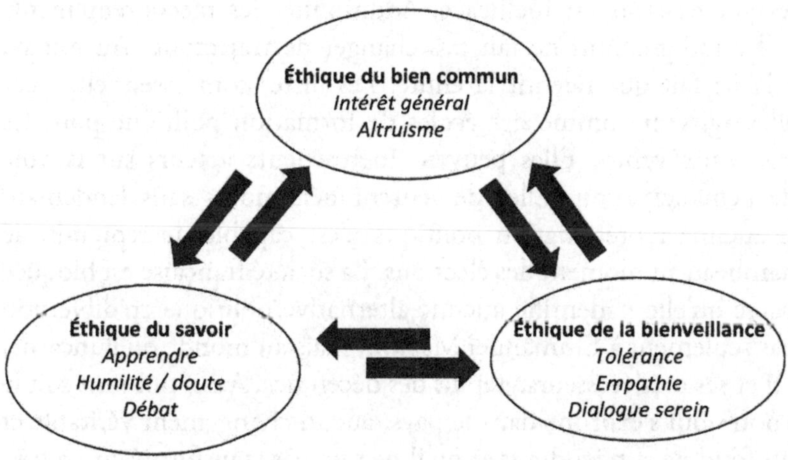

Cultiver ces trois éthiques doit nous permettre de ne pas être animés par la frustration, la rancœur ou l'esprit vindicatif. Chacun s'émancipe à son rythme. Condamner par avance ceux qui débuteraient leur propre remise en question « trop tardivement » serait injuste et contre-productif. Les personnes qui se sont émancipées avant vous ne vous ont pas rejeté. Et si elles l'ont fait, elles ont eu tort. Reproduire le même schéma serait leur donner raison. Ce serait aussi et surtout entraver le processus d'émancipation des autres, ce qui ne peut être que nuisible à la cause démocratique. Cette logique doit s'appliquer à tous, sans exception. Par conséquent, et si l'on souhaite convaincre les membres de la classe dominante d'adopter nos idées, eux aussi doivent être assurés de notre soutien s'ils franchissent le pas. Le rapport de force politique qu'il convient de mener doit l'être dans un esprit de réconciliation.

c) La force collective

L'émancipation individuelle est l'étape indispensable à la constitution d'une force politique capable d'unir les archipels de contestation qui fleurissent dans le pays. La révolution en dépend. La révolte contre les institutions ne suffit pas. Aussi injuste que cela puisse paraître, se contenter de crier sa légitime colère contre les gouvernants est inefficace. Additionner les mécontentements et les indignations ne fait pas changer de trajectoire. Au mieux, cela ne fait que ralentir la chute. Les luttes sont essentielles, car elles agissent comme des écoles de formation politique pour les nouveaux venus. Elles peuvent mettre leurs acteurs sur la voie de l'émancipation. Elles demeurent néanmoins sans lendemain si aucune représentation politique n'est capable de reprendre le flambeau au moment des élections. La société française est bloquée parce qu'elle n'identifie aucune alternative politique crédible non pas seulement à Emmanuel Macron, mais au monde qu'il incarne, lui et ses prédécesseurs, depuis des décennies. Aussi puissant soit le « non » qui s'exprime dans le pays, aucun changement véritable et profond ne surviendra tant qu'il ne sera pas transformé en « oui ».

Objectif : la prise du pouvoir institutionnel

C'est cette transition pour constituer une alternative politique que les « résistants » peinent à réaliser. Unis dans le combat, la division surgit aussitôt qu'il s'agit de construire un projet politique commun pour mener la bataille électorale. Les excuses et les motivations sont diverses. Les uns refusent tout compromis pour ne pas trahir leurs convictions, les autres pensent plus à leur carrière qu'à la France. Que ce soit au sein ou en dehors des organisations politiques existantes, d'autres agissent pour le mieux essayant de ne pas froisser les premiers et d'éviter les seconds. Ceux-là ne sont manifestement pas encore assez nombreux. Et tant qu'ils ne déborderont pas les autres, l'incapacité à fédérer perdurera. Un autre obstacle majeur tient à la mythologie ancrée dans l'esprit de nombre de Français de « l'homme providentiel ». Cette idée doit être déconstruite, car elle nourrit des fantasmes qui génèrent plus de fausses illusions que de solutions. Le constat doit être fait que les forces militantes et électorales s'agrègent derrière des leaders politiques. La place centrale de l'élection présidentielle en France renforce ce phénomène. Pour produire des effets dans la société, la politique doit être incarnée. Ce n'est pas une opinion, c'est un fait. Or, et la précision est de taille, l'incarnation de la politique ne doit pas servir d'excuse pour se détourner des idées ou de l'idéal poursuivi. Un leader politique ne doit pas être un gourou suivi aveuglément par ses fidèles. Outre une intégrité morale irréprochable, il doit être celui ou celle qui dispose des plus grandes compétences pour prendre la tête du courant idéologique qu'il représente. Il doit aussi être le premier à élever le niveau de conscience de ses compagnons politiques. Sa personne ne doit jamais se placer au-dessus des idées ni de la cause commune. Le soutien dont il bénéficie ne doit jamais être inconditionnel. Cela implique de la part de tous ceux qui s'engagent avec lui d'exercer une vigilance constante et bienveillante. Le leader politique doit donc pouvoir être remplacé si la majorité le souhaite. Le collectif doit primer sur l'individu. Le leader politique ne doit être que le délégataire du courant qu'il incarne, pas une rock-star adulée par ses fans. Ni paranoïa ni fanatisme n'ont leur place en politique. Entre horizontalité et verticalité, il faut œuvrer pour instaurer une diagonale de la raison. Cette réflexion peut se transposer à tous les échelons de pouvoir d'une organisation collective. Les responsabilités doivent être confiées aux personnes les plus compétentes et méritantes, et non à celles qui maîtrisent l'art de la séduction et des commérages malveillants. Chacun doit essayer d'occuper la place à laquelle il est le plus utile à la cause, et non celle qui lui confère la notoriété ou le pouvoir. Cela ne peut être rendu possible qu'à la condition que les membres du collectif s'engagent tous individuellement sur la voie de l'émancipation par la poursuite des trois éthiques (savoir, bienveillance, bien commun). Autrement dit, il n'y aura pas de force politique alternative sans « sursaut moral collectif »[1], comme l'appelle de ses vœux Emmanuel Todd.

En attendant l'avènement de ce mouvement collectif organisé, certains choisissent d'agir dans la vie de tous les jours. Si le fait d'adapter au quotidien des comportements respectueux des autres et de l'environnement est essentiel, les actions individuelles demeurent néanmoins insuffisantes. Compter par exemple sur les comportements individuels pour lutter contre les dérives de la société de consommation ou les institutions est une illusion. Si l'on admet que l'un des problèmes fondamentaux de notre société est la dépolitisation des citoyens, il est évident qu'on ne pourra le résoudre au moyen d'un remède qui requiert précisément un haut niveau de conscience politique. Ce type de discours fondé sur la responsabilité du consommateur doit être d'autant plus relativisé qu'il peut parfois basculer dans la culpabilisation des citoyens. Ce n'est pas le meilleur moyen de ramener à la politique la masse de tous ceux qui s'en sont détournés au profit précisément de la consommation. En définitive, l'accession au pouvoir d'une force politique déterminée à rompre avec le néolibéralisme est la condition du changement. Le combat politique doit être mené avec l'objectif de prendre le pouvoir institutionnel. Dans cette logique, la bataille de l'hégémonie culturelle est déterminante. Autrement dit, il faut conquérir l'opinion publique avant de pouvoir conquérir le pouvoir. Partout dans les espaces d'influences tels que les médias, les organisations de masse (politiques, syndicales ou associatives), l'éducation, ou encore le monde de la

1. Todd Emmanuel, *Les Luttes des classes en France au XXIe siècle*, *op. cit.*

culture, les idées émancipatrices doivent prospérer. Le monde de la culture porte à cet égard une responsabilité prépondérante, car il dispose d'un pouvoir d'influence considérable sur les individus. Or, il est regrettable que la plupart des œuvres contemporaines aient mis à distance tout propos politique, en particulier sur les questions sociales et économiques. Dans la période, toutes les personnes disposant d'une influence doivent avoir le courage de s'engager. Il ne s'agit pas seulement de soutenir telle ou telle cause facile, si légitime soit-elle, pour se donner bonne conscience ou soigner son image. Il s'agit de prendre conscience que la notoriété confère une responsabilité à l'égard de la société et que le premier devoir qui en découle est celui d'œuvrer le plus sincèrement possible au bien commun.

Élections 2022 : désillusion ou renouveau ?

On dit souvent qu'il faut toucher le fond avant de pouvoir remonter la pente. Difficile de déterminer à quel stade de la chute nous nous trouvons. Jusqu'où la France devra-t-elle tomber pour enfin se relever ? Combien de temps faudra-t-il attendre pour qu'un nombre suffisant de Français rompent avec l'individualisme ambiant et l'apathie générale ? Pour l'heure, Emmanuel Macron conserve toutes ses chances d'être réélu en 2022. Si ce n'est pas lui, l'élection d'un candidat républicain ou du Parti socialiste aboutirait au même résultat : une politique néolibérale menée contre les intérêts du peuple et la poursuite de la dérive autoritaire pour le faire taire. Pour ceux qui nourrissent l'espoir d'une rupture politique grâce à une hypothétique victoire du Rassemblement national, ils risqueraient de vite déchanter. Au-delà de toutes les critiques habituelles qui lui sont faites, Marine Le Pen n'a elle non plus aucune intention de rompre avec le néolibéralisme. Elle se soumettrait comme les autres aux injonctions de l'Union européenne – ce point est définitivement acté depuis le départ de son ancien bras droit Florian Philippot –, poursuivant ainsi l'œuvre de ses prédécesseurs et le déclin économique de la France. Pire encore, son ADN politique nous promettrait un durcissement autoritaire plus effroyable que jamais. Nous avons analysé l'explosion des actes de violences commis par des policiers sous le régime Macron pour réprimer les mouvements sociaux. Imaginez un instant ce que produirait l'élection de Marine Le Pen dans la tête de ces mêmes « policiers » zélés ? Les passions tristes se déchaîneraient. Un sentiment d'impunité total ferait sauter les ultimes barrières de ces individus ayant perdu toute humanité et qui n'attendent que cela pour libérer leur rage. Il ne faudrait certainement pas compter sur Marine Le Pen pour rappeler à ces « policiers » leurs devoirs républicains. N'a-t-elle pas fait partie de ces députés qui ont voté des deux mains l'article 24 de la proposition de la loi sur la sécurité globale qui de fait interdit de filmer les violences policières[1] ? Il est consternant d'observer que toute la droite (ou presque) a voté ce texte. Pour ne pas perdre l'électorat de la police qui leur est largement acquis, ils sont prêts à voter des lois liberticides, quitte à sacrifier les libertés publiques. Voilà où en est rendue toute une partie de la classe politique française. Ils n'ont pas de convictions, ils n'ont que des ambitions. Pour le reste, le paysage politique français apparaît plus divisé que jamais. Le second tour qui se profile à l'horizon 2022 semble se diriger vers une revanche du duel de 2017 : Macron contre Le Pen. Un néolibéral autoritaire contre une néolibérale ultra-autoritaire. Les Français ne méritent-ils pas mieux que cela ? À l'heure où la France va devoir affronter une crise économique historique consécutive aux mesures de confinement et autres restrictions sanitaires liées à la crise du coronavirus, le niveau affligeant de sa classe politique est plus qu'inquiétant. Il aurait été rassurant de traverser cette tempête avec un solide capitaine à la barre, et un équipage expérimenté et soudé derrière lui. Il n'en sera rien. S'il ne faut rien exagérer, le déni et la naïveté pourraient nous être fatals. Compte tenu de l'état de déliquescence de nos institutions, il n'est pas du tout certain que la France soit prête à absorber la violence des chocs

1. Cf. http://www2.assemblee-nationale.fr/scrutins/detail/(legislature)/15/(num)/3254.

qu'elle va subir. De toutes les générations nées après la Seconde Guerre mondiale, aucune n'est préparée à vivre les épreuves qui s'avancent vers nous. Si nous poursuivons sur notre trajectoire, c'est l'effondrement[1] qui nous guette.

Le chemin de l'espoir

Les périls qui menacent devraient agir comme des électrochocs. Si des réactions relativement puissantes ont d'ores et déjà surgi de la société, elles n'ont pas encore permis de la transformer en profondeur. Par la solidarité dont ils ont fait preuve face à un pouvoir arrogant et d'une brutalité inouïe, les Gilets jaunes ont ouvert un chemin. La dignité retrouvée de classes méprisées depuis tant d'années, l'union des « gens d'en bas » sortant de leur isolement pour constituer une force collective, des revendications fondamentales de justice fiscale et sociale, et de démocratie. Que le politique reprenne le pas sur l'économie, que la loi dompte le marché et que la démocratie domestique le capitalisme. Que la médiocrité et la corruption s'effacent devant l'intelligence et l'honnêteté. Que la guerre de tous contre tous et les inégalités laissent place à la justice et l'harmonie. C'est cela qui mérite de continuer à vivre. C'est cela qui mérite d'être prolongé. Le courage et la persévérance dont les Gilets jaunes ont fait preuve sont admirables. Ils ont été à la hauteur de leur espérance. D'autres secteurs de la société se sont mis en mouvement dans ce sillage, et d'autres vont venir renforcer les rangs à mesure que les crises obligeront les attentistes à sortir de leur zone de confort. Au cœur de cette dynamique qui dépasse les volontés individuelles, chacun à la place qui est la sienne doit faire sa part. Dans tous les pans de la société, le réveil politique doit sonner. Le sujet politique ne doit plus être tabou. Assumons nos convictions en osant les défendre tant dans notre vie personnelle

1. Foucart S. et Kempf H., « La croissance mondiale va s'arrêter », *Le Monde*, 25 mai 2012 ; « Que les décideurs politiques ouvrent le débat sur l'effondrement de la société pour que nous puissions commencer à nous y préparer », par un collectif de 400 scientifiques d'une vingtaine de pays publié dans *Le Monde*, le 10 décembre 2020.

que professionnelle. Acceptons de débattre pour apprendre et progresser dans notre connaissance et notre compréhension du monde. Acceptons la contradiction, car elle seule peut briser nos fausses certitudes. La politique ne doit plus être perçue comme un sujet ringard, ennuyeux ou source de conflits. Elle doit être vécue comme le lien qui nous unit tous à un destin commun. C'est à ce prix que chacun pourra redevenir maître de lui-même. C'est à ce prix que le peuple reconquerra sa souveraineté. C'est à ce prix que la France retrouvera la maîtrise de son destin. Reprendre le pouvoir, pour renouer avec l'espoir.

CONCLUSION

Le « monde d'après »…

La crise du coronavirus qui frappe tous les pays du monde depuis le début de l'année 2020 est venue percuter avec fracas la trajectoire de notre histoire contemporaine. Les progrès scientifiques de la médecine nous avaient bercés de l'illusion que nous étions devenus intouchables. Les maladies incurables ne concerneraient plus que des cas isolés. Nous nous pensions collectivement immunisés contre tout danger mortel. Le coronavirus est venu nous rappeler combien la vie est fragile et précieuse. Pris au dépourvu, les gouvernants se sont retrouvés désemparés. Cela faisait bien longtemps qu'il n'avait pas eu à gérer une crise. En tout cas une de celles où chacun peut demander des comptes, parce que tout le monde la voit, en souffre, et parce qu'elle tue des êtres humains[1]. Une de celles où la communication ne suffit pas mais implique des actes et son lot de décisions difficiles à prendre. Que ce soit sur le plan économique, social, culturel ou psychologique, elle a d'ores et déjà produit des effets considérables sur nos sociétés. Il est en outre acquis que l'emprise humaine sur les espaces naturels, la perte de la

1. En décembre 2020, le coronavirus a déjà tué près de 60 000 personnes en France et 1 600 000 dans le monde.

biodiversité et le commerce d'animaux sauvages ont très largement favorisé l'émergence de ce virus et sa transmission à l'espèce humaine. En ce qu'elle est directement liée à nos modes de production et de consommation, la pandémie de Covid-19 constitue peut-être la première traduction épidémique de la crise écologique planétaire. Mais loin de constituer une rupture avec le « monde d'avant », la crise du coronavirus accélère les dynamiques qui étaient déjà à l'œuvre : augmentation des inégalités, baisse du niveau de vie, décrédibilisation de la parole officielle, élévation du niveau de conscience des citoyens, montée de l'anxiété et du pessimisme des individus, intensification des contestations sociales, restriction des libertés publiques. Elle pourrait bien constituer l'événement exogène qui précipite la fin de cycle…

a) Le coronavirus : fléau sanitaire, désastre psychologique, catastrophe économique

De par sa contagiosité et son taux de létalité, tous les pays du monde (ou presque) ont dû prendre des mesures radicales pour endiguer l'épidémie de coronavirus, et en particulier limiter la pression dans les services de réanimation des hôpitaux. De nombreuses restrictions ont été adoptées allant de l'obligation du port du masque dans l'espace public à l'interdiction d'ouverture pour les commerces, jusqu'au confinement général de la population. Il faut à cet égard rappeler une évidence. Les mesures prises auraient pu être plus souples si les dirigeants politiques ne s'étaient pas appliqués depuis plusieurs décennies à fermer des lits d'hôpitaux pour faire des économies. En ce sens, le coronavirus a mis en lumière la stupidité des politiques d'austérité préconisées par l'Union européenne et docilement appliquées par nos gouvernants. C'est parce que nos dirigeants se sont appliqués à détruire notre appareil de santé publique que des mesures sanitaires aussi drastiques ont dû être prises. Le retour de bâton se paie aujourd'hui très cher.

Les mesures sanitaires, le confinement en tête, provoquent des dégâts psychologiques considérables sur les individus[1]. Entre fin septembre et début novembre 2020, le nombre de personnes dans un état dépressif a doublé de 10 à 21 %, selon Santé publique France[2]. Les facteurs psychologiques à l'œuvre sont identifiés : incapacité de voir le bout du tunnel, solitude, inquiétude au niveau professionnel. Selon une étude de la Fondation Jean Jaurès publiée le 6 novembre 2020, la crise sanitaire risque d'entraîner une explosion des cas de suicides[3]. Par ailleurs, les restrictions imposées aux activités économiques produisent une récession économique historique, avec une baisse de PIB estimée à environ – 10 % en France pour l'année 2020. La banque de France estime à 800 000 le nombre d'emplois supprimés au cours de la seule année 2020[4]. Au mois d'octobre 2020, les associations caritatives évaluent à 1 million le nombre de Français qui ont basculé dans la pauvreté, avec une nouvelle population composée d'étudiants, d'intérimaires, d'autoentrepreneurs et d'artisans[5]. Ce ne sont là que les premiers effets de la déflagration économique qui va heurter le pays. Par l'effet des mesures de soutien à l'activité prises par le gouvernement (prêt garanti par l'État, chômage partiel, suspension des échéances fiscales et sociales, etc.), le mouvement des faillites d'entreprises ne devrait véritablement débuter qu'au cours du premier semestre de l'année 2021. Il faudra attendre encore plusieurs mois – le temps que les procédures de liquidation judiciaire conduites par les tribunaux

1. « Crise sanitaire : le spectre d'un nouveau confinement inquiète les associations de soutien psychologique par Théo Conscience », Franceinfo, 27 octobre 2020.

2. « "Un sentiment d'étouffement" : mal-être et dépression explosent avec le Covid-19 », *Le Point*, 21 novembre 2020.

3. Le Breton M., « Pourquoi une hausse des suicides après le confinement est à craindre », Huffingtonpost, 6 novembre 2000.

4. « Coronavirus : augmentation spectaculaire de la pauvreté en France », *Le Point*, 30 septembre 2020.

5. Rey-Lefebvre I., Gagnebet P., Rof G., Schittly R., Keltz B. et Pouille J., « Covid-19 : la crise sanitaire a fait basculer un million de Françaises et de Français dans la pauvreté », *Le Monde*, 6 octobre 2020.

de commerce arrivent à leur terme – avant que ces pertes économiques soient enregistrées dans le bilan des banques. Selon la Banque centrale européenne, il est probable que la crise du coronavirus soit à l'origine d'une nouvelle crise financière majeure, en particulier au sein de la zone euro[1]. Compte tenu de l'ampleur des récessions économiques attendues, la crise des *subprimes* de 2008 pourrait ressembler à une petite vaguelette à côté du tsunami qui se prépare. Quoi qu'il en soit, la période à venir nous promet de très grandes turbulences[2].

b) On prend les mêmes et on recommence ?

Des décisions politiques majeures vont devoir être prises pour restaurer la santé des économies. Tout l'enjeu sera de décider s'il faut sauver le système d'avant ou s'il faut définitivement en changer pour construire « le monde d'après ». Cette bataille politique pourrait bien déterminer le monde que nous connaîtrons sur les trente prochaines années. La guerre idéologique va faire rage. D'un côté, le nombre d'aspirants au changement risque d'exploser à mesure que le chômage et la pauvreté vont s'étendre au sein de la société et toucher des catégories de population qui se pensaient jusqu'alors à l'abri du besoin. De l'autre, les partisans du statu quo useront de tous les leviers de pouvoir dont ils disposent pour maintenir leur domination. La propagande et la matraque séviront plus que jamais. Il y a fort à parier – le mot « pari » est faible, tant le degré d'incertitude est infinitésimal – que les gouvernants se jetteront sur les effets de la crise du coronavirus pour justifier tous les maux de notre société. Ils rejetteront toute analyse structurelle des graves dysfonctionnements affectant le système économique et financier pour s'en tenir à des explications conjoncturelles. C'est ce qu'ils

1. « Du coronavirus peut naître la prochaine crise financière, estime la BCE », *Le Figaro*, 26 mai 2020.

2. Lederer E. et Madelin T., « Les autorités européennes appellent les banques à se préparer au pire », *Les Échos*, 14 décembre 2020.

ont toujours fait. Force est de constater qu'avec la Covid-19, ils ne pouvaient pas rêver mieux. Les citoyens pourraient se laisser duper par ces explications qui auront pour elles l'apparence de l'évidence. Cela fait pourtant plus de quarante ans que les gouvernants se sont appliqués à détruire chaque recoin de la maison à la masse. Ce n'est pas parce que, au moment précis où elle allait s'effondrer, un ouragan a surgi de nulle part qu'il faut tenir l'ouragan pour responsable.

Les prises de position des responsables politiques confirment que la crise du coronavirus n'a nullement modifié leur logiciel. Ils étaient néolibéraux hier, ils le seront encore demain. Il n'est qu'à se reporter aux déclarations caricaturales du ministre de l'Économie, Bruno Le Maire, dans le cadre d'un entretien accordé au *Parisien* fin novembre 2020 : « L'État remboursera sa dette d'abord grâce au retour de la croissance, ensuite par une maîtrise de nos dépenses de fonctionnement et, enfin, par des réformes structurelles comme celle des retraites, qui doit être la priorité absolue »[1]. Un condensé de la pensée néolibérale en une phrase : remboursement de la dette[2], retour de la croissance[3], baisse des dépenses publiques[4], notamment par la réforme des retraites, dont il faut rappeler qu'elle est imposée par l'Union européenne[5]. Les choses ont le mérite d'être claires. Pour répondre à la crise économique qui s'annonce, les dirigeants politiques ont l'intention d'appliquer les mêmes recettes qui depuis quarante ans nous ont conduits droit dans le mur. Pour préparer les esprits, une commission a d'ores et déjà été créée pour réfléchir au moyen de rembourser la « dette Covid »[6], c'est-à-dire l'augmentation de la dette due aux mesures de soutien à l'activité économique pendant la crise sanitaire.

1. Durupt F., « Réforme des retraites : Bruno Le Maire et son sens des "priorités" », *Libération*, 1er décembre 2020.
2. Cf. Chapitre 1, §1.4. L'austérité : L'État est en faillite !
3. Cf. Chapitre 1, §1.2. La croissance : vers l'infini et au-delà !
4. Cf. Chapitre 1, §1.3. La concurrence : L'État c'est mal, le marché c'est génial
5. Cf. Chapitre 2, §2.1. l'euro : par ici la monnaie !
6. Gatinois C. et Tonnelier A., « Bercy veut remettre la "dette Covid" au cœur des débats », *Le Monde*, 24 novembre 2020.

Après l'argent magique du « quoi qu'il en coûte »[1], le chantage à la dette revient au galop. Il n'est pourtant nul besoin d'experts pour résoudre la question de la dette publique. Il n'existe sur le court terme que trois approches possibles : baisser les dépenses publiques, augmenter les impôts ou ne rien faire. Compte tenu de l'état de délabrement des services publics, la première option n'est pas sérieusement envisageable. Sauf à taxer les 0,1 % les plus riches, la deuxième ne l'est pas plus s'il s'agit d'imposer de nouvelles hausses d'impôts aux classes moyennes. Elles ne pourront pas les supporter. Il reste donc une seule solution : considérer que la dette n'est pas un problème prioritaire. Tous ceux qui prétendront le contraire sont des escrocs ou des incompétents. Il faut en effet avoir à l'esprit que tous les pays touchés par la pandémie ont vu le niveau de leur dette publique s'envoler dans des proportions comparables. La France ne court donc aucun risque de voir sa note dégradée sur les marchés financiers en raison de l'explosion de sa dette publique. L'enjeu de la crise à venir n'est pas là. Le défi majeur qu'il va falloir relever est de réussir à piloter la relance de notre économie dans un contexte où les faillites d'entreprises vont s'accumuler, où le chômage va atteindre des niveaux historiques, et où le système bancaire pourrait bien menacer de s'écrouler. Or, la France n'a plus aucune souveraineté économique et l'Union européenne à laquelle elle s'est assujettie prône une politique aux antipodes de ce qu'il conviendrait de faire : austérité au lieu de relance économique, libre-échange au lieu de protectionnisme, concurrence déloyale au lieu de coopération industrielle et technologique. Le « plan de relance européen » censé répondre à la crise du coronavirus ne changera rien à la donne. D'une part, parce que les montants en jeu sont ridicules et, d'autre part, car il ne s'accompagne nullement d'un changement d'orientations politiques pour les États, que ce soit en matière budgétaire ou commerciale.

1. Formule prononcée par Emmanuel Macron lors de son discours du 16 mars 2020 annonçant le confinement général de la population.

La France a d'ailleurs sacrifié ses propres intérêts dans le cadre de cet accord européen, puisque non seulement elle percevra moins d'argent que ce qu'elle ne donnera – 40 milliards à recevoir[1], contre 60 à 80 milliards à donner[2] –, mais elle empruntera en outre les sommes considérées à des taux supérieurs à ceux qu'elle aurait obtenus toute seule. Voilà ce qui arrive quand les dirigeants politiques agissent par pur dogmatisme européen plutôt que de défendre prioritairement les intérêts de la France. Autant dire que la période qui s'ouvre risque d'être critique. La France et plus largement l'Union européenne pourraient bien sortir définitivement de l'Histoire, complètement larguées par les grandes puissances que sont les États-Unis et la Chine.

Les pouvoirs politiques semblent en outre totalement omettre de leur réflexion la crise environnementale et le rôle qu'elle a joué dans la survenance de l'épidémie mondiale. La Covid-19 ne constitue-t-elle pas un signal d'alerte suffisamment grave pour en tirer les conséquences qui s'imposent ? N'est-il pas temps de prendre conscience que la destruction de l'environnement porte directement atteinte aux conditions de vie de l'espèce humaine ? Qu'il n'y a pas d'un côté l'écologie, et de l'autre l'être humain ? Alors qu'il faudrait tirer profit de cette crise sanitaire mondiale pour transformer en profondeur notre système économique avec l'objectif de réduire les inégalités et d'adopter des modes de production et de consommation respectueux de l'environnement, les gouvernants actuels sont bien partis pour tout recommencer comme avant. Ni auto-critique ni changement de cap. Les vieilles habitudes ont la vie dure. Elles risqueraient bien de causer notre perte.

1. « Plan de relance européen : les six points clés de l'accord », *Les Échos*, 21 juillet 2020.

2. Les partisans du plan de relance européen contestent ce point en avançant que l'Union européenne financera cet emprunt avec de nouvelles ressources. Sauf que, en l'état, les nouvelles taxes évoquées n'en sont qu'au stade de projet. L'Union européenne souscrit donc un emprunt pour le compte des États membres sans avoir préalablement déterminé les sources de financement permettant son remboursement.

c) Crise de confiance : le danger mortel

Le cataclysme économique qui vient va entraîner une explosion des inégalités et de la pauvreté. Les mouvements de protestation vont s'intensifier et se multiplier. Les effets du réchauffement climatique vont s'amplifier avec une accélération des catastrophes naturelles telles que les inondations, les sécheresses ou les incendies de forêt. La conjonction des crises auxquelles nous faisons face est une caractéristique typique des fins de civilisations. Parmi l'ensemble de ces crises, celle qui est la plus préoccupante est la crise de confiance qui règne au sein de la société française. Elle est la plus dangereuse, car c'est elle qui neutralise nos capacités de réaction. C'est elle qui nous empêche de surmonter collectivement les obstacles qui se dressent devant nous. Elle ne date pas d'hier. Depuis trop longtemps, les « élites » méprisent le peuple et, en retour, le peuple les rejette. Le fossé qui les sépare s'est incroyablement approfondi dans le cadre de la crise du coronavirus. Les autorités institutionnelles ont multiplié les hésitations, les mensonges – les masques initialement « inutiles » sont devenus « obligatoires » – et les incohérences : les transports en commun bondés mais les cinémas et théâtres fermés, les grandes surfaces ouvertes mais pas les commerces de proximité, l'accueil du public dans les stations de ski autorisé mais pas les remontées mécaniques, etc. Derrière ces décisions arbitraires et incompréhensibles pour nombre d'entre elles, ce sont des vies professionnelles et personnelles brisées. Les gouvernants ont totalement décrédibilisé la parole de l'État. Dans l'esprit de nombre de citoyens, ils ont perdu le seul attribut qui leur restait : la présomption de compétence. Les dirigeants politiques apparaissent désormais pour ce qu'ils sont : motivés par leurs intérêts personnels – ce sentiment était partagé par beaucoup depuis longtemps – et, fait nouveau, incompétents.

Dans ce contexte, les autorités publiques se retrouvent incapables de faire adhérer les citoyens à quelque effort que ce soit, si justifié soit-il. La coupe est pleine. La colère et le sentiment de trahison ne laissent plus aucune place à la raison. Les émotions négatives se sont infiltrées dans tous les pores de la société. La défiance envers les institutions a nourri toutes sortes de polémiques: certaines reposent sur des critiques fondées et argumentées, d'autres sur des thèses farfelues, voire complotistes. Il est inquiétant de constater que le phénomène du complotisme (ou conspirationnisme) s'est considérablement développé dans la période. Contrairement à la petite musique médiatique qui tourne en boucle, il n'a nullement à voir avec le niveau intellectuel ou la classe sociale des individus. Il n'est en réalité que la traduction du divorce entre une partie des citoyens et les autorités. Plutôt que de travailler à la réconciliation, les classes dominantes ne cessent d'alimenter la fracture en saisissant chaque occasion de mépriser les «gens d'en bas». Comme le disait Frédéric Lordon déjà en 2012, le conspirationnisme est «la bénédiction des élites qui ne manquent pas une occasion de renvoyer le peuple à son enfer intellectuel, à son irrémédiable minorité»[1]. Si le mépris ne fait qu'alimenter la défiance, la condescendance avec laquelle les «élites» croient pouvoir faire la leçon au petit peuple pour lui expliquer ce qui est vrai et ce qui est faux n'arrange rien. Elles s'empressent de faire prévaloir leur prétendue supériorité intellectuelle alors qu'elles aussi sont victimes d'aveuglement idéologique à bien des égards. Qui croit en la théorie du ruissellement? Qui croit aux politiques d'austérité? Qui croit que l'euro fonctionne et que l'Union européenne nous protège de la compétition économique mondiale? Il n'est pas rare non plus que les classes dominantes elles-mêmes tombent dans le complotisme de bas étage. Combien ont crié au complot lorsque Dominique Strauss-Kahn a été poursuivi en justice pour des faits d'agression sexuelle dans l'affaire dite du Sofitel[2]? On peut également citer Emmanuel Macron qui déclarait en février 2019 que les Gilets jaunes «radicalisés» avaient été «conseillés de l'étranger», en visant en particulier la Russie.

1. «Conspirationnisme: la paille et la poutre», Les blogs du diplo / La pompe à phynance par Frédéric Lordon, publié le 24 août 2012.

2. «DSK: "théorie du complot" au PS (Copé)» *Le Figaro*, 20 juillet 2011; «Affaire DSK: le retour de la théorie du complot», *Le Point*, 26 novembre 2011.

Le complot n'est pas réservé aux « idiots du village ». Chacun peut être amené à se voiler la face, personne n'est à l'abri de verser dans le complotisme. Ce phénomène ne vient pas d'un manque d'intelligence. Il est le fruit d'un mélange entre ignorance et autodéfense psychologique. Pour toutes les personnes qui sont enfermées dans des biais cognitifs – et nous en sommes tous plus ou moins victimes –, la solution ne peut plus venir uniquement de la raison. Car l'apprentissage suppose des échanges avec l'extérieur, d'accepter de se remettre en question, et d'entendre la contradiction. Dès lors, la condition initiale sine qua non est qu'il faut rétablir la confiance. Le conspirationnisme est avant tout le « Symbole de l'effritement d'une société où les individus ne partagent plus assez en commun pour se faire confiance [...] »[1]. Or, il y a eu trop de mensonges, trop de trahisons, trop d'injustices. Les classes dominantes doivent comprendre qu'elles pourront faire preuve de la plus grande transparence possible, l'honnêteté ne suffira plus. La confiance requiert d'autres conditions, telles que le respect, la compétence, la loyauté. En somme, la confiance dans les institutions ne pourra être restaurée sans sentiment d'équité et de justice largement partagé. Elle ne pourra revenir qu'en résolvant les crises démocratiques, économiques et sociales qui minent la société. Accrochées à leurs certitudes et leurs illusions, les « élites » actuelles n'en prennent malheureusement pas le chemin. Pour maintenir à tout prix leurs privilèges et leurs positions sociales, elles cèdent au contraire aux sirènes de l'autoritarisme. Elles ne cherchent plus à entraîner le peuple ni à le convaincre pour tracer un avenir en commun mais lui imposent de boire le calice jusqu'à la lie par la contrainte, et s'il le faut, par la force. Par leur faute, l'effondrement qui menace tient moins aux épreuves que la France va devoir affronter qu'à son incapacité grandissante à y faire face. Dans toutes les strates de la société, chacun peut ressentir cette inquiétude au fond de lui. Chacun peut anticiper le lot de

1. Boucaud-Victoire K., « Le conspirationnisme contre la lutte des classes », Le Comptoir, 3 mars 2015.

malheurs et d'injustices qui risque d'advenir si rien ne change. Face à de tels périls, l'apathie et le renoncement guettent chacun de nous. Rien ne serait plus imprudent que d'y céder. Une société tétanisée par la peur se condamne à un funeste destin. Le « monde d'après » censé faire advenir les jours heureux ne tombera pas du ciel. Il faudra du courage et beaucoup d'humilité pour sortir le pays de l'impasse. Si la France ne se ressaisit pas, c'est son avenir et sa place dans le monde qu'elle hypothèque. Si nous ne parvenons pas à nous remettre individuellement et collectivement en question, ce sont des temps bien sombres qui se préparent pour chacun d'entre nous. Il n'y a aucune fatalité. Il n'appartient qu'à nous d'agir pour retrouver espoir en l'avenir. Demain sera ce que nous en ferons. Et si on se réveillait ?

Remerciements

À Carla, ma compagne et complice au quotidien pour tout son amour et son soutien, à Antoine, Romain et Sébastien pour leur amitié et leur bienveillance, qui m'ont également apporté leur aide si précieuse tout au long de la rédaction de cet ouvrage.

À ma famille qui m'apporte tant de moments de joie et de bonheur.

À tous ceux qui ont bien voulu débattre avec moi (jusqu'à des heures parfois très tardives !) et m'ont permis de progresser dans mon cheminement.

À tous les Gilets jaunes qui m'ont fait confiance et dont les messages de soutien m'insufflent la force nécessaire pour poursuivre le combat.

Table

Composition : In folio

Achevé d'imprimer en mai 2021
par l'Imprimerie Normandie Roto Impression s.a.s.
61250 Lonrai
Dépôt légal : novembre 2020
N° impr : 2102602

Imprimé en France